Science
et synthèse

par René Maheu, Ferdinand Gonseth,
J. Robert Oppenheimer, Werner Heisenberg,
le R. P. Dominique Dubarle, Sir Julian Huxley,
Giorgio de Santillana, Gerald Holton,
B. M. Kedrov, François Le Lionnais,
Louis de Broglie, René Poirier,
Pierre Auger, Jean Piveteau
et le R. P. Pierre Leroy

Les textes originaux
en langue anglaise
ont été traduits
par Serge Bricianer
et Fernand Lot

Gallimard

INTRODUCTION

Le présent volume rassemble les textes des exposés et des débats auxquels a donné lieu un colloque international organisé par l'Unesco sur le thème « Science et Synthèse », à l'occasion du dixième anniversaire de la mort d'Albert Einstein et de Pierre Teilhard de Chardin, ainsi que du cinquantenaire de la théorie de la relativité généralisée.

Sans préjudice de tout ce qui sépare l'œuvre d'Einstein de celle de Teilhard de Chardin, la coïncidence des dates permettait de mettre en évidence la volonté d'une synthèse à la fois scientifique et philosophique, qui est au cœur même des travaux des deux savants; c'est, en effet, la commune exigence d'une conception de l'univers dans sa totalité qui devait les conduire l'un et l'autre à tenter d'édifier une cosmologie moderne.

C'est pourquoi une libre discussion portant sur les possibilités actuelles de parvenir à une synthèse dans le domaine de la connaissance scientifique, et réunissant quelques-uns des plus éminents savants contemporains, animés du souci d'éclairer leurs recherches par la réflexion philosophique, constituait sans doute un sûr hommage à Einstein et à Teilhard de Chardin. Plus qu'une commémoration de circonstance, cet échange de vues aura permis de faire vivre, en les confrontant avec l'état actuel de la science, certaines des conceptions qui furent les leurs.

Trois parties composent le présent ouvrage: la première, placée sous le signe d'Albert Einstein, traite d'abord, à partir de l'œuvre de celui-ci, de la synthèse dans les sciences physiques; elle comprend un exposé du professeur Ferdinand Gonseth qui fut le témoin, à Zurich et à Berne, des premières découvertes d'Einstein: Connaissance de la nature et connaissance philosophique dans l'œuvre d'Einstein ; *un texte du professeur J. R. Oppenheimer sur celui qui fut son collègue à Princeton; une communication du professeur Werner Heisenberg,* Einstein et la synthèse : la théorie du champ unifié, *où se poursuit le dialogue sur le déterminisme et l'indéterminisme dans la physique contemporaine, qui s'était engagé entre les deux chercheurs; les interventions du Révérend Père Dubarle, de l'académicien B. Kedrov et de Sir Julian Huxley, qui, du domaine de la physique, étendent le débat sur la synthèse aux domaines de la biologie et d'un certain nombre d'autres disciplines scientifiques; enfin l'étude du professeur Giorgio de Santillana qui situe les cosmologies modernes dans la perspective historique des grandes doctrines cosmologiques.*

La deuxième partie reproduit les débats d'une table ronde animée par M. François Le Lionnais et consacrée à trois thèmes : « Einstein, de la pluralité à l'unité », « Vers une cosmologie », *et* « Déterminisme et indéterminisme ». *Le premier thème fut introduit par le duc Louis de Broglie, le second par M. René Poirier, et le troisième par M. Werner Heisenberg. Dans cette seconde partie figure également le texte des débats présidés par le professeur Pierre Auger, sur la synthèse en tant que méthode d'organisation de la recherche moderne (coordination des disciplines scientifiques et planification, nationale ou internationale, de la recherche).*

La troisième partie reflète les vues échangées au cours d'une seconde table ronde, qui était consacrée à l'œuvre de Pierre Teilhard de Chardin et qui avait pour thème : « Connaissance de la nature et connaissance de l'homme ». *M. O. Costa de Beauregard, le Révérend Père Leroy et le professeur J. Piveteau participaient à cette réunion.*

C'est ainsi que, partant des sciences physiques, le colloque « Science et Synthèse » *a étudié ensuite les pro-*

blèmes que pose la synthèse dans les domaines de la biologie et des sciences naturelles, pour en arriver enfin à celui des sciences de l'homme.

Les opinions exprimées par les auteurs et les points de vue adoptés par eux le sont sous leur entière responsabilité et ne représentent pas nécessairement les vues de l'Unesco.

Excellences,
Mesdames, Messieurs,

Le 10 avril 1955, jour de Pâques, le Père Teilhard de
Chardin mourait à New York. Au soir d'une longue vie
— il avait soixante-quatorze ans — tour à tour et, dirais-je,
à la fois brillante et secrète, il ne se trouvait que deux
fidèles pour suivre son cercueil. Huit jours plus tard,
le 18 avril 1955, à quelques kilomètres de là, à Princeton,
Albert Einstein, de deux ans à peine son aîné, s'éteignait
en pleine gloire, et l'humanité entière était saisie du sentiment, qui ne l'a pas quittée, d'une perte irréparable.

L'historien futur s'attardera peut-être à rêver sur cette
dramatique coïncidence. Et, comparant ces deux destinées, ces deux œuvres, ces deux recherches, ces deux certitudes, si profondément différentes, mais qui traversèrent
les mêmes épreuves de l'histoire — y compris les guerres
et les persécutions — peut-être est-ce dans la conjonction
des couchants de ces génies solaires qu'il trouvera un des
signes les plus évocateurs de notre âge mêlé.

Pour nous, dix ans après la disparition de ces grands
hommes, nous voulons attester, avec la fidélité de notre
souvenir, la pérennité de leurs pensées et de leurs exemples. Tel est le sens premier de ce colloque au cours duquel
seront rappelées les personnalités devenues quasi légen-
daires d'Einstein et de Teilhard, cependant que leurs
théories seront discutées en toute liberté dans le contexte
de la science la plus actuelle. C'est ce que feront dès ce

*soir, pour le premier, le professeur Gonseth et le profes-
seur Robert Oppenheimer, qui l'ont tous deux si bien
connu.*

*Cependant cette rencontre, à tant d'égards exception-
nelle, se doit d'être autre chose qu'une simple commémoration. Aussi bien, pour ceux que nous entendons hono-
rer, aucun hommage ne saurait-il égaler le don d'une
réflexion vivante sur les problèmes auxquels ils se sont
entièrement consacrés.*

*Encore moins doit-on croire que l'objet de ce colloque
est de procéder à une confrontation de leurs pensées et
de leurs systèmes. Quelque sens qu'on lui donnerait,
une telle confrontation présupposerait, sinon une assimil-
lation, du moins une comparabilité, qui est rien moins
qu'évidente.*

*Il ne s'agit donc pas ici d'entreprendre un examen
de leurs places respectives dans l'histoire de la science.
Notre intention est toute différente. Elle est d'instaurer
un débat sur une série de questions dont ils savaient
mieux que personne qu'elles transcendent les efforts des
plus grands et appellent une interrogation sans cesse
renouvelée. Et si la discussion recourt à leurs idées pour
y prendre appui, ce sera proprement à titre d'illustrations
majeures, à coup sûr significatives éminemment, mais
nullement exclusives.*

*Science et synthèse, tel est le thème général de ces
questions. Le but du colloque est de confronter les démarches et les conquêtes de la science — c'est-à-dire les méthodes et les connaissances — avec les exigences de synthèse
intellectuelle que posent, par définition, les notions d'homme
et d'univers.*

*Que l'œuvre d'Einstein et celle de Teilhard fournissent
des exemples typiques pour une telle réflexion, voilà qui
n'a pas besoin d'être développé. Le modèle mathématique
des lois physiques de la matière que le premier nous a
donné par sa théorie de la relativité généralisée, l'interprétation de l'évolution des formes et des dimensions de
la vie que le second développe de la paléontologie à l'escha-*

tologie, constituent, sans aucun doute, chacun à sa manière
et pour sa valeur propre, les systèmes de connaissances
les plus vastes en même temps que les plus denses qui
aient été conçus. Et ce n'est pas assez que de constater
qu'aucun effort de synthèse n'a jamais été aussi ambitieux dans le domaine des science : il faut surtout observer
que jamais la synthèse ne s'est si consciemment et volontairement identifiée à l'essence même de la science que
dans l'esprit de ces savants.

Pas davantage il n'est besoin, je pense, d'expliquer
longuement l'intérêt capital que l'Unesco attache à la
considération de questions comme celles que les exemples
d'Einstein et de Teilhard permettent d'évoquer sur le
thème de Science et synthèse. L'Unesco, on l'a dit maintes
fois, mais on ne doit pas se lasser de le répéter, est une
organisation à vocation humaniste. Toutes ses entreprises
impliquent une certaine conception de l'homme, qu'elles
s'efforcent de promouvoir et de réaliser progressivement
sur un plan universel. Dans ses divers travaux, si techniques et par suite si spécialisés qu'ils soient, il y a toujours
une intention, un sens, une dimension qui font intervenir la totalité de l'homme qui est en chacun de nous et
l'unité de l'humanité qui est en nous tous. L'Unesco
est donc par nature vouée à l'esprit de synthèse, et il
importe de faire en sorte qu'aucune tentation d'érudition,
aucun impératif d'efficacité ne l'entraînent si avant dans
la spécialisation qu'elle oublie cette vocation, qui se confond avec sa mission éthique.

Bien au contraire, face à la spécialisation croissante
de la pensée et de l'action par la diversification de la recherche et la division du travail, elle se doit de favoriser les
recherches et les confrontations interdisciplinaires, d'encourager les réflexions d'ensemble, bref de souligner
l'importance vitale de l'esprit de synthèse pour l'équilibre
de notre civilisation. Je dis bien vitale, car l'homme —
j'entends l'essentiel, à savoir son jugement, sa liberté —
peut aussi bien être asphyxié par son savoir que paralysé
par son ignorance, et il peut tout autant se perdre dans la

complexité d'un comportement social dévorant que s'atrophier dans la simplicité élémentaire d'une condition dite de sous-développement.

C'est pour cela qu'un colloque comme celui qui va se poursuivre ici pendant trois jours a pour nous, par son objet même, et pas seulement par l'éminente qualité de ses participants, une valeur extrême.

Ainsi que vous avez pu le remarquer en jetant les yeux sur le programme, nous n'avons pas voulu enfermer l'authenticité des témoignages et des communications, la liberté des déclarations et des discussions dans un cadre rigide. Une telle rencontre ne saurait souffrir un dirigisme quelconque. Mais sans doute est-il légitime et peut-être utile d'indiquer par avance, pour éclairer le sens général de l'entreprise, les différents plans ou dimensions suivant lesquels s'ordonneront les exposés et les débats.

Il me semble que ces plans, ces dimensions sont au nombre de trois, qui correspondent à trois aspects de la synthèse scientifique. Il y a l'étude et l'appréciation du contenu et de la structure de la synthèse des connaissances considérée comme une œuvre réalisée. Il y a l'examen de la nature et de la valeur scientifique de la pensée synthétique considérée comme agent et mode de construction intellectuelle. Il y a enfin la détermination des conditions de l'effort de synthèse dans le cadre de l'organisation du travail scientifique.

Où en sommes-nous dans la synthèse effective de nos connaissances ? C'est-à-dire où en sommes-nous dans la connaissance de l'univers et de l'homme ? Notamment par rapport aux deux grandes synthèses d'Einstein et de Teilhard. Et que penser de la valeur scientifique actuelle de l'une et de l'autre ? Telle sera l'orientation principale de l'exposé que fera le duc Louis de Broglie, demain après-midi à l'ouverture de la Table ronde, sur Albert Einstein et la coexistence des ondes et des corpuscules et de ceux que feront après-demain soir le professeur Giorgio de Santillana sur Les grandes doctrines cosmologiques, le pro-

fesseur Holton sur Où est la réalité? Les réponses d'Einstein, *le professeur Werner Heisenberg sur* Einstein et la
synthèse : la théorie du champ unitaire *et le professeur
Jean Piveteau sur* Teilhard de Chardin et le problème
de l'évolution. *La même orientation présidera aux
débats de la Table ronde, demain soir, sur* Connaissance
de la nature et connaissance de l'homme, *à propos de
l'œuvre de Teilhard de Chardin et, après-demain matin,
sur le thème* Vers une cosmologie : déterminisme et indéterminisme.

   *Une autre perspective est celle que j'ai dite de l'examen
de la nature et de la valeur épistémologique de la pensée
créatrice des synthèses totalisantes. Certes la démarche
synthétique est essentielle à l'équilibre de la science en
toutes ses parties et à tous ses niveaux. C'est ce que mon-
treront notamment, ce soir, le Révérend Père Dubarle et
Sir Julian Huxley dans leurs considérations générales et,
mercredi soir, le professeur Kedrov dans son exposé sur*
Spécialisation et intégration dans les sciences modernes.
*Mais les intégrations partielles et l'intégration totale
procèdent-elles de pensées de même type et de même valeur?
Et même s'il en est ainsi, on peut, on doit se demander
encore si tous les domaines de la science et si tous les
instruments de la pensée scientifique sont également
capables d'atteindre à l'unité. M. Louis de Broglie voudra
probablement nous dire ses idées à ce sujet quand il trai-
tera de la réduction de la pluralité à l'unité chez Einstein,
et sans doute aussi, ce soir, le professeur Gonseth, dans
son exposé sur* Connaissance de la nature et connaissance
philosophique dans l'œuvre d'Einstein.

   « *Connaissance philosophique* » : *le mot est dit. Il
s'agit de savoir dans quelle mesure la synthèse totale
des connaissances est science et dans quelle mesure philosophie. Ou encore dans quelles conditions un effort de synthèse totale peut prétendre à la fois à la rigueur scientifique
et à la signification philosophique. Les réponses peuvent
s'étager sur toute la distance qui sépare les théorèmes d'Eu-
clide et les principes d'Archimède des mythes de Platon.*

C'est dire que la question est de nature à faire surgir de sérieuses divergences. Il convient de la poser pourtant, et même avec insistance, et précisément à ces grands savants, à ces grands penseurs qui nous honorent de leur présence. Car la question, si elle s'adresse proprement à des esprits de cette qualité, comporte au fond un sens qui est capital pour tout le monde. Retournons-la, comme on retourne une monnaie, et nous nous apercevons qu'elle signifie ceci : Y a-t-il Un total objet de pensée valable ? Et plus particulièrement, plus intimement si je puis dire : quelle est, face à cette exigence de l'Un total, la réalité de l'homme, lui qui est à la fois partie de la nature et mesure de l'univers, relais de l'évolution et conscience de l'histoire ? Est-ce un objet ? un processus ? une limite ? Et l'exigence de l'unité : est-ce un appel qui lui vient du dehors ? et d'où ? ou est-ce une exigence qu'il impose à l'être comme le sens à la chose qui, par là, devient signe ?

La réponse, les réponses, comme on voit, nous concernent tous, et essentiellement. Or, justement parce que les réponses de la Science à cette interrogation capitale concernent tous les hommes, il convient de se souvenir que la Science n'aspire pas à réaliser seulement l'unité des connaissances, mais aussi, suivant la pensée profonde d'Auguste Comte, l'unité des esprits. La science est un laboratoire, une équipe et, pour tout dire, une société, avant d'être une encyclopédie. Et cette société tend à s'élargir de plus en plus vers une limite, elle aussi totalisante, qui est l'humanité elle-même. Les réponses de la Science ne doivent donc pas être présentées et reçues comme les oracles d'une caste séparée du commun des hommes, mais comme le résultat des travaux d'une collectivité de plus en plus nombreuse et ouverte, auxquels tous peuvent, que dis-je ? doivent participer, ne serait-ce que par un effort de compréhension. C'est à cette condition que la Science peut devenir pour tous ce qu'elle a vocation d'être, ce qu'elle est pour ceux qui la vivent : une culture.

Mais qui dit société dit complexité et organisation. Le problème de la synthèse dans la science ne se pose donc pas seulement au plan des connaissances et à celui de la pensée : il se pose aussi au plan de l'organisation du travail scientifique considéré à l'échelle de l'humanité. Il est vrai que, jusqu'ici, les grandes synthèses scientifiques comme les synthèses philosophiques auxquelles elles s'apparentent ou auxquelles elles conduisent ont été l'œuvre à peu près exclusive de génies individuels, qui dominent leur milieu et leur temps comme des cimes solitaires. Mais il est permis de se demander si les conditions du travail scientifique n'ont pas changé du fait de la diversification des disciplines et de la multiplication des foyers de recherche, même à ce niveau suprême, et si des théories comme celles d'Einstein et de Teilhard ne sont pas les dernières constructions interprétatives totales de l'univers et de l'homme que l'on doive à l'effort de pensées aussi fortement individualisées que celles qu'on trouve chez les poètes et chez les artistes.

Quoi qu'il en soit, s'il est vrai que l'organisation de la recherche scientifique n'est pas par elle-même créatrice de synthèse, il est certain qu'elle en est une condition et, en quelque sorte, la préfiguration ou la projection sur le plan de la société des esprits. C'est dans cette troisième dimension du Colloque que se situera le dernier débat de la Table ronde, demain après-midi, qu'ouvrira le professeur Pierre Auger et qu'animera M. Le Lionnais.

Tels sont donc, Mesdames, Messieurs, l'objet et le sens, tels du moins que nous les avons conçus, du colloque auquel j'ai l'honneur de vous convier à assister. Et grande en vérité est notre gratitude pour les illustres savants qui ont bien voulu accepter d'y participer. Leur rencontre, à elle seule, est un événement.

A ces savants et à tous ceux qui sont venus les écouter et qui répercuteront l'écho réfléchi de leurs pensées vers les horizons divers de leurs différents pays, de leurs différentes disciplines, de leurs différentes générations, représentés et réunis en ce lieu dans une même fraternité intellectuelle, je veux dire que cette maison est à eux.

Par delà les grandes tâches concrètes, certes combien nécessaires, de la coopération internationale dans les domaines de l'éducation, de la science et de la culture, qui se débattent et se décident ici même, dans cette salle de la Conférence générale de l'Organisation, je souhaite que cette maison devienne de plus en plus celle du dialogue universel de toutes les recherches et de toutes les vérités, de toutes les certitudes et de tous les doutes, de toutes les anxiétés et de toutes les espérances de l'esprit. Et cela non pas seulement pour leur permettre de se mieux connaître, mais pour les aider à mieux s'insérer dans l'histoire et à agir plus efficacement sur les destinées de l'humanité.

N'est-ce pas là précisément l'ultime message d'Einstein et de Teilhard de Chardin? Pleinement conscients, jusqu'à l'adoration et jusqu'à l'angoisse, de la merveilleuse et terrible liberté de l'homme, désormais capable à la fois de conquérir l'univers et de causer sa propre destruction, l'un et l'autre ont proclamé la nécessité d'une organisation de la communauté mondiale, comme condition non seulement du progrès, mais de la survie de l'espèce. Et l'un et l'autre ont réclamé à cet effet la création d'institutions permanentes pour faciliter et développer la confrontation et la compréhension entre les disciplines, entre les cultures, entre les peuples. Ces institutions aujourd'hui existent — ainsi l'Unesco —, et il importe qu'avec l'appui de ceux à l'intention de qui elles ont été créées, elles accomplissent leur mission. Cela importe pour la dignité des hommes et cela importe pour la paix du monde.

Parmi tant de pages de ces penseurs que je pourrais citer, je me bornerai, pour terminer, à lire ce passage d'une lettre qu'Einstein adressait à Freud à l'époque où l'on s'efforçait d'instaurer la coopération internationale dans le cadre de la Société des Nations: « L'élite intellectuelle n'exerce aujourd'hui aucune influence directe sur l'histoire des peuples; son éparpillement empêche sa collaboration directe à la solution des problèmes de l'heure. Or cette communauté de caractère international pourrait exercer sur le traitement des questions politiques elles-mêmes une influence importante, moralement salutaire. »

Mesdames, Messieurs les savants, ce soir, l'Unesco vous donne la parole.

I

Albert Einstein
et la synthèse scientifique

FERDINAND GONSETH

*Connaissance de la nature
et connaissance philosophique
chez Albert Einstein*

Celui qui vous parle a suivi, il y a de cela déjà plus de cinquante ans, le premier cours qu'Albert Einstein fit en qualité de professeur de physique théorique à l'École polytechnique fédérale de Zurich. Einstein devait d'ailleurs renoncer à cet enseignement quelques semestres plus tard pour répondre à un appel de l'Institut Kaiser-Wilhelm de Berlin. Ce premier cours traitait de la relativité que par la suite on qualifia de restreinte. A ce moment-là, la théorie générale de la relativité, c'est-à-dire la théorie einsteinienne de la gravitation, n'existait pas encore. Celle-ci cependant s'ébauchait et, dans les derniers mois du séjour d'Einstein à Zurich, le bruit en courait parmi nous dans un climat de mystère et d'étrangeté. Je suivais aussi ses autres cours avec application, en particulier un cours de Mécanique à la fois très classique et très original, dont il me reste maintenant encore un vivant souvenir. Avec mes camarades, alors fort peu nombreux, de la division de Mathématiques et Physique, je fréquentais aussi son séminaire, où nous avions le privilège — mais le savions-nous vraiment? — de dialoguer avec lui.

Avant son départ pour l'Amérique, Einstein revint plusieurs fois à Zurich pour y exposer les variantes successives de sa théorie de la gravitation, variantes qui portaient en particulier sur le terme dit cosmologique.

Pour ce qui concerne le cheminement ultérieur de sa pensée, en particulier quant à l'intention constamment reprise de fonder et de mettre en place un champ unitaire, c'est-à-dire couvrant l'ensemble des phénomènes physiques, je fus réduit comme beaucoup d'autres à n'en prendre connaissance que par les écrits.

Une autre source de renseignements, à la fois plus lointains et plus intimes, devait cependant s'ouvrir à moi pendant les dix ans où j'enseignai les mathématiques à l'Université de Berne. Je m'y liai d'amitié avec Michele Besso, l'ancien collègue d'Einstein au Bureau fédéral des Brevets, mais aussi son confident le plus intime et son ami le plus sûr, celui qu'Einstein appelait « la meilleure boîte de résonance de l'Europe ». Nous avions pris l'habitude, Besso et moi, de faire de longues promenades pendant lesquelles nous devisions de tout, et particulièrement de science et de philosophie. Et c'est ainsi que j'appris comment, au cours d'autres promenades, Einstein exposant et Besso contredisant, la théorie de la relativité avait subi et surmonté ses premières épreuves.

La personnalité et l'autorité d'Einstein s'imposèrent-elles d'emblée à l'étudiant en mathématiques et en physique que j'étais en 1912 ? La nouveauté, la profondeur et la justesse de ses idées se firent-elles jour en moi avec un pouvoir irrésistible ? Un esprit trop jeune et trop impatient de courir au savoir dispose rarement des normes qui lui permettraient d'apprécier justement la valeur de ce et de ceux qui se présentent à lui. L'enseignement d'Einstein se fit difficilement un chemin dans mon esprit. La difficulté pour moi, et pour tant d'autres aussi, n'était pas tant de le suivre pas à pas que de comprendre d'où il venait, quelle était sa position et où il nous menait. De toute évidence, son esprit avait sa boussole, mais non seulement elle me restait cachée, elle me demeurait comme interdite. J'ai mieux compris depuis que si j'avais cru mieux comprendre alors, je me serais leurré.

Que de chemin parcouru depuis lors. Certes, dans l'horizon du physicien, certains problèmes demeurent, tandis que d'autres plus opaques encore surgissent. Mais, dans l'horizon de la méthode, un jour nouveau s'est fait. Bien sûr, nous ne disposons pas encore des ultimes lumières, mais avons-nous le droit de les espérer ? La boussole méthodologique qui assurait la démarche d'Einstein est maintenant un bien public. On lui a même apporté certains perfectionnements, comme on le fait pour tous les instruments utiles au savoir. Pour s'en saisir, il suffit de regarder (avec nos yeux d'aujourd'hui, de la position assurée par le succès qui est actuellement la nôtre) ce que fut alors la position d'Einstein et de lui apporter une pointe de systématisation. C'est un honneur que d'avoir à le faire en cette circonstance, mais ce n'est déjà plus une aventure.

Dans le premier cours sur la relativité restreinte, auquel j'ai déjà fait allusion, Einstein ne fit appel en rien à l'univers à quatre dimensions (dans lequel le temps est pris comme quatrième dimension) c'est-à-dire en d'autres termes à l'espace-temps de Minkowski. Il nous démontra en d'autres occasions qu'il en possédait la parfaite maîtrise. Le recours à l'espace-temps peut masquer certaines audaces ; la façon d'ailleurs bien connue dont il opéra les mets en relief. Contrairement à ce qui paraissait évident, il posa que la vitesse de la lumière serait la même pour tous les observateurs animés d'une vitesse uniforme, quelle que fût d'ailleurs cette vitesse. Partant de là, il examina soigneusement comment les horloges d'un même système, les horloges invariablement liées à un même observateur, pourraient être synchronisées par le seul moyen de signaux lumineux. Il établit ensuite comment on pouvait mettre en rapport de façon cohérente les temps et les distances mesurés par deux observateurs en état de vitesse uniforme (en état inertial), l'un par rapport à l'autre. Cette façon de faire avait des conséquences drastiques. Le principe de simultanéité était par exem-

ple perdu. Mais les formules de Lorentz étaient re-
trouvées, et avec elles — sans avoir à faire l'hypothèse
d'un éther aux propriétés spectaculaires — on retrouvait aussi l'explication des phénomènes qui deman-
daient alors à être expliqués, tels que le résultat
négatif de l'expérience de Michelson-Morley, l'effet
Doppler, etc. Eh bien, après plus de cinquante ans,
je ressens encore le sentiment d'insécurité et même de
trouble que cette façon de procéder éveillait en moi.
Poser la vitesse de la lumière constante avant même
d'avoir synchronisé des horloges, n'est-ce pas un acte
arbitraire ? Cet arbitraire pouvait-il être effacé par la
valeur des conséquences ? Ce qu'on gagnait en efficacité
valait-il ce qu'on perdait en évidence ? Comment faire
comprendre que ces questions, que beaucoup d'autres
se sont aussi posées, ne touchaient pas le cœur du problème ?

J'ai commencé à y voir plus clair en entendant Einstein lui-même nous exposer le dilemme dans lequel
se trouvaient les physiciens de ce temps-là. Nous nous
trouvons placés, disait-il, devant un choix difficile.
Nous avons à renoncer ou bien à la cinématique classique et à la formule combien évidente de la composition des vitesses, ou bien aux équations de Maxwell.
Car les équations de Maxwell ne sont pas invariantes
comme il semble qu'elles devraient l'être pour les transformations qui permettent en cinématique classique
de changer de système de référence. (Ces transformations, faut-il le préciser, sont les analogues en cinématique classique des transformations de Lorentz de la
relativité restreinte.) Or, ajoutait Einstein, pour le
physicien la situation ne comporte pas de véritable
liberté de choix. Il ne saurait être question que nous
laissions tomber les équations de Maxwell.

Ce qu'Einstein évoquait de façon extrêmement som-
maire et sans même songer à l'analyser, ce n'était pas
la justesse de tel ou tel raisonnement, le résultat de
telle ou telle mesure, la valeur de telle ou telle interpré-

tation. Non, c'était toute une trame de raisonnements, de résultats et d'applications réussies, au centre desquelles les équations de Maxwell se trouvaient revêtir une signification privilégiée. Or, la solidité d'une telle trame et la sécurité qu'elle offre aux chercheurs peuvent être telles que lorsqu'elles entrent en conflit avec certaines des évidences les mieux ancrées, c'est en optant pour les évidences qu'on s'expose aux risques d'erreur les plus graves. Dans une situation de ce genre, la raison théorique n'est plus la seule maîtresse du jeu. Mais d'elles seules, les raisons pratiques ne le seraient pas davantage. C'est un ensemble de circonstances et de conséquences qu'il s'agit d'apprécier, d'évaluer. Ce qui doit être aperçu, c'est ce qu'il convient au mieux de retenir ou d'écarter, de faire ou de laisser ; on peut en faire un principe, celui de la meilleure convenance. Je préfère dire le principe de l'*idonéité la meilleure*. Mais l'observation ou l'application d'un tel principe ne saurait se réduire au déroulement de procédures algorithmiques ou automatiques. Celui qui l'invoque doit avoir l'esprit formé et informé par sa propre expérience et par l'expérience des autres. Comme par miracle, il existe des esprits naturellement justes. Mais pour eux aussi, le choix de la meilleure idonéité comporte inévitablement ses risques : leur jugement, leur choix, leur décision ne sauraient être soustraits au verdict de l'expérience encore à venir.

Pour ce qui concerne l'option dont la théorie de la relativité est issue, l'expérience a noué autour d'elle cette trame de confirmation et de réussites devant laquelle le doute n'a plus qu'à s'effacer. Mais c'est là ce que personne ne peut plus ignorer. Et ce n'est pas là ce qu'il convient ici et maintenant de mettre en évidence. Ce qu'il importe de voir se préciser, c'est l'aspect méthodologique de l'entreprise einsteinienne. Avec une simplicité et un naturel insurpassables, Einstein a assumé ce qui de plus en plus nous paraît être essentiel dans la situation du chercheur. Le chercheur doit être conscient

à la fois de sa liberté et de sa responsabilité. Il doit
revendiquer sa plus entière liberté d'examen, et savoir
aussi que cette liberté a son écueil, l'affirmation arbitraire. Il doit en même temps s'ouvrir au témoignage
des faits, tout en sachant que cette ouverture a également son écueil, l'asservissement aux apparences. Cette
liberté et cette obéissance ne sont-elles pas contradictoires ? Elles ne sont pas accordées d'avance. Le chercheur en reste l'arbitre, le principe de son arbitrage
demeurant la recherche de la meilleure idonéité, dont
personne mieux que lui ne peut être le juge.

C'est donc là, me dira-t-on, ce que vous estimez essentiel dans le statut du chercheur, mais n'est-il pas toujours
présent et ne l'a-t-il pas toujours été dans la recherche
scientifique réelle ? Certes, il n'en a jamais été absent,
mais chargé des hypothèses les plus lourdes et les plus
diverses. Chez Albert Einstein, il apparaît libéré. Jamais
jusque-là la liberté d'examen n'avait porté jusqu'à faire
plier ainsi les évidences et jamais l'ouverture à l'expérience n'avait aussi audacieusement imaginé son champ
d'expérimentation. Mais jamais pourtant une démarche
faite pour connaître ne s'était révélée plus incisive, plus
efficace. Jamais donc méthode ne s'était révélée plus
idoine.

Or, une recherche qui opte à la fois pour la liberté
d'examen et pour l'ouverture à l'expérience et prend à
charge de les accorder en vue de l'idonéité la meilleure,
a par là même acquis son autonomie méthodologique et
philosophique. Elle est en état de refuser toute philosophie qui ne procéderait pas d'elle, toute philosophie
qui lui serait par principe antérieure ou extérieure.
Disons mieux, en n'hésitant pas à aller jusqu'au bout de
l'affirmation : la recherche qui fait sienne cette méthode
reprend à son compte l'intention philosophique centrale,
celle de connaître au mieux, de connaître dans toute la
mesure du possible. Consciemment ou non, la recherche
scientifique s'en inspire. Or, pour ce qui concerne la
connaissance de la nature, aucune philosophie n'a poussé

aussi loin qu'elle. Il se révèle que lorsqu'elle ne s'attarde pas dans le particulier, elle est la réalisatrice la plus fidèle de l'intention philosophique. J'ai dit que pour être juste et pour y voir clair, il faut regarder la méthode einsteinienne avec nos yeux d'aujourd'hui. C'est ce que je viens de faire. N'ai-je pas infléchi mes données dans un sens trop déterminé, et en donnant un tel poids aux tous premiers travaux d'Einstein, n'ai-je pas négligé d'autres données susceptibles de conduire à d'autres conclusions? Pour avoir un tableau quelque peu complet, il faudrait naturellement analyser la méthode par laquelle la théorie restreinte de la relativité a pu se déployer en une relativité généralisée ; il faudrait aussi mettre en place et interpréter l'intention jamais abandonnée de donner forme et réalité au champ unitaire ; il faudrait tenir compte enfin du non-ralliement d'Einstein à un indéterminisme foncier. L'image du cas Einstein que je me suis faite après tant de réflexion n'en serait pas modifiée. L'essentiel était là dès le premier effort. L'autonomie philosophique d'Albert Einstein éclatait déjà dans la réponse qu'il fit, lors de ses premières conférences à Paris, à quelqu'un qui lui demandait ce qu'il pensait ou ce qu'il faisait de Kant : « Oh, dit-il, chacun a son Kant à soi. »

Tout compte fait, je crois pouvoir me résumer en quelques mots : chez Albert Einstein, le savant incarne le philosophe de la nature. Philosophe, il l'était profondément, et j'ajouterai même, naïvement, s'il n'avait été aussi lucide. Je pourrais dire aussi qu'en lui, le savant n'est que la forme de réalisation du philosophe libéré par la sincérité et l'authenticité de sa recherche.

J'ai formulé un certain ensemble de jugements que le cas Einstein suggère et justifie. Ils vont cependant au delà du cas particulier. Il convient donc d'expliquer quelles garanties de justesse leur offre la situation qui est actuellement la nôtre. Il me suffira, pour le faire, de quelques brèves indications. Par là, j'apporterai la pointe de systématisation dont j'ai déjà parlé et j'en marquerai en même temps la portée.

J'ai dit, d'une recherche qui opte à la fois pour la liberté d'examen et pour l'ouverture à l'expérience et prend à sa charge de les accorder en vue de l'idonéité la meilleure, qu'elle acquiert son autonomie méthodologique et philosophique. Et c'est là, ai-je précisé, l'attitude, l'option à laquelle la recherche scientifique ne peut que se conformer plus ou moins consciemment, plus ou moins strictement.

Mais comment lui conférer sa forme méthodologique ? On peut, dans l'exercice et dans les péripéties de la recherche, distinguer les conditions faute desquelles elle ne saurait être mise en valeur. On peut y distinguer aussi les conséquences qui n'en sont pas séparables. On voit ainsi non sans un certain saisissement s'esquisser une méthodologie cohérente, la *méthodologie ouverte*, qui trouve ses garanties de justesse dans l'efficacité même de la démarche scientifique.

Cette méthodologie ne s'applique-t-elle qu'à la recherche qui vise à la connaissance de la nature ? Du côté de l'homme, bien des signes nous montrent que, complétant sa démarche par l'ouverture à l'introspection et à la pratique du témoignage, elle s'est mise en marche pour y devenir applicable.

Et du côté de la philosophie en général ? Les principes d'idonéité et d'ouverture peuvent aussi y être portés. Tout me donne à penser, tout me donne à croire qu'ils pourront y faire éclater la vérité de la parole célèbre : « Science et philosophie ne forment qu'un corps. »

Mais, pour revenir une dernière fois à mon sujet, j'estime que tout était préfiguré dans la liberté qui fut prise d'écarter une évidence au profit d'une conviction née de la pratique de la recherche.

J. ROBERT OPPENHEIMER

Présence d'Einstein [1]

C'est un honneur, Monsieur le Président, que d'être à cette tribune et dans cette assemblée, pour le dixième anniversaire de la mort d'Einstein, le cinquantenaire de sa découverte de la théorie générale de la relativité.

Comme le Président l'a dit, j'ai été en relation avec Einstein pendant vingt ou trente ans, mais ce n'est que pendant les dix dernières années de sa vie que nous avons entretenu des rapports étroits de collègues et, dirais-je, d'amis. Mais j'ai pensé qu'il serait peut-être utile, parce que je suis sûr qu'il n'est pas trop tôt (peut-être pour notre génération est-il presque trop tard), d'entreprendre de disperser les nuages du mythe, et de faire apparaître l'immense cime qu'ils cachent. Comme toujours, le mythe a ses charmes ; mais la vérité est bien plus belle encore.

Au soir de sa vie, dans le désespoir que lui causaient les armements et les guerres, Einstein a dit que, s'il lui fallait recommencer, il se ferait plombier. Il y avait dans ce mot un dosage de sérieux et de plaisanterie que nul n'a plus aujourd'hui le droit d'altérer.

Croyez-moi, Einstein n'avait aucune idée de ce qu'est une vie de plombier ; surtout pas aux États-Unis, où ce spécialiste est accusé par plaisanterie de ne jamais apporter ses outils quand on l'appelle en cas d'urgence. Einstein, lui, apportait ses outils. Einstein était un physicien, un philosophe de la nature, le plus grand de notre époque.

Ce que nous avons appris, ce que vous savez tous, ce

1. Titre ajouté après le décès de l'auteur.

qui est la part de la vérité dans le mythe, c'est l'extraordinaire originalité d'Einstein. D'une manière ou d'une
autre, on aurait certainement fini par découvrir les
quanta ; mais c'est lui qui les a découverts. Tôt ou tard
on aurait compris la signification profonde du fait
qu'aucun signal ne peut se propager plus vite que la
lumière ; on connaissait déjà les équations indispensables ;
mais cette simple et brillante compréhension de la
physique aurait pu aussi bien être lente à venir, et
s'énoncer sous une forme moins claire, s'il n'avait pas
été là pour le faire. Quant à la théorie de la relativité
générale, qui, même aujourd'hui, n'est pas parfaitement
vérifiée expérimentalement, personne sinon lui ne
l'aurait inventée, pendant très, très longtemps. En fait,
ce n'est guère que dans la dernière décennie, ces dernières années, que l'on a vu comment un physicien ou
un groupe de physiciens ordinaires pourrait, à force de
travail, atteindre cette théorie et comprendre cette
singulière union de géométrie et de gravitation ; encore
cela même n'est-il possible aujourd'hui que parce que
certaines des possibilités ouvertes a priori se trouvent
limitées par la confirmation de la découverte d'Einstein
du fait que la pesanteur fait dévier la lumière.

Mais il y a là un autre aspect, outre l'originalité.
Einstein a mêlé à l'originalité de son travail des éléments traditionnels profonds. On ne peut arriver que
partiellement à retrouver ses cheminements en recons-
tituant ses lectures, ses amitiés, d'après la maigre docu-
mentation dont nous disposons. Mais de ces éléments de
tradition profondément enracinés — je n'essaierai pas
de les énumérer tous ; je ne les connais pas tous — trois
au moins lui étaient indispensables et restèrent toujours
présents à son esprit.

Le premier vient de cette partie assez belle, mais
abstruse, de la physique qu'est l'explication des lois de
la thermodynamique par la mécanique des grands
nombres de particules, ou mécanique statistique. Einstein ne l'a jamais perdue de vue. C'est elle qui lui a

permis, en partant de la loi de Planck sur le rayonnement du corps noir, de conclure que la lumière est non
seulement ondes, mais aussi particules, des particules
dont l'énergie est proportionnelle à leur fréquence, et
leur quantité de mouvement déterminée par leur nombre d'ondes, ces célèbres rapports que Broglie devait
étendre d'abord aux électrons, puis à la totalité de la
matière.

C'est cette tradition statistique qui amena Einstein à
découvrir les lois qui régissent l'émission et l'absorption
de la lumière par les systèmes atomiques. C'est elle qui
lui a permis de découvrir le rapport existant entre la
théorie ondulatoire de Broglie et la statistique des
quanta de lumière proposée par Bose. C'est enfin grâce
à elle qu'il resta un actif partisan de la physique des
quanta et qu'il en découvrit les nouveaux phénomènes
jusqu'en 1925.

La deuxième source traditionnelle, aussi profonde
— et dont l'origine nous est, je crois, cette fois connue —
était son attachement sans réserve à l'idée de champ :
la propagation des phénomènes physiques en détails
infimes et infiniment subdivisibles à travers l'espace
et dans le temps. D'où sa première grande épreuve
lorsqu'il chercha à voir comment les équations de Maxwell pouvaient être vraies. Elles étaient les premières
équations du champ en physique ; elles restent vraies
aujourd'hui malgré des modifications très légères et
dont nous comprenons parfaitement le sens. C'est cette
tradition qui lui a permis de savoir qu'il devait y avoir
une théorie du champ applicable à la gravitation, bien
avant d'avoir en main les véritables clés de cette théorie.

La troisième tradition relève moins de la physique
que de la philosophie. Il s'agit d'une forme du principe
de raison suffisante. C'est Einstein qui a demandé :
Que voulons-nous dire ? Que pouvons-nous mesurer ?
Quels éléments de la physique sont conventionnels ? Il
soutenait que les éléments qui étaient conventionnels
ne pouvaient jouer aucun rôle dans les prédictions

réelles de la physique. Cette idée avait, elle aussi, ses
racines, et d'abord l'invention mathématique de Riemann, qui avait vu à quel point la géométrie des Grecs
avait été limitée, déraisonnablement limitée. Mais en
un sens plus important, elle découlait de la longue tradition de la philosophie européenne, disons à partir de
Descartes — ou, si vous préférez, à partir du XIIIe siècle,
parce que c'est là en fait que cela a commencé — et qui,
en passant par les empiristes anglais, a été clairement
formulée par Charles Peirce, bien que celui-ci n'ait
probablement exercé aucune influence en Europe : nous
devons nous demander : comment nous y prenons-nous,
que voulons-nous dire, est-ce tout juste quelque chose
dont nous nous servons dans nos calculs, ou est-ce quelque chose que nous pouvons effectivement étudier dans
la nature par des moyens physiques ? Car l'important
ici, c'est que les lois de la nature ne décrivent pas seulement les résultats de nos observations, mais qu'elles
délimitent aussi le champ de nos observations. Telle est
la signification décisive de la découverte par Einstein
du caractère limitatif de la vitesse de la lumière ; telle
était aussi la nature du spectre introduit par la théorie
des quanta, où le quantum d'énergie (constante de
Planck) est reconnu comme limitant la finesse d'appréhension d'un système par les moyens employés pour son
étude, et comme limitant cette finesse sous une forme
d'atomisation beaucoup plus radicale et tout à fait
différente de tout ce qu'avaient imaginé les Grecs, de ce
à quoi nous avait habitués la théorie atomique de la
chimie.

Dans la dernière partie de son existence, au cours des
vingt-cinq dernières années de sa vie, sa tradition aban-
donna en un certain sens Einstein. Ce furent les années
qu'il passa à Princeton, et ce fait, bien qu'attristant,
ne doit pas être passé sous silence. Il avait, certes, acquis
le droit à cet échec. Il passa ces années d'abord à essayer
de démontrer qu'il y avait des incohérences dans la
théorie des quanta. Nul n'aurait pu être plus habile à

imaginer des exemples inattendus et ingénieux ; mais
voilà que les incohérences ne s'y trouvaient pas ; et dans
plus d'un cas il aurait suffi, pour les résoudre, de se
reporter aux travaux antérieurs d'Einstein lui-même.
Quant il eut constaté, après maintes tentatives, que
ses efforts étaient vains, il ne resta plus à Einstein qu'à
dire que la théorie des quanta ne lui plaisait pas. Il n'aimait pas les éléments d'indétermination qu'elle conte-
nait. Il n'aimait pas l'abandon de la continuité ou de la
causalité. C'étaient là des notions avec lesquelles il avait
grandi, qu'il avait sauvées et prodigieusement élargies ;
les voir perdues, bien qu'il eût lui-même, par ses propres
travaux, armé leur assassin, était très dur pour lui. Il
lutta contre Bohr noblement et furieusement, et il lutta
contre la théorie dont la paternité lui revenait, mais qu'il
haïssait. Ce n'était pas la première fois que chose pareille se produisait en science.

Il se lança aussi dans un programme très ambitieux,
cherchant à combiner les théories de l'électricité et de
la gravitation de manière à expliquer ce qu'il considérait comme l'apparence — l'illusion — de la discrétion
des particules dans la nature. Je pense qu'il était clair
alors, et je crois qu'il est évidemment clair aujourd'hui,
que les données sur lesquelles cette théorie travaillait
étaient trop minces et qu'elle négligeait trop de faits
connus des physiciens, mais qui n'étaient guère connus
au temps où Einstein faisait ses études. L'approche
choisie paraissait donc irrémédiablement limitée, et
historiquement plutôt qu'accidentellement conditionnée.
Bien qu'Einstein inspirât de la sympathie ou plutôt de
l'affection à chacun par sa détermination à exécuter
son programme, il perdit presque contact avec ses collè-
ques physiciens, parce que certaines notions nouvelles
avaient été acquises alors qu'il était trop avancé en
âge pour s'y intéresser.

Einstein était un des hommes les plus amicaux qu'on
pût trouver. J'avais l'impression que c'était aussi, dans
un sens important, un homme seul. Beaucoup de très

grands hommes sont solitaires : pourtant il m'a semblé
que, bien qu'il fût un ami profond et loyal, les affections
humaines plus fortes n'ont tenu dans l'ensemble de son
existence une place ni très profonde ni très importante.
Il avait, bien sûr, d'innombrables disciples si l'on entend
par là les gens, qui, en le lisant ou en écoutant son enseignement, ont acquis par lui une nouvelle conception de
la physique, de la philosophie de la physique, et de la
nature du monde où nous vivons. Mais il n'avait pas
d'« école » au sens technique du terme. Il n'avait pas un
très grand nombre d'élèves dont il eût assumé la responsabilité et qui fussent des apprentis ou des disciples. Il
y avait en lui quelque chose du travailleur solitaire,
contrastant violemment avec ces équipes que nous connaissons aujourd'hui, et avec l'esprit d'étroite coopération où certaines autres branches de la science se sont
développées. Dans les dernières années, il eut des collaborateurs ; on les appelait — ce qui est révélateur — des
assistants, et leur vie était merveilleuse. Rien que d'être
avec lui était merveilleux. Sa secrétaire avait une vie
merveilleuse. A aucun instant, le sens de la grandeur,
non plus que le sens de l'humour, ne l'abandonnèrent.
Ses assistants lui rendirent un service dont il aurait eu
besoin dans sa jeunesse. Ses premiers articles sont d'une
beauté saisissante, mais de nombreux errata les accom-
pagnent. Plus tard, les errata ont disparu. J'ai eu
l'impression qu'avec ses servitudes, la gloire lui apporta
certains plaisirs : non seulement le plaisir humain de
rencontrer des gens, mais aussi l'extrême plaisir de faire
de la musique avec Élisabeth de Belgique, et plus encore
avec Adolphe Busch, bien qu'il ne fût pas si bon violo-
niste. Il aimait la mer et il aimait la voile, et il était
toujours heureux qu'on lui prête un bateau. Je me revois
rentrant avec lui le jour de son soixante et onzième
anniversaire. Il dit : « Vous savez, lorsqu'un homme a
eu un jour la chance de faire quelque chose de sensé,
la vie, ensuite, lui paraît un peu étrange. »
    Einstein est connu aussi, et je crois à juste titre,

comme un homme d'une bonne volonté et d'une humanité très grandes. En fait, s'il me fallait définir d'un
seul mot son attitude à l'égard des problèmes humains,
je choisirais le mot sanscrit « Ahimsa », qui veut dire
« ne pas blesser, ne pas faire de mal ». Il se méfiait profondément du pouvoir ; il n'avait pas, avec les hommes
d'État et les puissants ce commerce aisé et naturel qui
convenait parfaitement à Rutherford et à Bohr, peut-
être les deux physiciens de ce siècle dont le niveau est
le plus proche du sien. En 1915, tandis qu'il concevait
la théorie de la relativité générale, l'Europe s'entre-
déchirait et avait à demi détruit son passé. Einstein fut
toujours un pacifiste. Ce n'est que lorsque les nazis
s'emparèrent du pouvoir en Allemagne qu'il éprouva
quelques doutes, comme le montrent les lettres célèbres
et assez profondes qu'il échangea avec Freud ; il commença alors à comprendre, avec mélancolie, et sans
vraiment s'y résigner, qu'en plus du devoir de comprendre, l'homme a parfois le devoir d'agir.

Après ce que vous avez entendu, je n'ai pas besoin
d'ajouter combien son intelligence était lumineuse. Il
était presque entièrement dénué d'artifice et entièrement exempt de mondanité. En Angleterre, on aurait
dit, je crois, qu'il n'avait guère d' « usages », et en Amérique, qu'il manquait d' « éducation ». Peut-être cela
éclaire-t-il un peu la manière dont on use de ces mots.
Je crois que cette simplicité, cette absence de formalisme et d'affectation étaient en étroit rapport avec la
manière dont il préserva pendant toute sa vie un certain
monisme philosophique, d'une pureté assez spinoziste,
qu'il est bien sûr difficile de préserver si l'on a « de
l'éducation » et « des usages ». Il y a toujours eu chez
Einstein une admirable pureté, à la fois enfantine et
profondément obstinée.

On reproche souvent à Einstein, — ou on l'en félicite,
et on lui en attribue le mérite — d'être à l'origine de ces
misérables bombes. A mon avis, on se trompe. La théorie
de la relativité restreinte, sans Einstein, n'aurait peut-

être pas été belle, mais cet outil n'en aurait pas moins
été en possession des physiciens ; dès 1932, la preuve
expérimentale de l'interconvertibilité de la matière
et de l'énergie, qu'il avait prédite, était irréfutablement
établie. La possibilité de tirer de cette découverte quelque chose d'aussi écrasant n'est devenue claire que sept
ans plus tard, et presque par accident. Ce n'était pas là
le véritable objectif d'Einstein. Son rôle était de déclen-
cher une révolution intellectuelle et de découvrir, mieux
qu'aucun autre savant de notre époque, la profondeur
des erreurs faites auparavant. Sans doute a-t-il écrit une
lettre à Roosevelt au sujet de l'énergie atomique. Il était,
je crois, déchiré, face au fléau nazi, lui qui voulait ne
faire de mal en aucune manière à personne ; j'ajouterai
d'ailleurs que cette lettre eut très peu d'effet et qu'Einstein lui-même n'est vraiment pas responsable de tout
ce qui s'est passé par la suite. Je crois que c'est ainsi que
lui-même comprenait son rôle.

Il éleva la voix, avec une très grande autorité, contre
la violence et la cruauté partout où il les vit ; après la
guerre, il parla, avec une émotion profonde et beaucoup
de poids, de la suprême violence des armes atomiques.
Il déclara aussitôt avec une grande simplicité : maintenant, il nous faut organiser un gouvernement mondial.
C'était très direct, très abrupt, certes « sans éducation »
et « sans usages » ; et pourtant, force nous est à tous de
reconnaître que, dans une certaine mesure à méditer,
il avait raison.

Sans pouvoir, sans calcul, sans rien de ce profond sens
politique qui caractérisait Gandhi, il a néanmoins agi
sur le monde politique. Presque au terme de sa vie, il
se joignit à Lord Russell pour dire que les hommes de
science devraient s'unir et tenter de se comprendre afin
d'éviter le désastre que la course aux armements lui
faisait prévoir. Le « mouvement Pugwash », qui porte
maintenant un nom plus long, naquit directement de
cet appel. C'est, je le sais, la stricte vérité que ce mouvement a joué un rôle capital dans la conclusion du

traité de Moscou, ce traité limité d'interdiction des essais de bombes atomiques, qui est pour moi très précieux en tant que déclaration d'intention permettant d'espérer encore que la raison finira par l'emporter.

Tel que je l'ai connu dans ses dernières années, Einstein était un ecclésiaste du xxᵉ siècle, disant sans rien perdre de sa bonne humeur inaltérable et indomptable : « Vanité des vanités, tout est vanité. »

WERNER HEISENBERG

La théorie du champ unitaire

Parmi les nombreuses idées qu'Einstein a poursuivies en rapport avec sa théorie de la relativité généralisée, figure l'hypothèse qu'une théorie du champ unitaire est possible. Cette idée a suscité un vif intérêt en raison de ses implications philosophiques. Einstein a suggéré qu'on pouvait, en somme, décrire tous les différents phénomènes, tels que la gravitation, l'électromagnétisme et les corps matériels, par un champ fondamental, ou par un système de champs ; que toutes les diverses lois empiriques de la nature pouvaient s'exprimer sous forme d'un système d'équations non linéaires auxquelles les composantes du champ précité obéissent. D'un point de vue philosophique, cette possibilité paraît très séduisante. En effet, on ne saurait guère dissocier des phénomènes tels que la gravitation et l'électricité. Ils sont susceptibles de s'influencer réciproquement ; aussi les lois de la nature, dont ils sont la conséquence, ne peuvent-elles être totalement indépendantes. La théorie du champ unitaire, dès lors, engloberait ces diverses lois, qui deviendraient autant de cas particuliers et, du même coup, elle déterminerait ces relations et, partant, la structure de la nature.

Einstein n'a pu mener très loin ce projet. Son point de départ était le champ gravitationnel, dont la théorie de la relativité généralisée donnait les équations de champ. C'est pourquoi il voulait découvrir une structure

de champ qui fût une généralisation naturelle du tenseur symétrique (métrique), représentant la gravitation,
en même temps qu'un système d'équations du champ
relatif à cette structure et représentant une généralisation naturelle des équations de la gravitation pure.
Il a tout d'abord tenté d'y inclure les lois électromagnétiques ; en ce qui concerne les corps matériels, il espérait
qu'à un stade d'élaboration ultérieur de la théorie, les
particules élémentaires pourraient être conçues comme
des singularités de l'espace de ce champ universel. Cet
espoir avait pour base le caractère non linéaire des équations de champ qui peuvent présenter de telles singularités. Mais, à cette étape, il ignorait — on pourrait
presque dire : intentionnellement — la nature quantique des particules élémentaires ; aussi lui était-il
impossible de trouver une description mathématique
correcte de leur comportement.

Avant d'entrer dans les détails de cette question, il
convient de signaler un autre problème capital : la relation entre le système d'équations du champ et le modèle
cosmologique de l'univers. Einstein vit cette relation
à la lumière des idées de Mach. D'après celui-ci, parler
de la rotation d'un corps isolé dans l'espace vide n'a
aucun sens. Par conséquent, une force centrifuge ne
peut apparaître que si l'espace n'est pas vide, que si
des masses éloignées produisent cette force. Donc, la
réaction d'un corps isolé sur son mouvement dépend de
la distribution de la matière dans l'univers. Cette distribution, et la structure correspondante espace-temps,
ne sont pas déterminées uniquement par les équations
de champ. Mais elles ne sont pas totalement arbitraires
non plus : elles sont limitées par les équations de champ
et doivent correspondre à l'une des nombreuses solutions des équations de champ. Le comportement d'une
particule isolée sous l'influence de champs locaux peut
donc, dans une certaine mesure, dépendre de la structure de l'univers. Il est vrai que le principe de Mach
n'est pas lié aux équations de champ aussi intimement

qu'Einstein l'a cru. Mais la relation entre le modèle cosmologique de l'univers et les équations de champ, l'applicabilité de cette structure cosmologique au comportement de corps même petits, demeure un trait essentiel de n'importe quelle théorie du champ unitaire.

Pour revenir à la nature quantique des particules élémentaires, on fera remarquer tout d'abord que les singularités de l'espace, produites par une équation de champ classique non linéaire, se comporteraient d'une manière absolument différente de celle des particules élémentaires dans un champ de force donné. Toutes ces caractéristiques qui, dans la théorie quantique, sont liées au dualisme apparent onde-particule et qui sont exprimées par le modèle mathématique de la mécanique quantique (ou de la mécanique ondulatoire) n'apparaîtraient pas dans le comportement des singularités. De nos jours, il serait bien peu réaliste, par conséquent, de vouloir lier différents groupes de phénomènes naturels sans faire entrer en ligne de compte la théorie quantique, et cela dès le début.

Qui plus est, les multiples expériences réalisées ces dernières années, à l'aide des grands accélérateurs, ont fourni sur les particules élémentaires une foule de données encore inconnues du temps d'Einstein. Nous savons maintenant qu'outre les forces électromagnétiques et les photons qui leur correspondent, qu'outre la gravitation et les gravitons qui lui correspondent, il existe un très grand nombre de champs de force différents, chacun d'entre eux caractérisé par la particule élémentaire correspondante (par exemple : les forces de liaison du noyau atomique). Une théorie du champ unitaire doit rendre compte de ces différents champs.

Quand il y a collision entre deux particules élémentaires, à très haute énergie, un grand nombre de particules nouvelles sont engendrées par la collision; on parlera de production multiple de particules. Mais ce serait bien mal décrire le phénomène que de dire que les particules se sont brisées en un grand nombre de fragments plus

petits. Il est beaucoup plus correct de dire que la grande
énergie cinétique des particules en collision s'est trans-
formée en matière — conformément à la loi d'Einstein —
en créant un grand nombre de particules élémentaires
nouvelles. En réalité, quelle qu'ait été la nature particulière des particules en collision, les particules nouvelles
font toujours partie du même spectre bien connu des
particules élémentaires. L'énergie devient matière en
prenant la forme d'une particule élémentaire. Le spectre
des particules élémentaires se reproduit lui-même dans
le processus de collision à haute énergie.

On peut tirer de ces résultats maintes conclusions de
très grande importance. Il saute aux yeux que la tentative d'élaborer une théorie distincte pour chacun des
champs de force serait absurde. La théorie unitaire a pu
constituer pour Einstein un objet de spéculation ; de
nos jours, elle est absolument nécessaire en physique
théorique si l'on veut comprendre les particules élémentaires.

Certes, on peut se demander si la théorie future sera
une théorie du champ unitaire, ou bien si quelque autre
instrument mathématique ne se prêtera pas mieux que
les champs pour décrire les expériences. Mais cette théorie future devra être une théorie unitaire, couvrant
l'ensemble des champs empiriques.

Einstein pensait que les particules étaient des singularités du champ dans l'espace. Depuis lors, la théorie
quantique des champs a révélé que les particules sont
des singularités — qu'on appelle pôles — dans l'espace
des moments, et non dans l'espace ordinaire. Pour
Einstein, le champ était réel ; c'était en fait la réalité
ultime, déterminant à la fois la géométrie du monde et
la structure des corps matériels. Dans la théorie quantique, le champ distingue (comme en physique classique)
entre quelque chose et rien ; mais sa fonction essentielle,
c'est de changer l'état de l'univers, lequel est caractérisé
par une amplitude de probabilités, en fournissant des
prédictions sur ses potentialités. Vu sous cet angle, il

est permis de décrire les situations expérimentales, dans la physique des particules élémentaires, en appliquant des opérateurs construits à partir des produits d'opérateurs de champ sur l'état de base « univers ». Mais on ne saurait guère considérer les champs comme réels et objectifs, au sens où Einstein le faisait dans sa théorie du champ.

Dans la théorie d'Einstein, de même que dans la théorie quantique, c'est l'équation de champ qui donne la formulation ultime des lois naturelles sous-jacentes. C'est pourquoi le problème fondamental de la théorie du champ unitaire réside dans le choix correct de l'équation de champ et la comparaison des résultats avec les observations expérimentales. A cet égard, tout essai d'élaborer une théorie quantique du champ unitaire a des chances d'aboutir bien supérieures à la théorie d'Einstein, plus ancienne. On connaît, à l'heure actuelle, tant de choses sur le spectre des particules élémentaires, leurs interactions, les règles de sélection dans les transitions, etc., qu'il serait relativement aisé, malgré de grandes difficultés mathématiques, de voir si une équation de champ particulière, proposée en tant que loi fondamentale, est capable de donner des résultats conformes à l'observation.

Si l'on veut découvrir l'équation fondamentale de champ, en tant que résultat d'une analyse des expériences, il faut se tourner vers les lois de la conservation, les règles de sélection, et les nombres quantiques empiriques. Depuis quarante ans déjà, les physiciens ont appris grâce aux mathématiques que ces relations sont dues à des symétries, aux « propriétés de groupe » des lois naturelles sous-jacentes. Par conséquent, les données empiriques révéleront la structure de groupe de l'équation de champ fondamentale et il est parfaitement possible que la structure de groupe — associée peut-être à un petit nombre d'autres postulats plausibles — détermine cette équation uniquement.

L'analyse du spectre et des règles de sélection offri-

rait une méthode directe pour déterminer la structure de
groupe des lois naturelles sous-jacentes si toutes les
symétries observées étaient des symétries exactes. Or
tel n'est pas le cas. Il existe des symétries approchées,
comme le groupe de l'isospin et des groupes de rang
plus élevé tels que SU_3, SU_6, SU_{12}, etc., qui ne sont
valables que très grossièrement. En ce cas, on n'a le
choix qu'entre deux possibilités : supposer soit que la
loi sous-jacente est invariante par les opérations du
groupe considéré, mais que la symétrie est ultérieurement rompue ; soit que la symétrie n'est pas contenue
dans la loi sous-jacente, mais que la symétrie approchée est produite indirectement par la dynamique du
système. Un critère expérimental permettra de distinguer les deux possibilités en question. Dans le premier
cas, on devrait — conformément à un théorème de
Goldstone — observer des bosons de masse au repos
nulle, responsables de la rupture de la symétrie. Dans le
second cas, de telles particules ne devraient pas exister.
Pour le groupe de l'isospin, on observe effectivement le
champ électromagnétique et les photons de masse au
repos nulle, responsables de la violation de la symétrie.
Pour les groupes de rang plus élevé, SU_3, SU_6, etc., on n'a
pu observer de telles particules. En faisant de cela le
point final de l'analyse, on arrive à la conclusion suivante : la loi naturelle sous-jacente devrait être invariante par les opérations du groupe de Lorentz, du
groupe de l'isospin et de quelques groupes de jauge (ces
derniers correspondant aux nombres baryonique et
leptonique, à l'étrangeté et à la charge électrique). Il
n'existe qu'une équation différentielle non linéaire simple qui contient ces symétries et, dès lors, il est naturel
de prendre cette équation pour base de la théorie du
champ unitaire. Le caractère différentiel de l'équation
fait ressortir une relation entre cause et effet à laquelle
on donne parfois le nom de causalité relativiste. La
causalité relativiste est compatible avec le caractère
statistique de la théorie des quanta, tandis que ses

conclusions semblent en bon accord avec les observations du processus de collision.

Partant de cette équation spinorielle non linéaire, on
atteint un certain nombre de résultats encourageants,
lesquels, à mon avis, rendent probable que l'équation
précitée constitue la base correcte de la physique des
particules élémentaires. Mais je ne puis m'étendre sur
ce point. Au lieu de discuter les conséquences très particulières de cette théorie quantique du champ unitaire, je
voudrais comparer sa structure générale et ses résultats
au projet antérieur d'Einstein. Au centre de la nouvelle
théorie se trouvent des interactions fortes, où entrent la
plupart des particules les plus élémentaires, baryons
et mésons, et qui présentent la symétrie complète de
l'équation. Les particules qui interagissent fortement et
le champ correspondant n'ont pas été considérés par
Einstein dans ses tentatives de théorie unitaire, en
partie parce qu'il ne pouvait admettre la relation quantique entre champ et particule, en partie parce que
seuls quelques-uns de ces champs et particules étaient
connus à l'époque. Aussi les deux théories sont-elles
très différentes à cet égard.

Toutefois le champ électromagnétique était inclus
dans la tentative d'Einstein. Il apparaît dans la théorie
quantique du champ unitaire comme un genre de champ
assez spécial, résultant de la dissymétrie de l'univers
dans les transformations du groupe de l'isospin. A ce
stade, la nouvelle théorie a révélé une relation des plus
intéressantes entre la structure macroscopique, le modèle cosmologique de l'univers et les propriétés des
particules élémentaires. Cette relation a été exprimée
sous une forme quelque peu mathématique : c'est le
théorème de Goldstone. Si la loi naturelle sous-jacente
est invariante dans certaines transformations (en l'occurrence, les transformations sont celles qui concernent
l'iso-espace) et si cette symétrie est rompue par une
dissymétrie de l'état de base « univers », le théorème dit
que doivent apparaître des bosons (particules obéissant

à la statistique de Bose) de masse au repos nulle, ou
encore — en passant des particules aux champs — des
forces à longue portée. Ces forces permettent de comprendre que les propriétés des particules ne sauraient
être complètement indépendantes de la structure macroscopique de l'univers. En fait, le nombre de protons que
l'univers contient est très différent du nombre de neutrons ; par conséquent, le monde réel n'est pas invariant
par rapport aux rotations de l'iso-espace. Nous savons
également que les forces électromagnétiques à longue
portée, et les particules correspondantes, les photons,
ont une masse au repos nulle. Il semble donc tout naturel de supposer que le champ électromagnétique, ou
des parties de ce champ, représentent un champ de
Goldstone et que son existence est due à la dissymétrie
de l'univers dans l'iso-espace.

Ce résultat fait ressortir l'étroite ressemblance entre
les forces d'inertie (forces centrifuges, par exemple) et
leur origine cosmologique dans la théorie d'Einstein,
d'une part, et, d'autre part, les forces électromagnétiques et leur origine cosmologique dans la théorie quantique du champ unitaire. Dans un cas comme dans
l'autre, une hypothèse qualitative sur la dissymétrie
fondamentale du modèle cosmologique suffit à déterminer les forces de manière univoque et quantitative.
Dans la relativité généralisée, la valeur des forces centrifuges s'obtient directement quand on sait qu'aux
grandes distances la métrique tend vers une métrique
euclidienne. Dans la théorie quantique des champs,
l'intensité du champ électromagnétique ou la charge
élémentaire sont déterminées quand on sait que le mode
macroscopique est dissymétrique dans les rotations de
l'iso-espace. Il est encourageant de voir que la valeur de
la charge électrique — ou son équivalent : la valeur de la
constante de structure fine de Sommerfeld — se trouve
en accord satisfaisant avec la valeur observée, comme l'a
démontré un article de Duer, Yamamoto et Yamasaki.
Ce résultat constitue probablement l'argument le plus

fort en faveur de l'équation de champ non linéaire que nous avons supposée.

Le champ de gravitation se trouvait au centre de la théorie du champ unitaire d'Einstein. Dans la théorie quantique du champ unitaire, la gravitation n'a pas encore été considérée et elle ne joue certainement qu'un rôle très mineur dans le spectre des particules élémentaires. De plus, la méthode générale pour tenir compte du champ gravitationnel paraît assez claire. Il ne conviendrait guère de prendre pour base, à l'instar d'Einstein, une géométrie riemannienne générale. Thirring a montré, dans un article du plus haut intérêt, qu'on pouvait parfaitement partir d'une équation de champ invariante dans les transformations de Lorentz, comme l'équation spinorielle non linéaire. Si l'équation fondamentale mène — parmi d'autres champs asymptotiques — à un champ de tenseurs à longue portée, ce champ asymptotique pourra posséder, dès lors, toutes les propriétés du champ de gravitation. Cette force à longue portée sera susceptible de réapparaître en liaison avec une dissymétrie de l'état de base « univers », conformément au théorème de Goldstone. Ainsi, la gravitation se trouverait-elle être à nouveau une conséquence de la structure macroscopique de l'univers, comme dans la théorie d'Einstein.

Bien plus, et c'est Thirring qui l'a fait remarquer, le comportement des règles graduées et des horloges subirait l'influence d'un tel champ gravitationnel. Si la géométrie à quatre dimensions de l'espace-temps devait être mesurée à l'aide de règles et d'horloges, on aurait une géométrie riemannienne du type exact qu'Einstein avait considéré. Cette géométrie est donc une conséquence naturelle, mais indirecte, du postulat qui affirme que les règles de mesure et les horloges doivent obéir à la loi universelle qu'exprime l'équation de champ, et que, comme von Weiszäcker l'a dit, la théorie du champ unifié doit avoir sa « sémantique » interne, ses propres schémas d'interprétation cohérents.

En l'état actuel de la physique, nous sommes bien loin encore d'une solution complète de tous ces problèmes. Il existe une foule de phénomènes, en physique des particules élémentaires, et peut-être dans d'autres domaines, qui ne sont pas encore intelligibles dans le cadre de la théorie du champ unitaire. Malgré tout, le projet, dérivé de l'idée fondamentale d'Einstein, a gardé sa puissance philosophique en dépit ou, pour mieux dire, en raison de toutes les nouvelles données expérimentales relatives aux particules élémentaires, et il ouvre le champ de recherche le plus passionnant, peut-être, de ce temps.

R. P. DOMINIQUE DUBARLE

La science et la vision unifiée de l'univers.
Les conceptions d'Einstein et l'apport
de Teilhard de Chardin

La présente rencontre, son thème et les questions à
débattre qui en sont inséparables, nous donnent, me
semble-t-il, un témoignage au plus haut point significatif de cette situation intellectuelle sur laquelle, au terme
d'un cheminement séculaire, la civilisation de l'Occident
se trouve avoir débouché. La science, à l'heure présente,
apparaît comme la création de pensée la plus typique de
cette civilisation, tout comme elle est devenue l'instrument le plus indispensable de son entreprise. Il y a peu
de générations encore, elle avait besoin de persuader le
public de son importance. Aujourd'hui ce n'est même
plus nécessaire : la vie quotidienne s'est identifiée aux
thèses de ceux qui ont milité en vue de consolider définitivement la pratique des sciences au sein de l'humanité. Il faudrait des événements bien extraordinaires
pour compromettre désormais cet acquis.

Mais dire que la science est devenue une occupation
intellectuelle majeure ainsi qu'une pratique quotidienne
de la civilisation occidentale ne suffit pas encore à définir véritablement le présent de notre situation, ni
même à caractériser de façon juste le rôle que la science
y joue. Car la science compte au milieu de nous, non
seulement par ce qu'elle nous donne à connaître et par
ce qu'elle nous permet de faire, mais par la métamorphose de l'esprit qu'elle accomplit, toujours plus profondément. Pour la pensée qui s'épanouira en avant de

nous, au cours des générations qui viendront, pour
l'humanisme dont la civilisation de demain devra faire
plus avant la conquête, ce sont les diverses composantes
et les multiples leçons de cette métamorphose qui im-
portent le plus.

L'Unesco a été inspirée, je crois, par ce sentiment au
moment où elle a voulu organiser ce colloque. Il faut lui
avoir de la reconnaissance pour ce discernement, qui
touche à une fonction capitale de la pensée scientifique,
ainsi que pour le choix du sujet de ces entretiens et de
ces débats. Car cette puissance que la science a de méta-
morphoser notre esprit y apparaît au tout premier plan
et d'une façon qui nous permet d'en saisir utilement les
problèmes ; lesquels sont bien loin d'être tous résolus à
notre époque.

L'esprit rêve spontanément d'unité. Il rêve d'être
lui-même l'artisan triomphant de cette unité, partout où
il rencontre les variétés de l'existence, les apparentes
discordances des choses, et pour finir toute la gamme
des conflits humains. La science est née de l'ardeur intellectuelle de ce rêve. Connaître avec vérité ce qui a lieu
en réalité et que tout le monde peut à son tour reconnaître pour vrai ; dire avec exactitude ce que chacun à
son tour peut entendre exactement, en convenant que
cela a été bien discerné et bien dit ; rassembler à proportion la multitude des hommes en une seule communauté
d'intelligence humaine stable et grandissante de génération en génération : telle est déjà, en ses articles principaux, la substance de cette volonté de science que le
génie grec a fait émerger de façon réfléchie au-dessus de
la dispersion des traditions et des langages. Telle est,
bien plus encore, la substance de la volonté moderne et
comme redoublée de la science, celle dont nous devons
l'affirmation aux grands initiateurs du xviie siècle, à
un Galilée, à un Descartes, à bien d'autres. Devant quoi

rien ne semble plus naturel que d'attendre de la pensée scientifique, d'une part la vision unitaire, organique et cohérente, de tout l'ensemble de la réalité vers laquelle l'intelligence scientifique entend se tourner et, d'autre part mais en même temps, l'unité des modes humains de comprendre les mêmes choses et leur totalité. L'Occident, sous ce signe de la science, n'a jamais cessé d'espérer l'édification d'une assiette ferme de l'unité intellectuelle, de la connaissance, et la transmission aux générations de l'avenir d'un principe de rassemblement pensant commun à toute l'espèce humaine.

Tels sont le rêve, la volonté, l'espérance de l'esprit déterminé à entrer dans la voie intellectuelle de la science. Ce que notre intelligence d'hommes est en train de vivre répond-il cependant aux attentes du rêve et de la volonté qui le promeut à sa réalisation? Quelque chose d'autre ne nous est-il pas enseigné par ce qui est survenu en fait et par les comparaisons qu'il oblige de faire avec ce qui était attendu? Quel parti tirer de la leçon des événements — ici les événements de la science et de l'intelligence elle-même — en des années que nous pouvons présager cruciales pour la vie de l'esprit? Telles sont les questions que, d'une manière ou d'une autre, et sous divers angles sans doute, nous nous attachons à parcourir et à méditer au cours de notre colloque.

Ces questions ne nous sont point proposées du dehors comme, trop souvent, mise en présence de la science, la réflexion philosophique s'est contentée de le faire. Elles le sont du dedans même de la pensée scientifique la plus avancée, à partir et en fonction de ses grands accomplissements actuels. Elles surgissent des œuvres mêmes de la science, des pensées de ceux qui sont pour nous tantôt l'origine et tantôt les témoins privilégiés de ces accomplissements, et tantôt encore, il faut y insister beaucoup, l'occasion faite urgente de reconsidérer telles ou telles des conceptions plus ou moins communément admises par le milieu scientifique lui-même.

Einstein, jusqu'aujourd'hui, demeure sans doute le

plus grand de cette pléiade de génies physico-mathéma-
ticiens qui ont si profondément bouleversé au cours de
ce siècle les idées sur l'Univers et sur le cours de la nature
que la science classique nous avait enseignées. Comme
on va le dire à l'instant, nous lui devons de voir une voie
rouverte à la physique en direction d'une vraie cosmologie, véritablement scientifique et non plus simplement
poétique ou philosophique à la façon des cosmologies
anciennes. Quant à Teilhard de Chardin, dont la mémoire se trouve présentement associée à celle d'Einstein
par la circonstance d'anniversaires très proches l'un de
l'autre, nous le considérons ici comme l'homme des
sciences de la vie, comme celui qui, à ce titre, a prêté la
vigueur de ses dons personnels d'expression et d'orches-
tration à ce que ces sciences ont, en effet, la charge de
proposer à la pensée humaine, au moment où elle se met
en quête d'une compréhension de la totalité de son
expérience.

Assurément, le rapprochement de ces deux pensées
sur le plan intellectuel lui-même, par-delà tout ce qui
pourrait être dit au point de vue de la confrontation des
humanismes et de leurs inspirations générales, n'est pas
sans quelque hardiesse. En particulier il se peut qu'aux
hommes de la physique, l'apport intellectuel des sciences
de la vie dans leur état présent apparaisse à première
vue chose de portée cosmologique incertaine, et qui
demeure bien extérieure aux perspectives propres des
sciences les plus fondamentales de la nature et de la
matière. Acceptons cependant cette hardiesse : de toutes
manières, c'est la totalité de la science que nous devons
essayer d'entendre, sciences de la vie aussi bien que
sciences de ce qui se tient en deçà de la vie, au moment
où, entre nous, c'est de la possibilité scientifique de
comprendre la totalité du réel que nous allons nous
entretenir.

Ce faisant, cependant, un ordre de la pensée doit être
observé, de même que la discrimination doit être faite
entre ce que l'on peut tenir pour véritablement scienti-

fique et ce qu'il faut, chez les auteurs, imputer à des
sources autres encore qu'à celles de la stricte science.
A ce double égard, ce n'est que justice de donner la
priorité à la considération des conceptions einsteiniennes de l'univers et de la nature d'ensemble qui pré-
side au déploiement de ces réalités multiples. Car c'est
là que, sans contredit, nous rencontrons tout à la fois
le plus universellement fondamental et le plus limpi-
dement scientifique.

*

   La pensée d'Einstein nous fait maintenant comprendre
avec beaucoup de force à quel point les caractères d'une
vision scientifique de l'Univers dépendent étroitement
de l'appareil intellectuel que la connaissance scientifique
s'est donné comme instrument, bien davantage encore
que des conceptions particulières dont la pensée fait
alors ses principes.
   Lorsqu'elles se proposèrent pour la première fois, les
idées relativistes furent ressenties par tous comme profondément révolutionnaires. Elles conduisaient à une
compréhension toute nouvelle aussi bien du temps que
de l'étoffe élémentaire de la réalité physique. La doctrine einsteinienne de la relativité oblige de penser que
le cadre familier de l'appréhension chronologique — ce
cadre élevé à la rationalité scientifique dès l'époque
de l'astronomie grecque et auquel la mécanique classique s'est entièrement conformée — ne convient pas
en réalité à la description de l'ensemble des événements
physiques dans un univers dont les diverses formations
matérielles sont en mouvement les unes par rapport aux
autres. Plus avant, cette même doctrine impose de
renouveler le concept traditionnel de la matière : la
représentation primitive de la corporéité solide et pe-
sante des choses doit désormais faire place à l'idée d'une
énergie constituée en étoffe générale du réel ; de sorte
qu'au sein de la physique les thèmes et les fonctions de

l'action sont substitués aux dernières traces locales du schéma de la substance. En un sens, on ne saurait envisager renouvellement plus profond des concepts élémentaires de la philosophie naturelle.

Pourtant, une fois la première surprise intellectuelle passée, une fois surmontées les difficultés d'assimilation de pareilles idées, difficultés dont témoignèrent assez longtemps, jusque de la part des meilleurs esprits, les gaucheries des exposés et des raisonnements intuitifs, on reconnut le très grand et supérieur classicisme scientifique de la pensée einsteinienne. On le reconnut d'autant mieux que, presque dans le même temps, à proportion des progrès de son étude de la constitution fine des choses, la physique commençait de mettre sur pied une tout autre façon encore de penser la nature élémentaire, une façon de penser que tout le monde s'accorde à reconnaître avoir remis profondément en question le canon classique de la science.

L'attitude d'Einstein lui-même est venue confirmer le jugement qui voit dans la pensée einsteinienne (celle du moins qui trouve son accomplissement dans les théories de la relativité générale, car il ne faut tout de même pas oublier complètement les mémoires de 1905 sur le mouvement brownien et sur le photon) le plus admirable fruit de l'inspiration classique avant que la véritable rupture avec cette inspiration ne survienne. On sait très bien en effet la difficulté qu'Einstein a eue à accepter le point de vue épistémologiquement révolutionnaire de la mécanique quantique. Jamais il ne s'est rallié aux vues les plus communément admises par les théoriciens de cette science. Aujourd'hui encore il fournit une manière de justification à ceux qui estiment devoir remettre ces vues en cause. En tout cela il faut bien dire qu'il est, en effet, celui qui a continué d'être parmi nous le grand témoin des propos essentiels de la théorie physico-mécanique de la nature, tels qu'on les trouve affirmés et agissants dans toutes les maîtresses œuvres de la physique mathématique, de Galilée à

Maxwell en passant par Newton, puis par la mécanique
analytique des Lagrange, des Laplace et des Hamilton-
Jacobi.

La physique relativiste se caractérise ainsi par la
fidélité de l'esprit à l'appareil intellectuel de l'analyse
mathématique et aux méthodes de son application
directe à la description de l'univers. Sa doctrine est tout
à la fois prolongement et sublimation de la doctrine
physico-mécanique classique, celle de Maxwell, celle de
Newton, celle de Galilée. Même, à étudier de près les
premiers initiateurs de cette doctrine, tel un Galilée,
ou encore, à d'autres points de vue, un Kepler, on a la
surprise de découvrir que les idées d'Einstein sont, assez
fréquemment, un accomplissement de ce que les états
naissants de la pensée scientifique moderne compor-
taient déjà en germe, sans que les développements sur-
venus dans l'intervalle en aient aussi bien retenu les
intentions. Ainsi le sentiment que Galilée a de la continuation naturelle du mouvement « par inertie », comme
nous avons coutume de dire, se découvre-t-il en fait plus
proche de l'idée telle qu'elle réapparaît à la base même
de la relativité générale que ne l'est la formulation plus
abstraite et classiquement admise à partir de Newton.
Ainsi encore trouve-t-on chez Kepler, lors de la discussion d'ensemble qu'il fait des systèmes de Ptolémée,
de Tycho Brahé et de Copernic, des considérations pré-
figurant conceptuellement de façon très remarquable
l'épistémologie einsteinienne des rapports que les diverses
descriptions propres à chaque observateur ont entre
elles et à un commun absolu d'Univers. A l'époque des
origines de la science moderne, l'intelligence se trouvait
cependant dépourvue de l'instrument mathématique
suffisant au développement régulier de ces commen-
cements d'idée. De longs cheminements intermédiaires
doivent être effectués, de puissantes ressources conquises
avant qu'il soit possible d'y faire retour. Au moment où
vient Einstein, la maturation scientifique est assez
avancée pour permettre à l'esprit de ressaisir telles ou

telles intuitions plus ou moins fugaces de ses débuts.

Muni alors d'un outil mathématique à peu près suffisant, instruit par les développements de l'analyse pure qui libéraient déjà la pensée du cadre intangible de la géométrie euclidienne, averti par les résultats, encore énigmatiques pour ses contemporains, d'expériences raffinées sur le comportement de la lumière, Einstein parvient à se saisir de la réalité physique et à traiter des phénomènes du mouvement comme les initiateurs de l'entreprise scientifique avaient rêvé eux-mêmes de le faire. L'épistémologie de l'observation en relativité restreinte est une épistémologie képlérienne réussie, qui fait déboucher sur la pensée de l'invariant de réalité sous-jacent à toutes les perceptions. La physique de la gravitation en relativité générale est une physique accomplie de l'inertie galiléenne, mais qui sait maintenant comment en représenter géométriquement le conditionnement concret. Les artifices géniaux de la pensée newtonienne n'apparaissent plus nécessaires ; une partie d'entre eux s'élimine, tels ces échafaudages extérieurs dont il est besoin tant que le monument se construit, mais qu'on ne saurait confondre avec la véritable charpente. Mais alors, une fois cela fait, l'édifice einsteinien présente ceci d'admirable qu'il tire de sa fidélité même à l'inspiration physico-mécanique classique une puissance du rapport de l'intelligence humaine à l'univers que l'esprit des initiateurs ne pouvait oser espérer et qui fit défaut, en effet, à la science de ces derniers siècles.

Le grand historien de la pensée scientifique que fut Alexandre Koyré a montré avec beaucoup de vigueur et de justesse quelle fut, cosmologiquement, la rançon conceptuelle de l'avènement moderne de la mécanique. La révolution copernicienne était pour l'intelligence humaine bien autre chose encore que la réorganisation de la représentation du système solaire. Elle signifiait l'obligation intellectuelle de passer à une tout autre façon de penser la nature des choses, celle justement qui

s'affirme scientifiquement avec l'idée galiléenne de
l'inertie. Du même coup, elle procurait un tout autre
sentiment de l'ensemble. La compréhension ancienne
d'un Cosmos bien ordonné, et total dans sa constitution
finie, devait être éliminée au bénéfice de l'idée moderne
d'un Univers naturel dispersant toutes choses au sein
d'un espace infini, tout semblable physiquement à
l'étendue intuitive dont traite la géométrie euclidienne.
L'homme se découvrait sans nulle situation privilégiée
parmi l'ensemble des astres, emporté de place en place
à tout instant par le mouvement de la terre. Il était fait
homme local, dans toute la force du terme et dans toute
la nudité physique de cette condition. A cet homme
local, aucun moyen n'était offert de passer de son contact
local avec la réalité à la construction d'une pensée
vraiment globale de la totalité physique. Passée la première ivresse de l'infini, celle qui bouillonne de façon si
sensible dans la pensée naturaliste d'un Giordano Bruno,
cette situation humaine, à la réflexion, ne laisse pas que
de présenter quelque chose de mal satisfaisant, d'inquiétant même : Pascal, entre tous, l'a fort vivement ressenti,
incorporant alors au sentiment moderne de l'existence
la conscience de ce tout nouveau dépaysement de
l'homme au sein de l'immensité.

Or, depuis Einstein, ce que Koyré nous décrit si bien
commence de ne plus être le lot fatal de la pensée scientifique moderne. Avec la merveilleuse mathématique
de la géométrie différentielle moderne, avec une intelligence renouvelée du phénomène élémentaire de la
pesanteur, la possibilité s'est laissé reconnaître d'un
cheminement valable allant de la connaissance des choses
acquise par l'homme local à quelque pensée globale de
l'étoffe cosmique en sa totalité. L'homme peut tout
d'abord mesurer la vitesse de la lumière et en reconnaître
le caractère invariant, inhérent à la façon même dont
chaque élément de l'univers se rapporte de proche en
proche à chaque autre. Il peut ensuite penser en termes
cinématiques nouveaux les faits de la gravitation et

trouver dans l'expérience de bons tests de la justesse de
ses pensées : plusieurs vérifications concordantes sont
venues confirmer la hardiesse des conceptions de la relativité générale. Techniquement, mathématiquement, des
connexions étroites associent au-dedans de ces conceptions la physique de la lumière et celle de la gravitation.
Et voici qu'à raison de cette première base analytique
solide, méthodologiquement consonante en profondeur
avec le plus ferme de l'esprit classique, il redevient
possible de songer à proposer positivement des modèles
d'univers qui n'en restent plus à l'illimitation brute de
l'espace et du temps de la science classique.

Par là, Einstein est le premier père d'une cosmologie
scientifique qui, avant lui, non seulement n'existait
point pour l'âge classique, mais encore, toute réflexion
faite, semblait inconcevable. Certes, il n'est nullement
question de faire retour à l'ancien Cosmos des Grecs ou
des Scolastiques. Mais il est vrai que notre science entre-
voit désormais comment, de la projection intellectuelle
à l'infini classique de l'espace et de la durée, il peut lui
être donné de revenir à quelque compréhension mieux
unifiée de la totalité des divers. Les milliards d'années-
lumière, le fourmillement expansif des nébuleuses en si
prodigieuse multitude, rien de tout cela ne donne plus
à l'esprit du théoricien de la relativité générale le sentiment d'être fatalement et irrémédiablement débordé
par l'infini. Car il lui est devenu loisible désormais d'intégrer ces perceptions à des structures pour le moins scientifiquement plausibles et capables de tout rassembler
dans une compréhension du réel. A cette compréhension,
des manières de diamètres d'espace et de temps doivent
être assignés, qui nous figurent alors la taille, prodigieuse mais dominée, de ce que, par l'esprit, nous avons
la volonté d'embrasser.

Il faut s'arrêter quelque peu, ce semble, à ce trait
essentiel de la vision einsteinienne de l'univers, avant
d'en venir à ce qui, du dedans même de notre science,
lui apporte une manière de contrepoint. Quiconque fait

tant soit peu l'étude de la conception à laquelle la pensée
d'Einstein en est venue d'un cosmos unitaire physico-
mécanique, doit être frappé non seulement par la splen-
deur naturelle du rassemblement ainsi fait des phénomènes, mais encore, et davantage peut-être, par le
rythme de la mathématique qui fournit à tout ceci son
discours. Le langage exact et délié d'une pensée devenue
très pure, un langage surprenant de compacité trans-
parente aux instants cruciaux de la démarche, tisse,
avec une sorte de souplesse magique, le réseau de la
nécessité déductive, une nécessité intellectuelle désormais si naturelle, si simple en son ressort, qu'elle en
vient à se confondre, dirait-on, avec la spontanéité,
avec la liberté elle-même du dieu qui, étant comme il
veut, se crée du même coup son corps nécessaire.

Il semble alors que l'on retrouve là, accomplie par la
science, l'intention même de la philosophie de Spinoza,
de cette philosophie qui remonte de la vie locale de
l'homme et des énergies dispersées des choses à l'unique
substance de la Nature. Faisant coïncider en lui le
savant et le philosophe, l'esprit s'éveille alors à la sym-
phonie intellectuelle suprême dans laquelle se fondent
tout ensemble la quasi divine liberté de la Nature entière
et la nécessité sans faille du comportement de toutes ses
parcelles. Comme il en va pour la philosophie de Spinoza,
on dirait que, bien des angoisses locales surmontées,
bien des tragédies de la particule humaine transcendées,
sinon oubliées, la mathématique einsteinienne nous
introduit pour finir au sourire intelligent de cet Univers-
Dieu que le savant considère dans une sorte de fraternité modeste et qu'il nous dit alors « très raffiné, mais
nullement méchant ».

Reconnaissons-le tout de suite : ce n'est pas là tout
Einstein, ni tout le savant, à qui il fut donné, on le rappelait tout à l'heure, de reconnaître telles ou telles entrées
capitales d'autres avenues de la science, ni tout l'homme
qui, tant de fois, dut se débattre avec les choses de
ce monde, et même avec les implications humaines

de cette pièce capitale de la doctrine relativiste qu'est l'équation réglant la conversion des quantités de matière en quantités d'énergie ; ce fut pour lui, en effet, au cours de la terrible année 1940, l'occasion première de cette démarche auprès des pouvoirs publics, dont par après sa conscience de savant se tourmenta si fort... Mais malgré tout cela, on dirait que, chez Einstein, c'est à l'aspect que les théories relativistes donnent à la physique, à la leçon de cet aspect et l'on pourrait presque ajouter à la poésie, que le penseur a voulu donner le pas sur tout le reste. En lui, qui sentait selon toute vraisemblance qu'il y avait là l'apport unique et exemplaire de son génie à la recherche humaine des compréhensions unitaires, la pensée choisit d'insister, au seuil d'une nouvelle époque de l'intelligence, sur ce premier modèle de vision scientifique de la totalité. Einstein savait bien, certes, que tout ce que la réalité fournit à notre connaissance n'y prend point encore place. Du moins fallait-il que la proposition scientifique de la grande sphère changeante de l'énergie génératrice de toutes choses, de la sphère peut-être indéfiniment palpitante à la manière d'un cœur qui alternativement se dilate et se contracte, vienne fournir sa base et son premier élément à tout espoir ultérieur de construction de la compréhension scientifique. La nature est sans doute encore bien plus raffinée que la relativité ne le dit. Mais déjà l'intelligence doit être assurée qu'elle n'est point davantage impénétrable aux idées ni inamicale que le regard einsteinien ne nous l'a découverte.

*

Il est temps cependant d'avoir égard à ce contrepoint de la vision einsteinienne de l'Univers que notre science actuelle s'est mise à développer, elle aussi, avec tant de force, depuis un demi-siècle. Tout praticien de la physique sait déjà, du dedans même de la pratique de sa science, quel est ce contrepoint. Il a été déjà évoqué

tout à l'heure par le simple fait de nommer la physique
des quanta. Pourtant, au risque de surprendre un peu
l'homme de la physique pure, on se permettra ce soir
d'user d'une manière de détour, partant d'une position
des questions pour commencer extérieure à la physique
et qui permet, semble-t-il, de donner quelque sens objectif, même s'il doit demeurer encore secondaire, au rapprochement de façons de penser l'Univers à première vue
aussi disparates que celle d'Einstein et celle de Teilhard
de Chardin.

Laissons de côté et supposons résolues les questions
de l'extrême diversité des appartenances spirituelles
dont relèvent l'une et l'autre de ces deux personnalités
scientifiques, ainsi que celles, passablement délicates à
bien des égards, de la façon dont ces appartenances
composent avec l'apport véritable et positif de la science
elle-même pour former la conception de l'Univers que
chacun de ces deux auteurs a en propre. Un fait demeure
alors, par-delà toute systématisation et toute critique :
l'expérience humaine qui s'organise dans le système des
sciences de la vie propose à la pensée cosmologique un
élément intellectuel dont la science physique ne fait pas
immédiatement mention, élément qui, de fait, est intervenu au cœur de toute la pensée de Teilhard de Chardin
et qui, du reste, diversement accentué, se retrouve au
moins chez un grand nombre de ceux qui font du monde
vivant le thème de leur étude. Pareil fait n'est point
destiné, ce semble, à demeurer indéfiniment insignifiant,
non seulement pour une vision aussi scientifique que
possible de l'Univers dans le tout de sa nature, mais
jusque pour la science physique et la base physicienne
de cette vision. Expliquons-nous-en un tant soit peu
maintenant.

L'étude positive de la vie nous a amenés à découvrir
son évolution, l'organisation progressive du visage
vivant de la terre. Elle a révélé l'histoire du peuplement
terrestre par des lignées végétales et animales diffé-
renciées dont le type particulier n'est jamais fixé une

fois pour toutes, mais est apparu à son heure pour avoir
à son tour une destinée plus ou moins transitoire. Depuis
cent ans l'évidence s'est faite que ce grand devenir enve-
loppe et conditionne également nos origines humaines,
que toute l'existence de notre espèce vient prendre place
dans ce buissonnement complexe, unitaire à sa façon,
que forme l'ensemble des trajectoires de la vie. Cette
découverte du devenir de la vie et de son évolution
a été pour bien des pensées une sorte de trait de lumière,
à sa façon lui aussi cosmologique. Les ouvrages les plus
connus de Teilhard de Chardin sont l'œuvre d'une
intelligence qui a vécu cette sorte d'illumination avec
une intensité toute particulière.

Il arrive fréquemment, il est vrai, qu'en invoquant
l'évidence moderne de l'évolution biologique, la pensée,
même scientifique, apprécie imparfaitement la nature de
son apport au moment où c'est de synthèse de la connaissance et de vision d'ensemble qu'il s'agit. On allègue de
façon générale l'évolution. Mais, à moins d'être soi-même
physicien, on ne remarque pas assez que toute doctrine
physique moderne des grands systèmes de la réalité est
aussi une doctrine de leur évolution, des renouvellements
de configuration qui s'y produisent inéluctablement
avec le cours de la durée. Dès l'époque classique, l'explication physico-mécanique est à vrai dire une histoire
mathématique de l'enchaînement des phénomènes. Bien
rares sont les ensembles matériels que la science peut
considérer comme capables d'interactions suffisamment
réversibles entre leurs parties et au surplus insuffisam-
ment soustraits aux jeux des influences extérieures pour
que les processus s'y organisent en cycles parfaits.
Presque partout et à échelle d'univers, les distributions
de la matière et les conditions initiales des processus
fixent un ordonnancement de la suite des états des
choses. En ce sens, l'univers, dès son niveau le plus
matériel, est physiquement évolutif.

Ainsi, ce n'est pas cette simple généralité de l'idée
évolutive qui rend l'expérience de la vie cosmologi-

quement instructive. C'est bien plutôt le fait, assez spontanément ressenti, qu'avec l'évolution de la vie, autre
chose encore survient au monde qu'avec l'évolution des
systèmes physiques et des grandes formations astronomiques. Autre chose que justement la physique, la
physique classique tout au moins, puis celle de l'image
einsteinienne et relativiste de l'univers, n'ont guère le
moyen d'homologuer et d'intégrer. Il faut, tant bien
que mal, se résigner à le dire dans la langue de l'homme
non physicien.

Avec son surgissement, son fait, sa dialectique et son
odyssée terrestre, la réalité de la vie en évolution semble
à notre intelligence comme l'ébauche, le balbutiement,
l'esquisse tout à la fois problématique et convaincante
d'un *sens* de cette réalité universelle dont l'espèce
humaine est elle-même un article parmi d'autres : pro-
ton, étoile, fer, fleur ou poisson. Un sens, qu'est-ce à
dire ? L'usage du mot lui-même ne va pas sans passablement d'ambiguïté, mais on peut penser que, lorsque
le philosophe de la vie emploie ce terme, il veut dire plus
qu'un simple ordre de moments successifs. Sa pensée a
en vue une manière de réelle intelligibilité vivante,
immanente à la vie, constitutive de son originalité, efficace à sa manière, et pour finir destinée à se retrouver
comme chez elle, élevée à sa plus haute vérité, à l'intérieur
du monde mental, une fois qu'elle est devenue intelligibilité consciente à l'intérieur d'une conscience pensante
comme la nôtre est capable de l'être. Il en est tellement
ainsi, pense le philosophe, que saisir de la sorte le cœur
des choses, c'est aussi, du même coup, indissolublement,
être ce sens.

L'homme de la connaissance de la vie, dans la mesure
où il consent à ce sentiment, voit alors émerger de l'acte
même de la vie comme une flèche énergiquement réelle
et progressive, une flèche qui s'affermit en consistance
au fur et à mesure qu'à travers les milliards d'années la
vie se fraie son chemin ; flèche qui, vivante, semble
accélérer avec les époques le système de sa croissance ;

flèche qui, finalement, n'est autre que nous-mêmes,
hommes, que notre collectivité consciente en marche
vers son destin propre de collectivité consciente. En
est-il ainsi ? Vous savez du moins que c'est ce que Teilhard de Chardin s'est évertué à dire et à orchestrer de
toute sa prose magnifique. A la grandiose sphère universelle de la physique relativiste, la méditation des
données positives du fait biologique inviterait ainsi
l'esprit à associer, en vue d'une cosmologie, l'intense
flèche du sens vivant qui monte à l'existence avec le
devenir terrestre, avec l'évolution des espèces, avec
l'apparition de l'homme et finalement avec son œuvre
historique qui, aujourd'hui même, continue de se pousser
en avant. La sphère et la flèche : symboles bien sugges-
tifs ; mais encore une fois, en est-il bien ainsi ?

L'homme de la discipline physicienne, et surtout celui
de la discipline physicienne classique, hésitera, je pense.
Regardée avec l'œil habitué tout à la fois à l'immensité
des cieux lointains et à l'immensément délié de l'élémentaire, la vie se présente comme un épisode au plus
haut point irrégulier de l'infime localité terrestre, répétable peut-être ici ou là au sein de l'immensité, mais sans
analogue encore connu de nous nulle part ailleurs au
monde. Pouvons-nous dire quelque chose de cosmologique de cette donnée tellement erratique ? D'ailleurs,
à en examiner de plus près la fourniture, l'hésitation du
physicien classique redouble. La vie se montre à lui
comme le fait d'une certaine catégorie de complexes
corporels derechef assez exceptionnellement construits,
mais dont les éléments sont identiques à ceux que l'on
retrouve dans toutes les formations matérielles de l'univers. Nous sommes en train en ce moment même de
débrouiller la complication de ces constructions et de
nous saisir des secrets de leur fonctionnement, retom-
bant du même coup, semble-t-il, sur l'architecture et la
machinerie physique des choses.

Que devient, dans la pensée qui cherche à faire ainsi
l'examen de cette sorte de fourniture, le sens vivant

dont on parlait tout à l'heure, ce sens énergique et réel jusqu'à se faire conscience ? Il apparaît d'une immatérialité inquiétante pour sa vérité objective et sa portée cosmologique. Pour le moins, le problème se pose de savoir si l'on tient avec lui davantage qu'une manière subjective, mal enracinée dans le réel, d'interpréter l'univers, une sorte de mythe que la terre fabuleuse suggère à l'esprit, pour l'utilité de l'espèce humaine peut être, mais sans portée cosmique véritable. Tout de cette apparence ne doit-il pas s'effacer pour finir et rentrer dans le jeu, dans ce grand jeu de l'étoffe physico-mathématique qui emporte dans ses plis corpuscules et galaxies, mais n'apparaît point conférer à la vie aucune sorte de spécificité bien particulière ?

Il me semble pourtant que pareille façon de penser, s'il arrive qu'elle soit encore fréquente, n'est plus tout à fait de mise, jusque pour le physicien lui-même. Notre physique contemporaine porte au dedans de son propre épanouissement, non certes les éléments positifs d'une théorie cosmologique de la vie, qu'il faut sans doute laisser à un autre registre de disciplines scientifiques, mais tout un ensemble de dispositions intellectuelles qui, tout bien pesé, font, semble-t-il, qu'il n'y a rien d'absurde à penser, du point de vue même de la physique, que les facultés de la vie et de la conscience sont, en effet, l'un des traits essentiels et constituants de notre Cosmos, loin de devoir être jugés seulement épisode exceptionnel et surajouté. Ces dispositions intellectuelles sont justement celles de ces évidences et de ces idées qui forcent à juger encore incomplètes et inadéquates les grandioses représentations de l'Univers que la cosmologie relativiste s'est trouvée en mesure de nous proposer.

Les théories de la relativité générale, on le sait, ne nous permettent pas d'en venir à concevoir de façon unique et certaine le modèle descriptif de l'Univers. Diverses représentations demeurent plausibles sur la base même des données que l'expérience fournit à ce propos, mais il y a plus. La réalité nous fournit un ensemble de phénomènes physiques généraux dont la théorie ne se laisse pas aisément fondre avec l'apport premier des conceptions relativistes pour fournir ce que l'esprit scientifique appelle une « théorie unitaire », capable d'assumer la globalité du donné. Nombreux ont été les efforts d'Einstein lui-même et de bien d'autres à sa suite en vue de constituer cette théorie unitaire, au moins de la gravitation et de [l'électromagnétisme. Les résultats n'ont jamais été parfaitement satisfaisants. Aujourd'hui l'invention de quelque nouvelle forme de théorie unitaire est un exercice pour mathématicien bien doué. Mais on dirait que l'esprit sait déjà que ce n'est point de ce côté qu'il faut chercher les coups de baguette magique de la science. Raffinée comme elle l'est, il n'est pas dit après tout que la Nature parle toujours et indéfiniment dans la langue de notre analyse mathématique.

De fait, quelque chose est apparu dans l'économie des phénomènes physiques eux-mêmes, qui projette la pensée vers des façons de les décrire et de les comprendre tout autres encore que les façons classiques dont théories relativistes et projets unitaires peuvent bien faire état. Le module de l'action physique s'est révélé quantifié. La théorie des choses dont l'expérience se saisit nous oblige aujourd'hui d'associer de façon inéluctable et subtile une mathématique de la probabilité aux procédures classiques de l'analyse, sans qu'il soit loisible de disposer à ce moment des classiques justifications épistémologiques du recours à cette mathématique du probable. Autre chose est en vue. En la personne d'Einstein cependant, l'esprit classique s'est vigoureusement débattu contre les façons nouvelles dont la physique, à l'école de ses théories quantiques, se mettait à concevoir son propre système de connaissances et son rapport au réel. Le débat n'est pas définitivement clos. Mais il semble bien qu'il faille exclure l'espoir de voir la physique s'en retourner tout simplement à la manière dont elle pensait les choses avant la révélation du quantum d'action.

Faisons alors, pour finir, une hypothèse peut-être passablement présomptueuse : ce dont les sciences de la vie nous font directement et positivement la proposition, à la façon d'une originalité nouvelle des choses et de l'être, se trouve en effet déjà de quelque manière inscrit et préparé dans les structures conceptuelles qu'exige à présent l'ensemble des épanouissements théoriques de la science physique elle-même. Sans doute, les idées de la vie, de l'énergie intériorisée, et de ce sens consistant que la réalité biologique paraît bien proposer, ne peuvent s'expliciter et demeurent encore en attente au niveau de la physique. Mais, ce qu'il y a de décidément nouveau dans la physique contemporaine, par rapport aux grandes perspectives théoriques de la physique classique est peut-être appelé à prendre la double signification, d'une part d'un élément tout à fait essentiel à la compréhension de la réalité avant même qu'il soit question de la vie, et de l'autre d'un principe non moins essentiel de l'enracinement cosmique du fait de la vie, cela jusqu'à la sensibilité, jusqu'à la conscience elle-même, dans le fait de la matière.

Le biologiste d'aujourd'hui serait ainsi le témoin encore extérieur, encore à demi pré-scientifique, mais singulièrement révélateur, de ce que déjà notre actuelle physique commence de porter conceptuellement au dedans d'elle-même. Une cosmologie encore davantage scientifique que la cosmologie ne peut l'être actuellement fera peut-être qu'un jour l'originalité de la pensée dont Teilhard de Chardin nous fournit une illustration remarquable ne sera plus tout entière étrangère et extérieure au monument d'intelligence dont nous devons les premières épures au merveilleux génie d'Einstein. Nous sommes ici justement pour nous interroger là-dessus.

SIR JULIAN HUXLEY

Science et synthèse

Nous vivons des temps d'apocalypse, gros d'une révélation nouvelle sur la nature, sur nous-mêmes et sur notre signification dans le cosmos. Pour commencer, il nous faut accepter l'univers, pour reprendre la formule de Margaret Fuller. La réalité tout entière, à ce que nous savons, constitue un vaste système d'évolution, un processus directionnel qui tend à la réalisation de potentialités toujours nouvelles. Nous pouvons étudier ce processus et, dans certaines limites, le comprendre et diriger sa marche ; mais, non moins que nos existences, il demeure un mystère qu'il nous faut accepter, un mystère numineux et fascinant, *mysterium tremendum et fascinans.*

En attendant, l'humanité est en travail. Notre présente organisation psycho-sociale est en passe de se désorganiser et de se désintégrer. La nécessité se fait pressante d'une nouvelle synthèse des idées et des croyances, des valeurs sociales et personnelles, des objectifs politiques et culturels, qui puisse soutenir, modeler et orienter le système psychosocial absolument nouveau qui s'efforce présentement de venir au jour.

La science doit servir d'accoucheuse à ce prodigieux enfantement. Mais la science actuelle n'est pas à la hauteur de cette tâche. Avant de pouvoir présenter les qualités requises pour s'adapter à la situation nouvelle, la science devra se discipliner et se résoudre à un recy-

clage rapide. Et, pour contribuer utilement à cette tâche
nécessaire qu'est la synthèse des affaires mondiales, il
lui faudra faire d'abord sa propre synthèse.

En premier lieu toutefois, je tiens à souligner le caractère crucial de la conjoncture. Après trois siècles de
croissance et de succès souvent spectaculaires, notre
évolution psycho-sociale dans sa phase actuelle n'est
plus loin d'avoir donné tout ce qu'elle pouvait donner.
Le système de pensée et d'action qui forme le cadre de
nos existences se détruit lui-même et devient essentiellement restrictif ; il engage l'humanité dans une
impasse. Nous vivons une époque de crise. Si nous laissons aller les choses, en 1999 — année où la majorité de
la population actuelle de la terre sera encore en vie —
l'humanité sera en plein désastre.

Des quatre cavaliers de notre Apocalypse évolution-
naire, le premier est l'aberration militaire qui consiste à
faire de la bombe H le « déterrent » suprême, qu'il vaudrait mieux appeler le « détergent » suprême, tant il est
capable de faire disparaître toute civilisation de la surface de la terre.

Le deuxième n'est autre que l'aberration économique,
qui consiste à fonder la production sur la concurrence
et sur la recherche du profit, et qui entraîne une témé-
raire, une imprudente surexploitation des ressources
naturelles, du consommateur et des peuples déshérités.
Elle a pour base une croyance désastreuse dans la possibilité d'une « croissance » économique illimitée, qui mène
à préférer la quantité des objets matériels à la qualité
des satisfactions humaines.

Le troisième, c'est l'aberration consistant à vouloir
régler les problèmes mondiaux par une politique de
compétition entre nations et entre blocs, avec pour
résultat l'impuissance de ce que beaucoup commencent
à nommer les Nations Désunies et, en outre, l'élargis-
sement de l'écart révoltant entre pays développés et
pays sous-développés, ou en voie de développement,
ou — pour parler crûment — entre pays riches et pays

pauvres. Il ne s'agit pas seulement d'un retard de l'économie, mais encore de l'enseignement et des moyens de diffuser l'information, des possibilités de se cultiver et de jouir de ses loisirs ; en fait, il s'agit d'un retard qui affecte la qualité même de l'existence.

Et enfin il y a cette aberration biologique, qui consiste en la reproduction illimitée de l'espèce humaine. Elle bloque le chemin à tout progrès véritable et va rendre le monde de 1999 beaucoup plus dur à habiter pour nos enfants que le monde actuel ne l'est pour nous. Elle entraînera l'extermination d'un nombre croissant de nos semblables et, si rien ne vient contrebattre cette tendance, elle aboutira à une frustration intolérable et une dégradation de l'existence, préface à un effondrement de toutes les sociétés civilisées et à un retour aux conditions qui dominaient la vie de l'homme préhistorique : famines, épidémies, lutte pour le simple maintien de l'existence.

Si l'on veut donner un nom au stade du développement humain dont nous vivons actuellement le déclin morbide, il faut l'appeler la phase scientifique.

Elle a débuté, il y a trois siècles, quand on a compris que la science organisée, au sens de recherche objective et faite en commun, était le seul moyen d'acquérir et d'appliquer efficacement des connaissances nouvelles et exactes. Si elle l'a emporté si promptement sur d'autres systèmes de pensée et d'action organisés, tels que ceux qui se fondent sur des religions révélées ou des hiérarchies établies dans les sociétés de classe, elle le doit aux succès extraordinaires qu'elle a connus en tirant au jour une foule de secrets de la nature et en les plaçant, une fois élucidés, au service de l'homme — ou, tout au moins, de certains hommes.

La science a engendré la technologie (avec laquelle on la confond souvent), et, dans ce qui suit, j'utiliserai fréquemment le terme *science* en désignant par là non seulement la science pure, mais aussi son gigantesque produit, la technologie. Grâce à celle-ci, en effet, la science a transféré la plus grande partie du fardeau que constituent les travaux physiques pénibles, des hommes qui souffrent aux machines insensibles, et ces esclaves mécaniques ont multiplié dans une mesure énorme l'énergie dont l'homme peut disposer.

Telle a été la base de la proto-industrialisation et le moyen de produire infiniment plus à des prix infiniment moindres, aux dépens, il est vrai, de l'armée d'esclaves salariés nécessaires à la conduite des machines. Cela a eu pour conséquence la production, la consommation et les moyens de communication de masse, et de nouveaux progrès, non moins étonnants, dans le volume et le coût de la production et des services, bien que ce fût trop souvent au détriment de la qualité et de la variété.

Aujourd'hui, cette tendance soutenue à l'allégement du travail et à l'abaissement des coûts de production atteint ses limites propres. On est en train de la pousser à son aboutissement logique, mais absurde. La technologie fournit les bases de l'automatisation, laquelle va entraîner la disparition de la plupart des types de travail, au sens courant du terme, et fait donc peser la menace de loisirs excessifs (bel euphémisme pour sous-emploi) sur un nombre croissant de travailleurs de toutes catégories.

La science, à ce jour, nous a procuré une masse infinie de connaissances, mais sans nous dire comment les utiliser. En vérité, elle a joué les apprentis sorciers. Elle a conjuré ce génie dangereux qui a nom technologie, lequel menace présentement les idées fondamentales que l'homme se fait et de son existence, et de la manière dont il doit la vivre. A coup sûr, la science doit participer sans réserve à la nouvelle synthèse qu'il nous va falloir faire de nos systèmes de pensée et de croyances, qui sont sur le point de crouler, ainsi qu'à leur restructuration sur un modèle nouveau et supérieur ; mais en attendant, il lui faut commencer par s'organiser elle-même, car il lui reste, à cet égard, une rude tâche à remplir.

Tout d'abord, il y a déséquilibre entre les différentes sciences (ou branches de la science, comme il conviendrait de les appeler plus modestement). Il s'agit d'un déséquilibre en ce qui concerne aussi bien le pouvoir que le prestige dont elles jouissent. Ainsi, la physique est, de toutes les sciences, la mieux considérée. Pour l'opinion publique — et aussi, oserais-je l'ajouter, pour certains physiciens — elle est, sous bien des aspects, plus importante, plus scientifique par essence, que la biologie. C'est une science plus exacte, dit-on, plus rigoureusement soumise à l'expérience, une science qui se prête mieux au traitement mathématique, et qui a conduit à une analyse plus approfondie de la nature ; en un mot, la physique est plus fondamentale que la biologie.

C'est vrai sans doute, mais pour des raisons qui n'ont rien à voir avec son importance relative. C'est vrai parce que la physique est la plus abstraite des sciences et donc la plus simple. C'est pourquoi elle a été avantagée par rapport aux autres ; c'est pourquoi elle a grandi et s'est développée plus tôt et plus vite. C'est aussi ce qui lui a permis d'explorer plus profondément et avec plus de rigueur son champ de recherche, précisément parce que celui-ci est un domaine aux contours nets, aussi éloigné que possible de la complexité réelle de la nature, et, en particulier, de la complexité maximale qu'il soit donné de connaître : celle de l'organisme psychosomatique de l'homme.

On attribue à la physique le mérite d'avoir sondé les mystères de la matière — qui ne sont mystères que dans la mesure où ils n'ont pas été creusés de façon scientifique — mais elle n'a pas su s'attacher au seul mystère réel : le fait de l'esprit et de son évolution. Nul n'a mieux formulé cette idée que le professeur Waddington, ce biologiste éminent et ouvert à tant de choses, qui — je me permets de le rappeler — vient d'arriver au terme de son mandat de président de l'I. U. B. S. (*International Union of Biological Science*) et joue à

l'heure actuelle un rôle de premier plan dans l'*International Biological Programme*. Waddington dit en effet :
« Tant que le vocabulaire de la physique ignorera le phénomène connu sous le nom d'esprit, il sera impossible d'admettre sans réserve que la somme de concepts employés dans les disciplines physiques permettra jamais de le cerner. » Et, après cet euphémisme prudent, Waddington place l'accent sur le devoir formel qu'a la science de s'attaquer « à tous les aspects des phénomènes de la vie, y compris l'esprit [1]. »

Il est également exact que la physique constitue la science de base et que ses lois ont un caractère fondamental. Mais enfin personne n'oserait dire que la cave de notre maison est plus importante que la salle à manger. Si essentielles soient-elles, les fondations ont pour objet de servir d'assises à un édifice spacieux.

Le fait est qu'à présent il n'existe pas de Science, en tant qu'entité, mais un certain nombre de sciences. Des sciences différentes traitent de certains phénomènes à des niveaux d'organisation différents et suivent donc une progression de l'abstrait au concret et du simple au complexe, qu'exprime bien le néologisme de « complexification ». Ce qui n'a pas été sans conséquences d'importance. En premier lieu, nous nous apercevons de plus en plus nettement qu'on ne pourra jamais comprendre les niveaux d'organisation les plus élevés en recourant à des explications et à des principes valides pour des niveaux inférieurs. Chaque nouveau niveau d'organisation est *émergent*, au sens de Lloyd Morgan, et exige de nouvelles méthodes et de nouveaux concepts. Comme Mayr et Simpson ont pu le dire sans ambages, même la connaissance la plus complète de la biologie moléculaire ne permettra jamais d'en déduire les faits de la biologie des êtres organisés, ou biologie évolutive.

De plus, il faut noter cette conséquence historique

1. *The Strategy of the Genes*, 1957, Allen and Unwin, Londres, p. 1.

que les diverses sciences se sont développées successivement, les plus simples et abstraites précédant les plus complexes et concrètes, et évoluant plus vite. C'est ainsi que la physique a atteint la maturité avant la chimie, et la chimie avant la physiologie ; la géologie avant la biologie et la biologie avant la psychologie. Cette dernière, du reste, commence à peine sa maturation : elle forme encore un assemblage hétéroclite d'hérésies qui guerroient entre elles, et son unification est encore lointaine. Et la complexité des phénomènes ethnologiques, sociologiques, culturels et d'autres phénomènes humains est telle que l'imagination se refuse à concevoir qu'une discipline unique puisse les couvrir tous ; la psychologie en tant que science véritable, c'est encore à peine plus qu'un rêve.

Autre conséquence : le développement scientifique a été en grande partie centrifuge, chaque science tendant à suivre isolément sa voie, se cantonnant dans son champ de recherche et l'explorant toujours plus à fond. Assurément, il y a eu communication entre elles, et même enrichissement des unes par les autres, des contacts féconds qui ont donné naissance à de nouvelles générations de disciplines scientifiques, comme la biophysique ou la cytogénétique. Mais on a parfois l'impression que les sciences isolées se comportent plutôt comme les galaxies selon la théorie de l'univers en expansion, s'éloignant à des vitesses croissantes d'un certain point central, vers on ne sait quelles frontières.

En tout cas, on assiste à une sur-spécialisation croissante, et l'information scientifique non coordonnée est en train de grandir plus que de besoin. Quel rasoir d'Occam perfectionné faudra-t-il pour émonder ce foisonnement désordonné ? Une mesure utile serait de réformer l'enseignement supérieur en général et, en particulier, de réagir contre la tendance à faire des thèses sur des sujets sans intérêt. A l'heure actuelle trop de ces thèses constituent, en effet, un fardeau pour la science plus qu'elles ne contribuent à son développement. Cette réforme devrait s'accompagner d'une mesure beaucoup plus importante : la réorganisation de la science sur un modèle centripète et convergent, alors qu'on peut déplorer à présent l'absence de tout modèle, des tendances centrifuges et souvent divergentes. Il faudrait donc concentrer l'attaque sur certains problèmes bien spécifiés et mettant en jeu un certain nombre de branches scientifiques différentes. *Interdisciplinaire* est ici le vocable à la mode ; mais il serait peut-être préférable de dire simplement *coopération*.

Les recherches sur le cancer démontrent combien il est efficace de combiner nos ressources scientifiques. Elles réunissent des disciplines aussi diverses que la pathologie, la biologie générale, l'embryologie, la génétique, la cytologie, la biochimie, la biophysique, la pharmacologie et la médecine clinique, et elles sont sur le point d'arriver à une synthèse qui va permettre de comprendre la nature du cancer et, le temps venu, d'alléger, de guérir ou même de prévenir ce mal.

Au cours du siècle qui a suivi la publication de l'*Origine des espèces* de Darwin, une extraordinaire explosion scientifique a produit une somme de données, d'idées et de principes plus grande que ce que tous les millénaires précédents de l'histoire réunis avaient réalisé. Cette masse monstrueuse de connaissances nouvelles ne provient pas exclusivement des sciences de la nature ; l'archéologie, la préhistoire et l'histoire, la sociologie et l'économie politique, les religions comparées et l'histoire de l'art, la linguistique, la sémantique et la philosophie, toutes ces disciplines ont contribué à cette prolifération. Il est évident que la science, ou plutôt la coopération scientifique, doit jouer un rôle dirigeant dans la tâche prodigieuse qui consiste à synthétiser cette masse énorme de connaissances sous forme d'un modèle intelligible, signifiant et chargé d'efficacité humaine.

En attendant, il est vrai que l'explosion scientifique a déjà permis une partie importante de cette synthèse ; elle nous a donné une représentation suffisamment

complète et exacte, facile à élargir de surcroît, de l'évolution. (Je devrais dire, en toute rigueur, de l'évolution
galactique, car notre représentation de l'évolution cosmique demeurera obscure tant que s'affronteront les
théories cosmologiques en présence.)

Quoi qu'il en soit, il est devenu clair que toute la
réalité *est*, au sens le plus strict, évolution — ou du
moins que l'évolution est un processus universel, agissant de la même manière dans les galaxies et les étoiles,
en physique et en chimie, en géologie et en biologie,
dans le comportement animal et dans le comportement
humain.

En bref, la nouvelle représentation de l'évolution
montre celle-ci à l'œuvre au cours de trois phases consécutives, les phases inorganique, biologique et psycho-
sociale. Chacune de ces phases a son propre modus
operandi, sa propre vitesse de transformation et son
propre type de produits finals. Notre planète est le seul
lieu dont nous savons qu'il a connu ces trois phases.
Mais le calcul des probabilités autorise à conjecturer
sans risque exagéré d'erreur qu'une très petite mino-
rité de planètes ont eu un sort analogue et il est à peu
près certain qu'un nombre plus grand ont traversé les
deux premières phases.

On peut se représenter assez bien l'évolution sur notre
planète comme celle d'un arbre. Les processus cosmiques
ont fourni le sol sur lequel il pousse ; ses racines, ce sont
la physique et la chimie terrestres ; son tronc aux branches feuillues décrit l'évolution biologique ; quant à
l'évolution psychosociale, elle est symbolisée par les
fleurs et les fruits. Certes, ce n'est là que métaphore et
qui peut induire en erreur. Mais aussi elle aide à comprendre un fait : l'évolution est le sujet d'étude le plus
central et le plus vaste, et la science de l'évolution a
une valeur toute particulière pour l'avenir de l'humanité.

Ce fait devrait avoir des conséquences pratiques. Car
si l'espèce humaine veut éviter le désastre, et réaliser

serait-ce une faible part de ses potentialités, il faut que
de grandes quantités de ressources scientifiques, d'argent, de main-d'œuvre et de prestige soient enlevées à
la physique et à la technologie et transférées à l'étude
des processus psychosociaux et des techniques de conservation et d'amélioration de l'espèce. La plus grande
partie des capitaux et des efforts consacrés à la recherche
spatiale pourrait trouver un emploi plus profitable
dans l'exploration de l'espace illimité de l'esprit humain.
La plus grande partie des ressources matérielles et
humaines dépensées pour la défense des nations et des
styles de vie nationaux, trouverait meilleur emploi à
rehausser la qualité de ces styles de vie et à aider les
nations les plus pauvres. La plus grande partie de ce
qu'on dépense pour mettre au point de nouvelles méthodes destinées à exploiter les ressources naturelles, il
vaudrait mieux le consacrer à leur conservation, et la
plus grande partie de ce qu'on consacre à encourager le
goût du consommateur pour des articles à la mode, de
vente fort lucrative et spécialement étudiés pour se
démoder le plus rapidement possible, devrait servir à
découvrir et satisfaire les besoins réels de l'homme.

Le fait évolutif exige aussi d'être reconnu. Le mécanisme de l'évolution inorganique est physique et, parfois,
chimique ; il agit avec une extrême lenteur. Parmi ses
micro-produits figurent les atomes et les composés chimiques simples ; parmi ses macro-produits, les galaxies
et les étoiles.

Le mécanisme de l'évolution biologique, c'est la sélection naturelle ; elle agit plus rapidement et ses produits
sont les organismes, les espèces, les grands groupements
et les communautés écologiques.

Dans l'évolution humaine, le mécanisme principal est
constitué par la sélection psychosociale, dont l'action
s'exerce au travers de pressions culturelles ; elle agit
beaucoup plus vite que les précédentes, et à une vitesse
sans cesse accélérée ; ses résultats, ce sont les êtres
humains vivant en sociétés, avec leurs concepts et

croyances, leurs modes d'organisation économique et
politique, leurs lois et leurs religions.

Les trois phases sont séparées par deux seuils critiques ; le premier correspond à l'apparition de la matière
qui se reproduit et se diversifie elle-même, le second à
celle de l'esprit, qui se transmet, se diversifie et se corrige
lui-même, et qui engendre les traditions culturelles
cumulatives. Elles vont chacune vers un type supérieur
d'organisation et y parviennent par une série d'étapes
combinées dans la bonne direction.

Ce schéma caractérise toutes les phases de l'évolution ; chacune connaît en effet des crises analogues, qui
doivent être surmontées pour que s'opère le passage
d'un type inférieur à un type supérieur d'organisation.
Ces types supérieurs sont rares et la progression s'effectue par bonds, grâce à la synthèse d'un certain nombre
de perfectionnements. Tel a été le passage critique de la
vie vertébrée de l'eau à l'air, ou celui de la vie humaine,
de la cueillette et de la chasse à la civilisation. Il en est
de même pour la crise présente, qui comporte le passage
d'un système désuet à un avenir qui n'a pas encore pris
forme.

Mais je me dois d'insister sur le fait de la crise. Tout
savant qui met le nez hors du tranquille abri de sa spécialité ne peut faire autrement que de revêtir le manteau d'Élie. Il prophétise la catastrophe ; mais, parce
qu'il est un savant, la catastrophe qu'il annonce est
conditionnelle : elle se produira *sauf si* l'on fait certaines choses. Que ces mesures soient prises, et la catastrophe sera évitée ; dorénavant, il pourra prophétiser
le bonheur.

Il me faut tout d'abord m'étendre un peu sur ce que
j'entends par catastrophe. Notre aberration nucléaire
est liée à l'insuffisance de nos cerveaux. Nos cerveaux
ont évolué de manière à réagir et faire face à des problèmes relativement petits et immédiats : ils se trouvent
tout bonnement incapables de réagir de façon sensée à
des problèmes d'un ordre de grandeur plus élevé. Comme

Szent Gyorgi le disait récemment : « Avec mon cerveau, adapté à l'entretien d'un feu primitif au fond d'une grotte, je ne puis imaginer un feu de quinze millions de degrés, ou une explosion atomique à quelque cinq cents kilomètres de l'endroit où je me trouve, et qui risque de me rendre aveugle pour toujours. » Le développement de l'homme s'est effectué au sein de petits clans, et l'être humain est par conséquent sensible à la souffrance quand elle frappe un individu ou une collectivité restreinte ; mais il ne saurait multiplier par une centaine de millions les souffrances d'un individu, et c'est pourquoi l'on parle sans gêne aucune de villes réduites en cendres ou d'un « excédent » d'engins atomiques suffisant à tuer une centaine de millions d'hommes. Il est essentiel d'arriver à un désarmement atomique rapide et progressif, il faut lui accorder la priorité absolue si l'on veut éviter une catastrophe.

Toutefois, il existe encore un autre danger des plus graves : l'explosion démographique. En effet, même si l'on réussissait à faire reculer le péril atomique, les progrès de l'humanité continueraient d'être menacés au plus haut point par la surpopulation, et c'est un péril des plus difficiles à écarter, car son origine se trouve dans la nature physiologique de l'homme.

En résumé, à moins que le danger d'une guerre nucléaire totale ne soit aboli, nous risquons une catastrophe qui mettrait fin à la civilisation, et qui causerait à l'espèce humaine de graves détériorations de son patrimoine génétique et de multiples difformités. Mais même si la guerre nucléaire était évitée, le problème de l'explosion démographique continuerait de se poser, au risque de devenir le cancer de la planète et d'avilir notre civilisation, tout en détruisant les moyens de la restaurer. Dans un cas, l'évolution humaine ferait, de notre fait, un saut en arrière d'une telle violence qu'elle ne pourrait jamais s'en remettre ; dans l'autre, nous renverserions son cours, et ce serait non plus l'avance et le progrès, mais la retraite et la régression.

Sombres perspectives! Mais je crois qu'il est en notre pouvoir de prendre les mesures utiles pour écarter ces deux menaces majeures. En effet, l'existence même de l'homme est indissociable de sa capacité cybernétique de se diriger et de se corriger lui-même. Il peut prendre conscience de ses erreurs et, le cas échéant, les rectifier à la lumière de son expérience passée et à l'aide de son savoir accumulé.

Y parviendrait-il cependant, la crise générale subsisterait quand même : l'insuffisance des religions et des idéologies actuelles ; la confusion dans la manière de penser ; les multitudes désespérées des pays pauvres, se débattant pour survivre malgré leur misère ; les multitudes insatisfaites des pays riches, avec leur indifférence massive et leurs flambées sporadiques de violence stupide ; l'absence de tout fanal qui servirait à nous guider en ce lugubre crépuscule de l'existence ; enfin, le manque de toute croyance l'emportant sur tout, qui donnerait un sens à la vie des hommes et les inspirerait dans l'action.

En termes scientifiques, ce qui est requis, c'est un modèle supérieur de l'homme et de ses capacités évolutives, ou, en termes plus humains, une vision de la destinée de l'homme qui soit neuve, complète et généralement adoptée. Cette vision peut seule nous aider à surmonter la crise présente et à entrer dans une phase de renouveau ; elle exige une conjugaison de la science — au sens large de connaissance objective, structurée, et susceptible d'application efficace — et de la synthèse — au sens large de tentative d'intégrer des faits épars et des idées contradictoires dans un ensemble signifiant.

Les grands traits de cette vision s'esquissent déjà. L'homme a pour destinée d'être sur terre le chef de file, le principal agent de l'évolution. Cela vaut à l'échelon individuel comme à l'échelon collectif, dans l'immédiat comme dans l'avenir le plus lointain. Car c'est en l'homme que le processus évolutif est parvenu à la conscience de

soi. Privilège unique, mais aussi responsabilité écrasante, qui confère à l'être humain sa dignité, mais dont
il ne saurait se décharger sur Dieu ou sur le Destin.

La nouvelle vision révèle également que l'homme est
jeune et très imparfait, mais qu'il a devant lui un avenir
immense, dans lequel il lui appartient de réaliser ses
potentialités. Elle donne tout à la fois courage et espoir.
Et, tout d'abord, l'évolution de la vie sur la terre a une
direction. Pendant les trois milliards d'années qu'a duré
sa phase biologique, elle a régulièrement progressé vers
le perfectionnement, un meilleur équilibre, une variété
plus grande et une organisation supérieure — du corps,
en premier lieu, et ensuite de l'esprit. L'homme est le
produit le plus récent d'un processus continu de perfectionnement, marqué de ces paliers critiques que sont
les passages d'un type d'organisation prédominant à un
type nouveau et supérieur : d'un grain infra-microsco-
pique de matière se reproduisant elle-même à la cellule
et à l'invertébré complexe, puis, avec des capacités
sensorielles de plus en plus développées, aux batraciens,
aux reptiles et aux mammifères. Et enfin l'homme conscient et son incroyable complexité, avec son cerveau qui
possède plus de cellules qu'il n'y a de gens sur cette
terre.

L'histoire psycho-sociale de l'humanité a traversé des
phases analogues. En ce domaine cependant il s'agit de
perfectionnements d'ordre culturel, et les types prédo-
minants ne sont plus des organismes, mais des organisations psycho-sociales d'idées et de croyances, avec les
structures sociales et les conduites économiques correspondantes.

An nombre des paliers critiques évidents de l'évolution psycho-sociale figurent le passage de la cueillette à
la chasse, de la chasse à l'agriculture et à la vie séden-
taire, aux premières civilisations ; et plus tard, à la crise
de la Renaissance et de la Réforme, qui amena enfin
l'apparition, puis la prédominance, d'un système fondé
sur la science.

Selon le deuxième principe de la thermodynamique, l'entropie du monde physique augmente et son niveau d'organisation diminue. Grâce à l'énergie solaire toutefois, le monde de la vie contrebalance les effets de l'entropie. Son niveau d'organisation s'est élevé de manière régulière, mais de plus en plus rapide avec l'évolution de l'esprit. L'esprit permet, en effet, de réaliser des organisations surprenantes de la pensée et de ses applications, avec une moindre dépense d'énergie physique. Remarquons en passant que, dans la théorie de l'information, organisation équivaut à information ; ce à quoi j'ajouterai qu'une organisation supérieure acquiert une portée plus élevée dans le contexte d'une évolution qui se continue.

Et pourtant l'étude scientifique de l'esprit est à peine amorcée. Qui pourrait douter cependant que son exploration complète ne conduise à des sommets inimaginables d'organisation mentale et spirituelle, avec des possibilités d'expériences fécondes et d'action adaptée qui dépassent tout ce qu'on aurait pu rêver ?

Mais revenons à l'avenir immédiat. Il est clair qu'une nouvelle synthèse devra être une synthèse ouverte et que ses buts s'énoncent en termes d'accomplissement : accomplissement plus grand pour un nombre plus grand d'individus ; réalisation plus totale pour un nombre supérieur de sociétés humaines ; un sens plus poussé de l'importance de la personne ; une participation plus profonde à l'œuvre d'évolution qui consiste à coopérer au développement du monde, et cela sous tous ses aspects ; et un bouleversement de nos valeurs, qui nous fasse préférer à la quantité d'objets et de produits la qualité de la vie et du mode de vie. Il faut remplacer la notion d'État-Providence (*Welfare State*) par celle de Société d'Accomplissement (*Fulfilment Society*). Pour préparer celle-ci, nos systèmes d'enseignement devraient être organisés de manière à permettre à l'individu de s'accomplir dans l'aventure et l'exploration, dans une participation physique et intellectuelle à des études ou à des entreprises dignes d'intérêt, et dans les joies de l'amour et de la beauté.

Nous devrions aussi planifier cet accomplissement dans le domaine social : par une sage politique démographique ; par la création de villes qui, loin d'engendrer des sentiments de frustration, pourraient devenir des organes de la vie civilisée ; par une utilisation harmonieuse du sol, ménageant des lieux propices à la solitude et à la distraction, tout comme à l'industrie et au logement.

Nous devons aussi commencer à réfléchir sur la façon dont il conviendrait d'organiser la production en sorte que les hommes puissent consacrer le meilleur de leur temps à l'étude, à l'enseignement et à l'entr'aide, à enrichir leur expérience de la vie et à en bien pénétrer la signification.

La plupart des hommes demeurent prisonniers de leurs contradictions et de leur petit moi ; leur mode de pensée primitif les charge d'un sentiment de culpabilité et les porte à projeter sur autrui leur malignité refoulée. Nous connaissons déjà diverses méthodes permettant à l'individu de se réaliser et de se dépasser ; nous devons pousser plus encore le développement de la psychotechnologie à grande échelle. Dans son dernier livre, *Ile*, mon frère Aldous a esquissé certaines des méthodes par lesquelles les hommes peuvent s'accomplir pleinement et avoir une expérience plus riche.

Au plan mondial, il est nécessaire d'exprimer efficacement le fait central que l'humanité est *une*, tout en encourageant la diversité des cultures. Il nous faut élaborer une politique démographique mondiale et tenter d'associer toutes les nations à des projets communs de développement mondial.

Je conclurai par ce vœu : que l'Unesco continue de promouvoir le grand débat que son Directeur général a ouvert aujourd'hui. La tâche la plus haute qui se présente à notre génération, c'est de mettre sur pied un nouveau système organisé de pensée et de croyance.

J'espère que l'Unesco va favoriser la poursuite de cette
discussion dans tous les États membres, dans les principales régions du monde, et, bien sûr, à la Maison de
l'Unesco. Ce faisant, elle remplira ce qui est, de droit,
sa fonction essentielle : celle d'un guide intellectuel,
culturel et moral de l'humanité.

GIORGIO DE SANTILLANA

Les grandes doctrines cosmologiques

Permettez-moi d'aborder mon sujet par l'entrée principale, le portail monumental que nous offre la Grèce à
ses débuts.

Devant nous se dressera la sévère et sobre architecture des paroles d'Anaximandre, vers 600 av. J-C.
Sobre, elle l'est pour sûr, car nous n'avons de lui que
trois ou quatre phrases.

« Ce dont naissent toutes choses est aussi la cause de
leur fin, *ainsi qu'il est juste*, car elles doivent se faire
amende et expiation réciproque pour leur injustice
mutuelle dans l'ordre des temps. »

Toutes choses naissent et périssent en un rythme
universel, en une loi de périodicité — voilà le premier
terme de l'équation. Le second terme, — il est dit *ainsi
qu'il est juste*, — est le rappel de la justice immanente,
l'invocation à l'ordre souverain qu'est l'Ordre du Temps.
Voilà bien le début de la physique, avec ses forces en
contraste, l'équilibre dynamique, qui devient tourbillon
et amorce l'évolution de la vie, ainsi qu'il est dit explicitement — idée qu'Aristote oublia depuis, et qui devait
renaître seulement avec Léonard de Vinci.

La substance de ce tourbillon, modèle des nébuleuses
spirales, c'est l'*Apeiron*, l'Illimité. Et il est dit aussi
que cette substance est le Divin et qu'elle est l'*Arché* de
toutes choses — mot riche de sens s'il en fut, puisqu'il
signifie primauté, pouvoir suprême, principe, commencement. Et il est dit :

« L'Illimité comprend le tout et gouverne toutes choses. »

Le mot est *kybernai*, dirige, pilote. Cette gouverne est conçue non comme volontaire, mais comme action auto-régulatrice — comme cela devrait se passer dans une société bien conçue — cependant, idée réellement physique dans sa conception, bien qu'Anaximandre n'eût pas les mots pour cela ; et les mots, c'est contrôle automatique, cybernétique. Le terme, après tout, était déjà là.

Et voilà que, d'un coup, il en sort un vrai principe physique. Pourquoi la terre ne tombe-t-elle pas ? Parce qu'elle est en position symétrique par rapport à ce qui l'entoure. Il n'y a pas de *raison suffisante* pour qu'elle tombe.

C'est bien dans sa première forme le principe de *raison suffisante* que M. Oppenheimer citait à propos d'Einstein. Étrange et merveilleux départ au sein d'un monde entièrement vitaliste. Sous cet aspect particulier, négatif, c'est ce principe qui décroche la pensée des bonnes raisons à notre image et à notre petite mesure, du court-circuit sur nos fins à nous, qui la lance dans l'immense aventure de la science sans limites. Chance unique, coup de dés qui fait que ces hommes ne rêvent pas d'organisme, mais expriment leur premier modèle en termes de vent et de vapeur, de cribles et de tourbillons, empruntés à leur technologie — car c'est ce modèle qui les guide vers de nouvelles questions plus aiguës, vers de nouveaux horizons — c'est l'acuité qui a nom de *Sophia*.

Et c'est de là que naît le *rationalisme scientifique*, passion qui affirme que ce qu'on pense sans contradiction doit pouvoir être vrai, même s'il est étrange et nouveau.

C'est sur ce fondement que se dresse cette autre nouveauté éblouissante, la mathématique pythagoricienne. Cela va avec la création de l'idéal de culture que les Grecs appelaient *mousikè*, ce qui implique une union

de logos, mélodie et mouvement. Nous sommes donc
déjà au large de la physique toute nue, la physique
matérialiste — et les vraies puissances de la nature,
on les définit comme harmonie et proportion.

Le nombre est en marche, force autonome, qui n'est
pas un élément comme l'air et l'eau, mais un vrai
principe vivant de sa vie propre ; et ce n'est que juste,
parce qu'il représente les lois de la pensée.

C'est ainsi que la physique devint elle-même *mousikè*,
et l'astronomie redevint l'Art royal qu'elle avait toujours été. Voilà bien les grands thèmes établis par la
géométrie, formes pures et périodicité, qui amenèrent
déjà, en 270 avant Jésus-Christ, Aristarque à proposer
le système copernicien.

Notre cosmos est né, que Kepler chantera deux
mille ans plus tard en langage de prophète :

« Voilà que la lumière m'est apparue, le soleil de la
vérité — rien ne peut plus me retenir. Les dés sont
jetés, j'écris pour la postérité. Le Seigneur a attendu
six mille ans pour qu'on comprenne ses œuvres, je
peux bien attendre aussi. »

C'est son hymne à l'harmonie des sphères. Mais
bientôt ciel et terre, et leur musique, seront « désac-
cordés » ; la mécanique naîtra, et Descartes démolira
le cosmos. Ce sera le règne newtonien, l'univers devenu
un jouet mécanique bien monté, et Dieu le despote
qui paraît s'amuser à ces automates.

Cela se compliquera bien plus tard ; c'est à M. Holton
de nous le dire, mais c'est là que nous a menés la pensée
spatiale, et elle s'affirmera philosophiquement dans la
géométrisation totale d'Einstein.

Revenons donc vers les origines. Des quatre grandes
phrases d'Anaximandre, deux regardent en avant,
prédisent la cosmologie moderne, fondée sur l'espace;
les deux autres reprennent l'idée traditionnelle que
règne, suprême, l'Ordre du Temps. Car la quatrième
(qui nous vient par Cicéron), dit que selon Anaximandre « les dieux ont origine à de vastes intervalles à

l'Orient et à l'Occident et qu'ils sont les mondes innombrables ».

Ces mots étranges, auxquels Cicéron disait n'entendre
goutte, n'ont de sens que par rapport à une cosmologie
presque oubliée, qui nous vient de la nuit des temps,
dont il nous est resté presque uniquement des mythes
et des fables : reste d'un langage technique avant l'écriture, et que nous sommes en train de reconstruire péni-
blement. Je vais donc revenir en arrière, chercher ce qui
nous est resté des origines.

Vous voulez que je vous montre la chose à l'état
brut ?

Voici un conte des Peaux-Rouges de la côte cana-
dienne du Pacifique, un parmi des milliers, pris presque
au hasard, que nul n'a remarqué.

Il nous vient des Satlo'lq, dans le sud-est de Van-
couver Island :

« Il y avait une fois un homme dont la fille avait un
arc et une flèche prodigieux, mais elle était paresseuse
et ne faisait que dormir. Le père se fâcha et dit : « Au
lieu de dormir, prends ton arc et tâche de tirer au
centre de l'ombilic de l'océan, pour qu'on ait du feu. »
Or l'ombilic de l'océan était un grand entonnoir tour-
billonnant où flottaient les morceaux de bois qui servent
à faire le feu. Car en ce temps-là, on n'avait pas encore
de feu.

La fille prit son arc, tira, fit mouche, et les baguettes
de bois bondirent sur la rive. Le vieux en fut content,
il alluma un beau feu. Mais ensuite, comme il voulait
le garder pour lui, il se fit une maison dont la porte
se fermait de haut en bas, comme une mâchoire, et
elle tuait ceux qui tentaient d'entrer.

Mais voilà qu'on sut que le vieux avait du feu, et
le Cerf décida de voler ce feu pour les gens. Il se fourra
des brins de bois résineux dans les cheveux, ensuite il
lia ensemble un couple de catamarans, se fit un pont
de planches, et chanta et dansa là-dessus alors qu'il se
dirigeait vers la maison du vieux. Il chantait : « Ho,

je vais attraper le feu. » La fille du vieux dit : « Fais-le
entrer, il chante si bien. » Mais la maison se ferma.
Guidé par son chant, le Cerf arriva devant la porte
juste au moment où elle se rouvrait, bondit dedans
sans dommage. Il s'assit à côté du feu, sans cesser de
chanter. Il se pencha sur le feu, comme s'il voulait se
sécher, et les brindilles de bois prirent feu. Il bondit
dehors, et c'est comme ça qu'il apporta le feu aux
hommes. »

Voilà l'histoire de Prométhée en Satlo'lq.

Mais c'est bien plus que cela. Car le Cerf n'est pas
uniment notre Prométhée héroïque, celui d'Eschyle
et de Shelley pour nous entendre, il est Kronos, Saturne,
le plus grand des dieux planétaires, le Démiurge du
Cosmos, Deus Faber. Dans la tradition hindoue, Kronos,
sous le nom de Yama, a une tête de cerf, et cette tête
animale s'est répandue à travers le monde archaïque.
A présent, si vous allez regarder — mais on ne regarde
pas — dans les hymnes orphiques, vous trouverez au
nº 13 de la vieille édition Hermann un hymne à Kronos : « O toi, dévorateur tout-puissant, toujours renaissant,
Kronos, grand Aiôn, vénérable Prométhée... » En grec,
Semnè Prometheu. Ce n'est pas moi qui le leur ai fait dire.

Et le scholiaste de Sophocle, citant Polémon et Lysi-
machide, érudits perdus pour nous, dit que dans les
jardins de l'Académie, il y avait un autel dédié à Prométhée, « premier et plus ancien » détenteur du sceptre,
et à Héphaïstos deuxième et plus jeune. Or nous autres
du métier, nous savons bien qu'Héphaïstos apparaît
comme deuxième aspect de Saturne — plus spécifi-
quement Démiurge, Deus Faber. Mais c'est au sombre
Kronos qui sait tout, « qui a les plans », que revient
la prescience prométhéenne. Nous sommes dans les
sous-sols de l'antiquité grecque, et par un étrange cheminement souterrain, ce sont des sauvages de la côte du
Pacifique qui ont reporté notre attention sur certains
textes grecs qui mettent le mythe classique en une
nouvelle lumière.

Quant à l'Omphalos, l'ombilic, il y a des volumes
d'études là-dessus. C'est l'île de Calypso, mais c'est
aussi le Charybde de l'Odyssée, l'entonnoir du Mael-
strœm de la tradition indo-européenne, le *gurges mira-
bilis* qui transperce le globe et se termine au Séjour des
Bienheureux ; lequel, bien entendu, est au ciel austral,
à Eridu, au Navire Argo, là où règne Kronos endormi,
pour les Hindous Yama Agastya, pour les Égyptiens
Osiris juge des Morts, pour les Babyloniens Ea-Enki,
pour les Mexicains Quetzalcouatl — et tant d'autres.
C'est là que se perdit Ulysse si nous en croyons Dante,
c'est là que Gilgamesh se trouva à la « jonction des
Fleuves » célestes, en quête de l'immortalité.

Pourquoi ces bouts de bois dans le tourbillon ? C'est
ici de l'*autre* tourbillon qu'il s'agit, le cosmique, la
Précession des Équinoxes qui était déjà connue, celle
qui en vingt-six mille ans apporte l'Ordre du Temps.
C'est à celle-là que se rapporte la figure originaire de
Prométhée, Pramantha aux Indes, et les feux, non
de la Saint-Jean, mais du passage du soleil équinoxial
d'un signe zodiacal au prochain, tous les deux mille
quatre cents ans environ : la fin d'un « monde » ou d'une
ère, le début d'une autre. Permettez-moi de vous rappeler un mot de chez nous ; vous le trouverez dans
Agrippa d'Aubigné, et c'est bien de la fin de *ce* monde-ci
qu'il s'agit :

« ... quand les esprits bienheureux
Dans la Voie de Laict auront fait nouveaux feux... »

C'est à ce moment-là que, au Mexique, Tezcatlipoca
allume un nouveau feu en vrillant ses bâtonnets dans
le signe des Gémeaux — « et à partir de ce moment
il s'appela Mizcouatl ».

Les choses se compliquent tout de suite (je vous
demande un peu de patience) car le feu originaire de
Mizcouatl était censé avoir eu lieu au Pôle, et il n'est
pas clair pourquoi par la même occasion ce feu s'allu-

mait dans les Gémeaux, chose attestée par plusieurs
cérémonies ; mais on peut voir ici une espèce d'ambi-
valence, ou de bilocation du feu sacré qui consacre
le colure équinoxial de ce fameux an Zéro, à partir
duquel on comptait le temps, en Mésopotamie et en
Chine aussi bien qu'au Mexique : le moment solennel
où le soleil de l'équinoxe du printemps s'était placé
dans le signe des Gémeaux, et donc aussi sur la voie
Lactée ; et la grande arche galactique, dressée sur
l'horizon, s'était trouvée faire figure à peu près de
grand cercle ou colure équinoxial. Cela marque bien
le schéma géométrique fondamental de cette cosmo-
gonie, tel qu'on le retrouve plus d'une fois.

Même l'élément proto-pythagoricien ne manque pas.
Le rythme du Cerf chantant et dansant devient, dans
un autre conte du Nord-Ouest (British Columbia,
Lower Fraser River) la prouesse du petit-fils du Pivert ;
lequel, sur le point de tirer de l'arc, entonne un chant :
et dès qu'il eut trouvé le ton juste, les flèches qui par-
taient se fichèrent l'une dans l'autre, bout à bout, jusqu'à former un pont entre terre et ciel. Véritable thème
orphique souvent repris, mais aussi, comme l'a remarqué
Sir James Frazer lui-même, dernier souvenir de l'esca-
lade de l'Olympe dans la Gigantomachie.

C'est à quoi on aboutit avec des histoires apparemment sans tête ni queue.

Tout de même, quelle pagaille d'idées, direz-vous.
J'entends bien ; n'oubliez pas que toute cette transmission était exposée aux hasards de la voie orale, à
l'oubli, à l'incompréhension. Mais le désordre même ne
fait qu'accentuer l'authenticité des éléments composants,
l'incroyable obstination de certaines images à survivre
et à se survivre, tel un dépôt sacré d'âges perdus.

Pour continuer, l'arc et la flèche se réaffirment comme
images capitales, autres clés de voûte de la théorie,
car ils sont eux aussi au ciel ; c'est l'arc de Marduk,
le Jupiter babylonien, l'arc chanté par le Poème du
commencement, avec lequel il conquiert le pouvoir

— et établit l'ordre universel. Mais il se trouve que c'est aussi l'arc des empereurs chinois à leur avènement. Avec cet arc, il faut dans chaque cas « atteindre » Sirius, celui, dit le grand rituel babylonien de l'Akitu, « qui mesure les profondeurs de la mer ». Il y a eu encore bien des études là-dessus. Mais les Schlegel, les Guérin, les Gundel, les grands érudits qui ont éclairci cette urano-graphie par leurs labeurs prodigieux, se sont souvent cantonnés chacun dans sa province, que ce fût la Méso-potamie, l'Inde, l'Égypte ou la Chine, et ont réclamé instinctivement pour leurs protégés le privilège de la découverte, laissant à d'autres le soin de jeter un pont entre des civilisations si différentes. Il y a eu aussi des astronomes illustres, qu'on ne lit pas, comme Biot et Henseling, dont l'effort comparatif s'est perdu dans le silence.

C'est cependant par des recoupements multiples qu'on a pu résoudre ces paroles énigmatiques. L'étoile de Sirius a été un objet de fascination sous bien des latitudes, et souvent l'on voit réapparaître des allu-sions obscures à ses liens avec la mer — jusque dans Aristote et Pline. Sirius semble avoir été une espèce de pivot pour plusieurs directions qui s'entrecroisaient, partant de différentes régions du ciel. L'alignement principal était celui qui plaçait Sirius sur la ligne joi-gnant les Pôles, qui aboutissait au sud à Canopos. Autre grande étoile fascinatrice, siège de Yama Agas-tya pour les Hindous, cité mythique d'Eridu, nous l'avons vu, pour les Sumériens, Suhayl-la-Lourde pour les Arabes, en tant qu'elle marquait le fond de la « mer céleste » de l'hémisphère austral. Les autres alignements joignaient Sirius aux « quatre coins du ciel », équinoxes et solstices, lesquels se déplaçaient insensiblement au cours des siècles de la Précession, et la ligne du pôle Nord passait sur l'une après l'autre des étoiles de l'Ourse, comme une aiguille sur un immense cadran.

Il apparaît donc que ces mesures angulaires étaient solennellement et minutieusement vérifiées lors des gran-

des occasions. On concevait que, par Sirius, la terre
était validement « ancrée aux Profondeurs de l'Abîme »
et « accrochée » au ciel septentrional ; on vérifiait par
lui la bonne marche de l'Univers.

Tel était, pour ce que nous pouvons deviner, le rôle
mythique et cérémonial de l'Arc des dieux.

La seule originalité des Peaux-Rouges, dirait-on,
c'est d'avoir mis l'arc aux mains d'une femme. Et
paresseuse par-dessus le marché. Est-ce là un lointain
souvenir d'Ishtar l'enjôleuse ? J'aime mieux penser
que le conteur indien a eu son moment de fantaisie.
Il y en a si peu, de si modestes, dans cette poétique
rigidement traditionnelle...

Car, pour reprendre, quant à cette étrange porte qui
se ferme comme un couperet, elle est tout un avec les
non moins étranges *Plangtai* d'Homère, avec les Sym-
plégades des Argonautes, les rochers-qui-s'entrecho-
quent, mais encore plus loin en arrière, dans la figura-
tion originaire, verticale, elle est l'Écliptique qui se
lève et s'abaisse sur l'horizon au cours de l'année, objet
d'innombrables figurations parallèles qui s'échelonnent
sur tous les continents, au moins depuis le cinquième
millénaire. Alors que les sauvages, bien entendu — on
ne se fait pas faute de nous le rappeler — n'avaient
aucune idée de l'astronomie. C'est bien vrai qu'ils ne
l'ont plus. Et que ceux qui l'avaient n'étaient point
des sauvages. Pas plus que ceux qui ont bâti Stone-
henge, eux que les archéologues s'obstinaient jusqu'à
l'an passé à définir comme des « howling barbarians »
— jusqu'au moment où sont intervenus les ordinateurs
dernier modèle de Gerald Hawkins, jeune astronome
qui a su reconnaître ses anciens collègues à leurs œuvres.
Sir Norman Lockyer avait déjà été lestement enterré
et oublié, car les philologues ont peu de sympathie
pour les astronomes, mais le voilà remis à l'honneur
à présent.

Je vous ai donc offert toute une encyclopédie de
thèmes en dix lignes. Je vous ai donné une de ces

fleurs japonaises, ces graines de papier tassé qu'on jette dans l'eau et qui s'ouvrent en grands dessins.

La première ouverture de la fleur japonaise, on peut la trouver dans l'*Alexandra* de Lycophron, poème-grimoire du mythe archaïque ; l'ouverture plus ample dans la *Bibliothèque* d'Apollodore, réservoir des mythes classiques, et aussi dans les *Fastes* d'Ovide, dans les commentaires de Proclus et de Porphyre, l'épanouissement plein ou presque dans les *Dionysiaka* de Nonnos le Panopolite, ou dans le *Tétrabible* de Ptolémée, les vrais manuels de la mythologie archaïque.

Nous le savons bien, le fouilleur infatigable de l'antiquité pré-classique, le novateur, ce fut Sir James Frazer ; mais alors qu'il eut son grand jardin aménagé, avec ses parterres de mythes, il n'y vit que du feu, je veux dire des cultes de la végétation. Il y avait bien, dans un coin, les restes d'une hutte enterrée, c'est là qu'étaient les outils et les plans, Sir James n'y fit pas attention. Car on était évolutionniste en plein et il ne pouvait donc s'agir que d'agriculture ou de magie.

Je ne veux pas diminuer les mérites de Cook, de Jane Harrison et de toute l'école, mais si on avait regardé avec moins d'idées préconçues on aurait trouvé, en plus du cycle annuel qui se traduisait couramment en végétation, d'autres cycles de 2, 4, 8, 12, 30, 52, même 60 années, qui indiquaient des périodes bien autres, et qui ne pouvaient être que planétaires. Mais voilà, on oublie beaucoup de choses dans l'élan d'une idée neuve, et le problème d'accommoder les restes ne vient que plus tard.

Je vous ai proposé un exemple de la manière dont une langue mythique universelle venant d'avant l'écriture se trouve recouvrir une cosmologie perdue, universelle aussi, aussi universelle que la nôtre ; et ce n'est pas le moindre de ces mystères que le cheminement par diffusion d'une pensée à partir de la Mésopotamie proto-historique — car c'est là que se créèrent, dirait-on, les cultes planétaires qu'Aristote attribue aux *panpalaioi*, les « très-anciens », et aussi le proto-pythagorisme.

Ce qui se diffusa, évidemment, ce ne sont pas des idées toutes faites, ce sont des schémas : c'est l'Éclip-tique et ses constellations, les stations des astres, les zones, certains mythes clefs, cette étrange urano-géo-graphie où s'imbriquent ciel et terre, sous la domina-tion des seigneurs planétaires au cours inexo-rable.

Mais c'est aussi le lien entre l'harmonie et les astres, l'harmonie et les unités de mesure, les principes souve-rains d'exactitude qui s'appellent *maat* en Égypte, *rta* ou « rite » aux Indes. « Entre la musique des pipeaux rituels et le calendrier — dit un principe chinois — l'ajustement est si exact qu'on n'y peut guère faire passer un cheveu. » Et ce fut ainsi l'Alchimie ajustée à l'Astrologie, ensuite l'astro-médecine, les plantes, les métaux, les alphabets, les jeux savants comme les échecs, les carrés magiques comme celui qui subsiste dans la *Mélancolie* de Dürer, le microcosme ajusté au macrocosme. Le tout monté non comme un système logique, mais comme une fugue en musique, ainsi qu'il convient pour un véritable organisme fermé sur soi-même : monde non seulement déterministe mais surdéterminé — sur différents niveaux qui conspirent entre eux ; sursaturé de détermination, où règne la Nécessité totale qui reste, en même temps, liberté ; comme chez le Dieu de Spinoza. « Et ils disent, remarque Aristote le Moderne sans trop de bienveillance (« ils », ce sont les Pythagoriciens) que l'intervalle entre les let-tres de alpha à omega est le même que celui entre les notes de l'*aulos* de la plus basse à la plus haute, et que le nombre en est égal au chœur entier du ciel. » C'est ainsi que l'idée était ancrée jusque dans les temps classiques, grâce à la ferveur pythagoricienne. Il nous est resté le nombre et le rythme, l'incidence du moment unique, du temps juste, le *kairos* disaient les Grecs, qui décide entre être et n'être pas : car il y eut un temps où le juste c'était avant tout la justesse, et le péché c'était l'imprécision.

Nous autres pensons depuis Descartes en termes d'espace simple, qu'on peut dominer, où s'inscrit notre action. L'homme archaïque pensait en termes de temps, auquel tout est soumis. Et en vérité, ce qu'on persiste à considérer comme des « distances » dans son système, ce sont des mesures angulaires sujettes au temps. L'ordre spatial tel que nous l'entendons ne joue pas, sinon comme entités déjà modulées : intervalles sur la corde vibrante, sphères, triangles, carrés magiques, polyèdres. Encore pour Platon, l'espace pur, ce que nous dirions l'espace isotrope newtonien, reste ce qu'il y a de plus proche du non-être. Parménide lui-même ne saurait donner un être à son Être sinon en lui assignant une limite en forme de sphère. « Le Souverain, disait-on en Chine, règne sur l'espace parce qu'il est le maître du temps. »

C'est ainsi que l'humanité a pensé, durant des siècles aussi longs que ceux qui nous séparent de la Grande Pyramide. Pensée totalisante, si nous pouvons nous servir du terme créé par Lévi-Strauss. L'Ordre du Temps, qui était l'ordre véritable du Cosmos, portait avec lui le sort de la vie et des âmes. Il apportait non seulement une science, mais une eschatologie à ces générations sans nombre du lointain passé. Si nous tentons à présent de le retrouver, c'est aussi parce que nous aimerions que des civilisations désormais oubliées, enfouies, reprennent leur figure, que des continents entiers qu'on avait classés comme dépourvus d'histoire, et qui se représentent à présent sur la scène du monde, armés de nouvelles revendications, reprennent le rôle qui leur sied dans le passé de notre race.

Nous nous sommes dit, comme Cocteau : « Puisque ces mystères nous dépassent, tâchons de nous en faire l'organisateur. » Nous avons un matériel saisissant, encore à peine déchiffrable ; mais notre génération a apporté des forces nouvelles, des noms comme Hartner, van der Waerden, von Dechend, Needham, Werner, Marius Schneider, forces provenant de tous les points de l'horizon intellectuel.

Il faudrait à présent une convergence de pensées, de disciplines, de méthodes et aussi d'entendement esthétique pour débrouiller cet Art de la Fugue, pour comprendre, comme disait déjà d'Alembert, ces pères à qui nous devons tout et dont nous ne savons rien.

GERALD HOLTON

Où est la réalité? Les réponses d'Einstein

Il est évidemment impossible, dans une simple cau-
serie, d'apprécier à sa juste valeur un aspect quelconque
de l'œuvre d'Einstein. Toutefois, ce jour anniversaire
nous donne l'occasion de célébrer la mémoire d'un
grand homme, qui fut aussi un homme de bien. S'il est
vrai qu'Einstein n'a nul besoin de nos louanges, et que
ce genre de manifestations l'amusaient toujours un
peu, reste que nous ne perdrons rien, au contraire, à
l'évoquer. En outre, pourquoi ne pas tenter d'ajouter
quelque chose à ce qui est déjà connu, en guise d'of-
frande, une brassée de fleurs venues du jardin ? C'est ce
que je vais m'efforcer de faire, en retraçant un chapitre
de l'histoire des idées qui éclaire le cheminement intellectuel d'Einstein, son passage d'une philosophie de
la science aux fondations positivistes à une philosophie
de la science dont la base est un réalisme rationnel.
Pour ce faire, et sans négliger par trop les principaux
travaux consacrés au sujet, j'utiliserai dans la mesure
du possible la correspondance et autres documents
relatifs à la science, déposés aux Archives de Princeton,
Fonds Albert Einstein. Je viens de participer à leur
classement, ce qui m'a permis en même temps de les
étudier[2].

1. Je tiens à remercier vivement de l'aide qu'ils m'ont accordée
les administrateurs du Fonds Albert Einstein et en particulier Miss

4

1. *Le cadre philosophique.*

Quand on aborde, sous l'angle de la critique philosophique, les premières études d'Einstein sur la relativité restreinte, on peut y discerner l'influence de
conceptions multiples et en partie contradictoires ; fait
qui n'a rien pour surprendre quand il s'agit d'une œuvre
aussi originale. On y retrouve des traces de Hume,
Kant et Poincaré, entre autres. Cependant la plus
importante de ces influences, c'est peut-être celle du
positivisme-empiriocriticiste, de la nuance dont le
philosophe autrichien Mach a été le porte-parole le
plus connu. Il est bon de rappeler à ce propos la situation de la philosophie à cette époque. Entre 1890 et
1910, une vive agitation régnait non seulement en
physique, mais aussi en philosophie des sciences. Les
conceptions cinétique, mécaniste et matérialiste des
phénomènes naturels suscitaient de chaudes contro-
verses. Leurs adversaires, rejetant la théorie atomiste,
virent leur argumentation renforcée, à partir de Carnot,
par les succès de la thermodynamique, où il n'est plus
nécessaire de connaître tout, ou de faire des hypothèses
détaillées, sur la nature du matériau considéré (des
machines thermiques, par exemple).

A la fin du xixᵉ siècle, les principaux critiques de
l'interprétation mécaniste des phénomènes physiques
étaient W. Ostwald, Helm, Stallo et Mach. La science
nouvelle des observations corrélées des phénomènes
nourrissait leur épistémologie positiviste, qui unissait
l'énergétique au sensationnisme pur. En 1893, dans la
seconde édition de son grand ouvrage sur la chimie,
Ostwald renonçait à traiter le sujet d'un point de vue
mécanique et adoptait les conceptions « énergétiques »
de Helm. Comme dans les travaux des autres énergé-

Helen Dukas. L'autorisation de reproduire les textes d'Einstein doit
être demandée au conservateur du Fonds.

tistes et phénoménologistes, on y voyait omises des quantités « hypothétiques » telles que les entités atomiques ; qui plus est, ces auteurs — Herz le signalait vers 1904 — trouvaient suffisant « de mesurer les quantités telles qu'elles se présentent directement à l'observation, sous forme d'énergie, masse, pression, volume, température, chaleur, potentiel électrique, etc., sans les réduire à des mécanismes imaginaires ou à des quantités cinétiques[1] ». C'est pourquoi ces philosophes condamnaient le recours à des notions comme celle de l'éther, dont les propriétés n'étaient pas accessibles à l'observation directe. A l'inverse, ils insistaient sur la nécessité de réviser les principes fondamentaux qui régissaient dans son ensemble le style de réflexion propre à la physique contemporaine, notamment l'étendue et la validité des lois du mouvement de Newton, la notion de force, et les notions de mouvement absolu et de mouvement relatif.

Ostwald écrivait alors : « L'énergie, voilà la réalité, la seule chose réelle en ce monde extérieur, comme on dit » ; il s'opposait à l'idée que l'hypothèse d'un milieu, l'éther, est inévitable. « Il me semble qu'il n'en va pas ainsi... Il est inutile de lui chercher un porteur puisqu'on n'en trouve nulle trace. Ce qui nous autorise à regarder l'énergie rayonnante comme dotée d'une existence indépendante dans l'espace. » C'était énoncer, prophétiquement, le genre de supposition qui se trouve à la base des travaux qu'Einstein publia en 1905 et qui sont consacrés à la théorie des photons et à la théorie de la relativité[2].

1. J. T. Herz, *A History of European Thought in the Nineteenth Century*, New York, 1965 (rééd. Dover Publishing Co.). v. II, p. 184.
2. On a découvert il y a peu des documents qui montrent combien Einstein estimait Ostwald. Le premier texte publié par Einstein (1901), sur la capillarité, s'appuie sur des données réunies par Ostwald et s'inspire de ses travaux, comme Einstein le reconnaît dans une lettre à Ostwald en date du 19 mars 1901 (cf. F. Herneck, *Forschung und Fortschritte*, **36**, 1964, p. 75). Einstein lui écrivait, faute d'avoir obtenu un poste à l'École polytechnique fédérale de

Le grand allié d'Ostwald en philosophie n'était
autre qu'Ernst Mach. Le principal ouvrage de ce dernier, *La Mécanique* (1883), est devenu célèbre en raison
surtout de la critique que Mach y faisait des *Principia*
de Newton et, plus particulièrement, de ce qu'il appelait « la monstruosité conceptuelle de l'espace absolu » ;
conception monstrueuse, disait-il, en ce qu'elle n'est
« qu'une pensée-chose qui ne saurait fournir d'indications sur l'expérience ».

Partant de sa critique des hypothèses newtoniennes,
Mach entreprit d'éliminer de la science toute idée métaphysique. Il le déclarait sans ambages dans la préface
à la première édition de son livre : « Cet ouvrage n'est
pas un exercice de style. Tout au contraire, il vise à
éclairer le problème ou, pour être encore plus franc, il a
un but antimétaphysique. »

L'influence de Mach était énorme. Il s'est souvent
plaint de se voir attaqué et négligé, et prétendait volontiers n'avoir aucun système philosophique et ne point
souhaiter en avoir. Néanmoins, à partir de 1880, ses
idées et ses attitudes philosophiques s'étaient incorpo-
rées au bagage intellectuel de ses contemporains à
tel point que, plus tard, Einstein pouvait à bon droit
dire de ceux qui combattaient les idées de Mach que,
même sans le savoir, ils s'en étaient « imprégnés avec le
lait de leur mère ». Les questions qu'on se posait alors
en physique contribuaient à renforcer encore l'emprise
de la nouvelle attitude philosophique. Le problème
essentiel était de faire concorder les notions d'éther,

Zurich, et demandait à Ostwald de lui en trouver un dans son laboratoire, en partie — déclarait-il — pour avoir « l'occasion de parfaire
ses connaissances ». Sans réponse à cette lettre, Einstein écrivait de
nouveau à Ostwald le 3 avril 1901 ; le 13 avril 1901, son père, Hermann
Einstein, adressait à Ostwald une lettre émouvante, vraisemblable-
ment à l'insu de son fils. Celui-ci, disait-il, plaçait Ostwald « au tout
premier rang des physiciens actuels ». Autant qu'on sache, Einstein
fit seulement une autre tentative en vue d'obtenir un poste d'assis-
tant : sa demande à Kamerlingh Onnes (12 avril 1901), qui, semble-t-
il, resta également sans réponse.

de matière et d'électricité à l'aide de représentations et d'hypothèses physiques. On pourrait en donner comme exemple la définition que Larmor proposait de l'électron comme d'un état permanent mais dynamique de torsion ou tension de l'éther, formant les atomes de l'électricité, si ce n'est même la matière pondérable. Larmor tâchait ainsi de concilier la continuité et l'uniformité de l'éther et la discontinuité des particules de matière et d'électricité.

Ce genre de physique provoquait un malaise et une impatience qui, dans les dernières années du siècle, s'accentuèrent très vivement. Quelle que fût la manière dont certains physiciens de la nouvelle génération abordaient les problèmes de leur science, ils ne voyaient plus dans les vieilles conceptions que des facteurs d'échec et de stagnation. Il n'est pas exagéré de dire que la physique nouvelle, qu'ils mirent sur pied, provient avant tout de cette expérience décevante. A cet égard, le rôle de Mach, iconoclaste et critique des conceptions classiques, revêtit une importance singulière ; en effet, que ces jeunes physiciens aient compris correctement ou non ses idées, la vigueur et le courage dans la critique, qui s'exprimaient dans l'enseignement de Mach, les stimulaient au plus haut point.

2. *L'influence précoce de Mach sur Einstein.*

La correspondance d'Einstein, déposée aux Archives de Princeton, révèle qu'au nombre de ces jeunes étudiants captivés par les idées de Mach figurait Michele Besso, ami intime et condisciple d'Einstein, le seul à qui, dans son texte de 1905 sur la relativité, Einstein reconnaît le mérite de l'avoir aidé. Dans son essai autobiographique de 1949, Einstein note que l'*Histoire de la mécanique* d'Ernst Mach « ébranla sa foi » dans « la mécanique comme fondement ultime de la physique... Ce livre exerça sur moi une influence profonde à cet égard, au temps où j'étais étudiant. La position épistémologique de Mach m'influença beaucoup .» Et, le 8 avril 1952, il écrit à Carl Seelig : « C'est mon ami Besso, encore étudiant, qui vers 1897 me signala l'*Histoire de la mécanique*. Ce livre me fit une impression profonde et durable parce qu'il était orienté vers des lois et des concepts fondamentaux. Seuls Michele Besso et Marcel Grossmann furent vraiment proches de moi au cours de ma période estudiantine. »

Besso, écrivant à Einstein en 1947, lui disait : « En ce qui concerne l'histoire des sciences, il m'apparaît que Mach a été la cheville ouvrière de tout ce qui s'est fait depuis cinquante ou soixante-dix ans. » Et, en décembre de la même année, Besso lui en rappelait la conséquence. N'est-il pas vrai, écrivait Besso, que « cette rencontre de Mach eut lieu alors que le jeune physicien Einstein se trouvait à une phase de son développement où le style de pensée machiste le poussa de façon décisive vers l'observable, même de manière indirecte, vers les horloges et les règles à mesurer ? [1] »

Nous pouvons maintenant nous demander si le texte qu'Einstein consacra en 1905 à la relativité n'était pas machiste dans une large mesure et, dans l'affirmative, en quel sens — abstraction faite de ses qualités de « clarté » et d' « indépendance », les deux qualités de Mach qu'Einstein ne cessa d'admirer entre toutes. Or le texte précité témoigne nettement d'une influence machiste, et cela sous deux aspects. Tout d'abord, Einstein proclame dès la première ligne qu'il est impos-

---

1. On a rendu publiques bien d'autres preuves de l'influence de Mach sur Einstein au début de ce siècle et jusqu'en 1915 environ. Un fait intéressant et semble-t-il généralement négligé, c'est la récente découverte d'un document d'où il ressort qu'en 1911 Mach a participé à la rédaction d'un manifeste en faveur de la création d'une société pour la diffusion de la philosophie positiviste. Outre Mach, on trouve parmi les signataires de ce manifeste : J. Petzoldt, David Hilbert, Félix Klein, George Helm, Sigmund Freud. Et aussi Einstein, qui correspondait à ce moment avec Mach lui-même (cf. F. Herneck, *Physikalische Blätter*, 17, 1961, p. 276).

sible de comprendre les problèmes fondamentaux de
la science sans une analyse épistémologique préalable,
et cela surtout en ce qui concerne la signification des
notions de temps et d'espace. Ensuite, Einstein dans ce
texte fait du réel l'équivalent du donné, des « événements », et ne le place pas sur un plan situé en deçà
ou au-delà de l'expérience sensible — comme il le fera
plus tard.

Einstein lui-même a décrit le projet machiste dans
une analyse riche et concise que la *Neue Freie Presse*
de Vienne publia le 21 juin 1926, jour de l'inauguration
d'un monument à Mach. Einstein — qui depuis quelques années avait renoncé au machisme — écrivait
alors : « La plus puissante des motivations de Mach
était d'ordre philosophique : la valeur de tous les concepts scientifiques a pour seule base les expériences
isolées (*Einzelerlebnisse*) auxquelles le concept renvoie.
Cette proposition fondamentale n'a cessé de le guider
en toutes ses recherches et lui a donné la force d'examiner les concepts fondamentaux traditionnels de la
physique (temps, espace, inertie) avec une indépendance inconnue à l'époque... Les philosophes et les savants ont souvent et à juste titre critiqué Mach pour
avoir balayé l'indépendance logique des concepts par
rapport aux « sensations », et pour avoir voulu dissou-
dre la réalité de l'être, postulat dont la physique ne
saurait se passer, dans la réalité de l'expérience. »
Mais ces lignes datent de 1926 et anticipent sur notre
récit [1].

1. R. S. Cohen s'exprime de façon semblable : « [Selon le projet
phénoménaliste], il fallait voir dans la nature un ensemble de faits
atomiques sans connexion, des comptes rendus individuels suffisant à
analyser le flux des sensations... On supposait que les phénomènes,
dont la science traite, étaient des sensations isolées ou des observations
singulières. Les relations entre des phénomènes déterminés étaient
affaire subjective de classement efficace mais arbitraire des données ;
on voyait dans les entités hypothétiques et leurs relations des fictions
ou des signes conventionnels, et le caractère monadique des sensations
discrètes était posé *a priori*, quitte à le rendre empiriquement plau-

Revenons à l'article d'Einstein sur la théorie de la
relativité (*Ann. der Physik*, *17*, 1905, pp. 891-921).
Ce qui frappe d'emblée, c'est la conception instrumen-
taliste de la mesure et des notions d'espace et de temps.
Dans cette première partie du texte, la notion fondamentale apparaît en haut de la troisième page, de la
manière simple et directe que voici (et Leopold Infeld
a pu dire en effet qu'il s'agissait des phrases les plus
simples qu'il ait jamais rencontrées dans un article
scientifique). Einstein écrit : « Nous devons tenir
compte du fait que tous nos jugements où le temps
entre en jeu sont toujours des jugements d'*événements
simultanés*. Si je dis par exemple : « ce train est arrivé
à sept heures », je veux dire quelque chose de ce genre :
« le fait que la petite aiguille de ma montre se trouvait
sur le sept et l'arrivée du train sont des événements
simultanés. »

La notion fondamentale qu'on voit apparaître ici
est celle d'*événement*, terme qui dans le texte d'Einstein
revient près d'une douzaine de fois, immédiatement
après la citation ci-dessus. Transféré dans le schéma
si précieux de Minkowski, l' « événement » d'Einstein
se trouve à l'intersection de deux lignes particulières
du monde, en l'espèce celle du train et celle de la montre.
Le temps (coordonnée *t*) d'un événement n'a pas à lui
seul valeur opérative. « Le « temps » d'un événement,
dit en effet Einstein, est ce qui est donné simultanément à l'événement par une horloge immobile, placée
sur le lieu dudit événement. » Et de même que le *temps*
d'un événement ne prend du sens qu'au moment où
il est relié à notre conscience par l'expérience sensible
— c'est-à-dire quand il est soumis à une mesure-en-
principe au moyen d'une horloge placée au même

sible, en ramenant progressivement, par des définitions réductives, les
concepts scientifiques à des termes décrivant des observations isolées. » (Voir : « Dialectical Materialism and Carnap's Logical Empiri-
cism », dans *The Philosophy of Rudolf Carnap*, recueil publié à l'initiative de Paul A. Schilpp, La Salle, Illinois, 1963.)

endroit —, de même le *lieu*, ou coordonnée spatiale, d'un événement ne prend du sens que s'il arrive à notre expérience sensible tout en étant soumis à des mesures-en-principe, par exemple, à l'aide de règles à mesurer dont on dispose au même moment.

Tel était le message opérationaliste qui, pour la plupart de ses lecteurs, éclipsait tous les autres aspects philosophiques de l'article d'Einstein. C'est pourquoi le message fut adopté par le cercle des néo-positivistes de Vienne et leurs amis [1] ; c'est pourquoi aussi Besso, qui l'avait reçu d'Einstein directement et avant tout autre, s'exclamait : « Pour la première fois, il était possible, dans le cadre espace-temps proposé par le modèle de Minkowski, de pousser à ses conséquences ultimes cette idée, dont le grand mathématicien Bernhard Riemann avait compris la valeur : « Le cadre espace-temps lui-même est formé par les événements qui s'y déroulent [2]. »

Certes, en lisant Einstein avec cette sagesse que

1. Voir par exemple : P. Frank, *Modern Science and its Philosophy*, Cambridge, 1949, pp. 61-89 ; V. Kraft, *The Vienna Circle*, New York, 1953 ; R. v. Mises, *Ernst Mach und die Empiristische Wissenschafts-auffassung*, s'Gravenhage, 1938 (rep. d'après l'*Encyclop. der Einheits-wissenschaft*).

De son côté, lors de la séance inaugurale de la *Gesellschaft für Positivistische Philosophie* de Berlin, J. Petzoldt salua hautement la théorie de la relativité « victoire sur les métaphysiques de l'absolu en ce qu concerne les conceptions de l'espace et du temps..,impulsion puissantei au développement des idées philosophiques propres à notre époque » (in *Zeitschrift für Positivistische Philosophie*, **I**, 1913, p. 4)

2. Lettre de Besso à Einstein, 16 février 1939. On peut consulter, parmi d'autres témoignages relatifs à l'influence d'Einstein sur les philosophies positivistes de la science, soit à l'époque, soit ensuite: P. W. Bridgman, « Einstein's Theory and the Operational Point of View », *in Albert Einstein, Philosopher-Scientist*, recueil publié à l'initiative de Paul Schilpp, Evanston, 1949. En sens inverse, pour les emprunts qu'Einstein a faits en 1905 à la philosophie de Mach, cf. par exemple P Frank, *op. cit.*, pp. 272-273, qui dit : « La définition de la simultanéité dans la théorie de la relativité restreinte est fondée sur une condition voulue par Mach : en physique, une proposition quelconque doit toujours énoncer des relations entre des quantités observables. »

confère une vue rétrospective, on peut retrouver également chez lui des tendances très différentes. En effet, on y décèle la possibilité d'un réel qui, en fin de compte, ne reste pas identique aux « événements », autrement dit, la possibilité de voir l'expérience sensible cesser de constituer la pierre d'angle du monde, comme ce sera plus tard le cas chez Einstein. Il est donc permis de dire que les lois de la physique sont elles-mêmes inhérentes au monde événementiel en tant que structure « régissant », par dessous, le modèle des événements. Cette idée se trouve d'ailleurs plus tôt chez Einstein, comme le montre l'une de ses premières lettres à son ami Marcel Grossmann, le 14 avril 1901, lettre accessible maintenant aux Archives de Princeton. A ce moment, Einstein en était à ses premiers travaux scientifiques ; il croyait avoir découvert un lien unissant forces d'attraction entre molécules et forces newtoniennes. « C'est un sentiment merveilleux, écrivait-il, de constater l'unité d'un ensemble complexe d'apparences qui semblent condamner l'expérience sensible à n'être que choses séparées. » Il y a déjà là une tension entre le primat attribué à l'expérience sensible évidente et l'unité perçue par intuition. Mais, si l'on prend ces premiers textes comme un tout, et qu'on tient compte de la chronologie, on s'aperçoit que le cheminement philosophique d'Einstein eut effectivement le positivisme pour point de départ.

3. *La correspondance Einstein-Mach.*

Dans l'histoire récente de la science, la relation d'Einstein à Mach est un élément capital. Suivons les quatre actes du drame qui devait éclater un peu plus tard : l'acceptation précoce par Einstein des principales propositions de la doctrine de Mach ; les rapports épistolaires et la rencontre entre les deux hommes ; la surprise de 1921 quand Mach attaque vigoureusement la théorie de la relativité ; et l'élaboration ultérieure par Einstein d'une philosophie de la connaissance où il renonce à bonne part, mais non à l'ensemble, de ses premières tendances machistes.

A ce jour, on a retrouvé quatre lettres d'Einstein à Mach. Elles font partie d'une correspondance qui dura de 1909 à 1913. On y voit combien Einstein inclinait vers les idées machiennes, en un temps où le puissant Mach lui-même donnait toutes les apparences d'avoir adopté publiquement la théorie de la relativité, comme il ressort de son livre *Conservation of Energy* : « Je sous-cris ici au principe de la relativité, que j'ai également soutenu avec vigueur dans la *Mécanique* et dans la *Thermodynamique*[1]. »

Dans une première lettre, datée de Berne, le 9 août 1909, Einstein, après avoir remercié Mach de lui avoir envoyé son livre sur la loi de la conservation de l'éner-gie, écrivait : « Bien entendu, je connais très bien vos principales œuvres, et, de toutes, c'est le livre sur la mécanique que j'admire le plus. Vous avez eu une influence si puissante sur la jeune génération de physi-ciens que vos adversaires d'aujourd'hui eux-mêmes, Planck par exemple, seraient à coup sûr qualifiés de disciples de Mach par les physiciens de l'espèce qui prédominait il y a quelques dizaines d'années. »

Planck fut le premier qui introduisit Einstein dans les cercles scientifiques et, en 1913, il réussit à convaincre ses collègues allemands d'inviter son protégé à la Kaiser-Wilhelm Gesellschaft de Berlin. Aussi n'est-il pas sans intérêt de rappeler que Planck était à l'époque le seul

1. P. 95. Pour une brève analyse de la manière dont Mach exprima tant son adhésion au principe de la relativité que ses réserves envers lui, consulter : H. Dingler, *Die Grundlagen der Machschen Philosophie*, Leipzig, 1924, pp. 73-86.

F. Herneck (*Phys. Blätter*, *17*, 1961, p. 276) signale que P. Frank, au cours d'une discussion avec Mach, vers 1910, eut l'impression que celui-ci « se trouvait pleinement d'accord avec la théorie de la rela-tivité restreinte d'Einstein et, en particulier, avec son fondement philosophique » (lettre à l'auteur).

adversaire de Mach qui eût une grande notoriété en
science. Il venait d'écrire sa célèbre attaque, *Die Ein-
heit des physikalischen Weltbildes* (1909). Il y repousse
la doctrine de Mach, qu'il résume ainsi : « Il n'est pas
d'autre réalité que nos perceptions et les sciences de
la nature ne sont en dernière analyse qu'une adaptation économique de la pensée aux perceptions. » A
l'inverse, il soutenait que l'objectif fondamental était
de « construire une représentation *constante* de l'univers et indépendante des différences d'époque et de
nation », ou, plus généralement de « libérer complètement la représentation du monde physique de la personnalité propre à des esprits travaillant séparément » [1].

La réponse de Mach, aujourd'hui perdue, a dû être
prompte, car Einstein lui écrivait de nouveau huit jours
plus tard : « Berne, le 17 août 1909. Votre lettre amicale
m'a fait énormément plaisir. Je suis très heureux que
la théorie de la relativité vous satisfasse... Merci encore,
et de tout cœur, de votre lettre amicale. Je reste votre
élève qui vous vénère (*Ihr Sie Verehrender Schüler !*).
A. Einstein. »

La lettre suivante remonte à l'hiver de 1911-12,
juste avant ou juste après la visite qu'Einstein rendit
à Mach, à un moment où il avait déjà fait ses premiers
pas en direction de la théorie de la relativité généralisée. « Je ne parviens pas du tout à saisir, écrivait Einstein, pourquoi Planck a si peu de compréhension pour
vos efforts. Son attitude à l'égard de ma théorie est
également une attitude de refus. Mais je ne saurais la
prendre en mauvaise part ; jusqu'à présent, tout ce
que je peux alléguer en faveur de ma théorie, c'est cet
argument épistémologique. » Einstein faisait discrète-
ment allusion ici au principe de Mach qu'il avait placé
au centre de sa théorie de la relativité généralisée

---

1. *A Survey of Physical Theory*, New York, 1960, p. 24. (Traduit
en français sous le titre « L'univers de la physique et son unité » *in*
Max Planck, l'*Image du monde dans la physique moderne*, Paris, 1 63,
p. 64. N. d. T.).

en gestation[1]. Mach répondit à son correspondant en lui envoyant un exemplaire de son ouvrage : *Analysis of Sensations.*

Dans la dernière de ces lettres adressées à Mach (alors âgé de soixante-quinze ans et paralysé depuis quelques années) Einstein écrivait (de Zurich, le 25 juin 1913) :

« Vous avez probablement reçu ces temps-ci ma nouvelle publication sur Relativité et Gravitation, enfin terminée après un travail inlassable et des doutes douloureux. [Il s'agit sans doute de l'*Entwurf*, rédigé en collaboration avec Marcel Grossmann.]

L'année prochaine, avec l'éclipse solaire, on pourra voir si les rayons de lumière sont courbés par le soleil, en d'autres termes si l'hypothèse capitale, fondamentale, de l'équivalence de l'accélération du système de référence et du champ gravitationnel est réellement valable. En ce cas, vos recherches inspirées sur les fondements de la mécanique recevront une magnifique confirmation, et cela en dépit des injustes critiques de Planck. Car il en résulte nécessairement que l'inertie prend son origine dans une sorte d'interaction mutuelle des corps, exactement dans le sens où allait votre critique de l'expérience du baquet de Newton »[2].

1. Par la suite, Einstein devait, bien entendu, s'apercevoir que cette méthode ne convenait pas (cf. *Ideas and Opinions*, New York, 1954, p. 286, et divers autres ouvrages). Le 2 février 1954, Einstein écrivait à Félix Pirani : « A mon avis, on ne devrait plus du tout parler du principe de Mach. Il s'est présenté à un moment où l'on pensait que les « corps pondérables » sont la seule réalité physique et que, dans une théorie, il fallait éviter avec soin tous les éléments qu'ils déterminent entièrement. Je n'ignore pas du tout que pendant longtemps, moi aussi, j'ai été influencé par cette idée fixe. »

2. Pour une analyse plus approfondie de cette correspondance, cf. F. Herneck, *Forschungen und Fortschritte*, 37, 1963, p. 239 ; et H. Hönl, *Phys. Bl.*, 16, 1960, p. 571.

4. *Les voies se séparent.*

Alors que cette correspondance en restait là, Einstein continua pendant plusieurs années encore à proclamer, en public comme en privé, son adhésion aux idées de Mach. Ainsi de son vibrant éloge de Mach, publié en 1916. En août 1918, Einstein reprenait, non sans sévérité, Besso qui avait manifestement dévié de l'épistémologie positiviste. Cette lettre est des plus intéressantes et vaut d'être citée en entier :

« le 28 août 1918.

« Cher Michele,

« Relisant votre dernière lettre, je tombe sur quelque chose d'irritant, à savoir que la spéculation s'est révélée supérieure à l'empirisme. Vous pensez ici au développement de la théorie de la relativité. Cependant, je trouve que ce développement enseigne quelque chose d'autre, et qui est à peu près l'opposé, à savoir, qu'une théorie qui se veut digne de créance doit être construite à partir de faits généralisables.

« Exemples anciens : les postulats essentiels de la thermodynamique [fondés] sur l'impossibilité du mouvement perpétuel. La mécanique, [fondée] sur la loi d'inertie, tangible [*ertatsteten*] dans l'expérience. La théorie cinétique des gaz, [fondée] sur l'équivalence de la chaleur et de l'énergie mécanique (historiquement aussi). La relativité restreinte sur la constance de la vitesse de la lumière, et l'équation de Maxwell pour le vide, qui, à leur tour, reposent sur des fondations empiriques. La relativité, en ce qui concerne la translation constante [?], est un *fait d'expérience*. « La relativité généralisée : *équivalence de la masse inertielle et de la masse gravitationnelle*. Jamais une théorie véritablement utile, une théorie qui va au fond des choses, n'a réellement été découverte par spéculation pure. Ce qui y fait le plus penser, c'est l'hypothèse de Maxwell sur le courant de déplacement ; il s'agissait de rendre compte de la propagation de la lumière... Avec mes cordiales salutations, votre Albert. » [Les passages soulignés l'ont été par Einstein.]

Une lecture attentive de cette lettre nous montre que, déjà, il y avait une divergence manifeste entre ce qu'Einstein entendait par « fait » et le « fait » tel que Mach le comprenait. L'impossibilité du mouvement perpétuel, la constance de la vitesse de la lumière, la validité des équations de Maxwell, l'équivalence de la masse inertielle et de la masse gravitationnelle, Mach n'aurait jamais qualifié de « faits d'expérience » ces notions. Bien plutôt, il aurait soutenu, en usant de l'un de ses termes polémiques favoris, que la meilleure preuve de « dogmatisme », c'est de contester que toutes ces constructions conceptuelles sont constamment sujettes à révision (cf. Mach, *Phys. Zs.*, *11*,1910, p. 605). « Pour moi, disait-il, la matière, le temps et l'espace constituent encore des *problèmes* vers lesquels, soit dit en passant, les physiciens (Lorentz, Einstein, Minkowski) font de lents progrès. »

Une divergence analogue se fait jour dans une lettre d'Einstein à Ehrenfest (4 décembre 1919). Einstein lui écrivait ceci : « Je comprends les difficultés que soulève pour vous la démarche de la théorie de la relativité. Elles viennent tout simplement de ce que vous voulez trouver aux innovations de 1905 des fondements épistémologiques (non-existence de l'éther stagnant) au lieu de bases empiriques (équivalence de tous les systèmes inertiels par rapport à la lumière). » Mach aurait certes approuvé Einstein pour avoir, sa vie durant, tenu pour suspects les systèmes épistémologiques formels. Mais combien lui aurait paru étrange cet emploi du mot « empirique » pour désigner l'hypothèse de l'équivalence des systèmes inertiels par rapport

à la lumière! Ce que nous voyons ici apparaître peu
à peu, c'est cette idée qu'Einstein a maintes fois reprise depuis et selon laquelle le rôle essentiel de l'expérience, dans l'élaboration de la théorie fondamentale
de la physique, n'est relatif ni à l'« atome », expérimental, ni à la sensation individuelle ou aux formules de
comptes rendus, mais aux *gesamten Erfahrungstat-
sachen*, autrement dit à la *totalité* de l'expérience
physique [1].

Pendant tout ce temps-là, cependant, une bombe
à retardement faisait son tic-tac, apparemment à
l'insu d'Einstein lui-même, qui croyait encore sa pensée
proche de celle de Mach. L'explosion eut lieu en 1921,
avec la publication — longuement différée — des
Principles of Optics de Mach, cinq ans après la mort
de l'auteur. La préface portait la date de juillet 1913,
soit quelques semaines, sinon même quelques jours,
après que Mach eut reçu la dernière lettre, enthousiaste,
d'Einstein. Dans un passage célèbre, Mach y déclarait :

« Je me vois obligé, en ce qui peut-être est la dernière
occasion qui m'est offerte, de rappeler ma manière
de voir [*Anschauungen*] la théorie de la relativité.

« A en croire les ouvrages que j'ai eus en main et,
plus particulièrement, ma correspondance, on en vien-
drait progressivement à me considérer comme le précurseur de la relativité. Dès aujourd'hui, je me sens
capable de décrire approximativement les exposés et
les interprétations que vont recevoir désormais, de
ce point de vue, une grande partie des idées qui se
trouvent dans mon livre sur la mécanique.

« Il n'est pas surprenant que philosophes et physi-

---

1. Einstein, dans un essai publié en 1950, continue de faire la
distinction entre théories constructives et « théories de principe » et
donne, comme exemple de ce second type, la théorie de la relativité.
Ces théories de principe, dit-il, partent « de propriétés générales, observées empiriquement, des phénomènes » et, à ce propos, Einstein fait
de nouveau état de la thermodynamique (« *Space, Time and Gravitation* », *in Out of My Later Years*, New York, 1950).

ciens partent en guerre contre moi car, je l'ai fait observer maintes fois, je suis un chercheur qui touche à tout,
sans préjugés, doué d'idées originales en divers domaines
du savoir. Cependant, autant je rejette pour ma part
la doctrine atomiste de l'école ou de l'église actuelle,
autant je dois contester être un précurseur des relativistes. Je ne saurais rien changer à la raison pour laquelle je rejette [*ablehne*], dans la mesure où je le fais,
la théorie présente de la relativité, qui, selon moi, va
se dogmatisant de plus en plus, ni aux raisons particulières qui me conduisent à cette manière de voir, considérations fondées sur la physiologie des sens, certains
doutes épistémologiques et, plus encore, sur ce que les
résultats de mes expériences m'ont permis de comprendre. »

Einstein, ce n'est pas douteux, fut profondément
déçu par cette fin de non-recevoir explicite que Mach
opposait à la théorie de la relativité (sauf peut-être
en ce qui concerne son « caractère fructueux en mathématiques pures »). Au cours d'un débat à Paris, le
6 avril 1922, Einstein, répondant à une question d'Emile
Meyerson, accordait que Mach était « un bon méca-
nicien », mais « un déplorable philosophe »[1].

Il est facile de comprendre qu'Einstein fut, au fond
du cœur, très peiné par ce rejet, et cela d'autant que
ce fut à bien des égards sa tragédie que de voir la découverte à laquelle il tenait le plus, repoussée par ceux-là
mêmes dont il aurait été particulièrement heureux
de recueillir l'assentiment ; situation qui s'est présentée
plus d'une fois dans l'histoire des sciences. Ces hommes, outre Mach, sont au nombre de quatre : Poincaré
(qui, jusqu'à sa mort en 1912, ne daigna qu'une seule
fois citer le nom d'Einstein dans ses écrits ; encore
n'était-ce que pour signifier son désaccord) ; Lorentz
(qui lui donna personnellement tous les encouragements
possibles, à défaut d'adopter intégralement lui- même

---

1. En français dans le texte (N. d. T.).

la théorie de la relativité) ; Planck (qui soutint sans restriction la théorie de la relativité restreinte, mais n'accepta pas les idées d'Einstein sur la relativité généralisée, et moins encore le premier état de la théorie quantique du rayonnement) ; et, enfin, Michelson qui ne voulut jamais admettre la théorie de la relativité, et alla un jour jusqu'à dire à Einstein qu'il regrettait d'avoir vu son œuvre contribuer à engendrer ce « monstre [1] ».

La générosité naturelle d'Einstein ne tarda pas toutefois à reprendre le dessus et il rappela souvent par la suite sa dette de jeunesse envers Mach. Nous en avons déjà donné un exemple, avec la note de la *Neue Freie Presse*, en 1926. On en trouve un autre exemple caractéristique dans ce qu'il écrivait à Armin Weiner, le 18 septembre 1930 :

« Je n'ai pas entretenu avec Mach une correspondance particulièrement nourrie. Cependant, Mach a eu effectivement une influence considérable sur mon développement, grâce à ses écrits. Il m'est impossible de dire dans quelle mesure mon œuvre en a été influencée. Mach, vers la fin de ses jours, s'est penché sur la théorie de la relativité et, préfaçant une nouvelle édition d'un de ses ouvrages, il alla même jusqu'à exprimer à ce propos un refus assez catégorique. Malgré tout, il est clair que c'était par l'effet d'une aptitude déclinante à saisir [les idées nouvelles], en raison de son âge, car toute l'orientation de pensée de cette théorie est conforme à l'orientation de Mach en sorte qu'on a tout à fait raison de voir en lui un précurseur de la relativité généralisée [2]. »

1. R. S. Shankland, *American Journal of Physics, 31*, 1963, p. 56.
2. Je remercie le colonel Bern Dibner de m'avoir autorisé à prendre copie de cette lettre, déposée aux archives de la bibliothèque Burndy, à Norwalk, Connecticut. Parmi les autres lettres encore inédites où Einstein reconnaissait ce qu'il devait à Mach, citons ce passage d'une de ses lettres à A. Lampa (9 décembre 1935) : « Vous parlez de Mach comme d'un homme tombé dans l'oubli. Je ne peux croire que cela soit conforme aux faits ; aujourd'hui, en effet, l'orientation philoso-

Dans une lettre du 8 janvier 1948 à Besso, Einstein procédait à cette récapitulation révélatrice : « Quant à Mach, je voudrais distinguer entre son influence en général et l'influence qu'il eut sur moi... Dans la *Mécanique* et dans la *Thermodynamique*, en particulier, Mach s'est efforcé de montrer comment les conceptions surgissent de l'expérience. Et, de manière convaincante, il a soutenu que ces conceptions, y compris les plus fondamentales, n'ont d'autre validité que celle que la connaissance empirique leur octroie, qu'elles ne dérivent pas d'une nécessité logique... A mon avis, sa faiblesse, c'était qu'il croyait peu ou prou que la science consistait en une simple mise en ordre du matériel empirique, c'est-à-dire qu'il ne reconnaissait aucun rôle à l'élément d'élaboration libre dans la formation des concepts. En un certain sens, Mach pensait que les théories naissent grâce aux *découvertes*, et non grâce aux *inventions*. Il allait même jusqu'à voir dans les « sensations » non seulement un matériau qu'il fallait étudier mais encore, cela étant, les composantes de l'univers réel ; il croyait pouvoir ainsi combler le fossé entre psychologie et physique. S'il en avait tiré toutes les conséquences, il aurait dû rejeter non seulement l'atomisme, mais l'idée même de réalité physique.

« Maintenant, pour ce qui est de l'influence de Mach sur mon développement personnel, elle a certainement été grande. Je me rappelle très bien comment vous m'avez signalé la *Mécanique* et la *Thermodynamique*, au cours de mes premières années d'études, et aussi

phique des physiciens est assez proche de celle de Mach, ce qui n'est pas dû pour peu à l'influence de ses ouvrages. » En outre, il y a accord quasi général pour reconnaître l'apport de Mach à la théorie de la relativité —; ainsi, H. Reichenbach écrivait en 1931 (*Logos, 10*, p. 331) : « La théorie d'Einstein signifie la réalisation du projet de Mach ». Ce jugement se retrouve, plus catégorique encore, sous la plume de H. Schardin, directeur du Ernst-Mach-Institut de Fribourg-en-Br., dans la préface qu'il a rédigée pour le beau livre de K. D. Heller, *Ernst Mach*, Vienne-New York, 1964.

quelle vive impression ces deux ouvrages m'ont faite.
À vrai dire, la mesure dans laquelle ils ont influé sur
mon œuvre ne m'apparaît pas très clairement. Pour
autant que j'en suis conscient, Hume eut sur moi
une plus grande influence immédiate. Mais, comme je
l'ai dit, je ne suis pas capable d'analyser ce qui se trouve
enfoui dans mon inconscient. Il est intéressant d'ailleurs que Mach ait rejeté avec passion la théorie de la
relativité restreinte (il n'a pas vécu assez pour voir
la relativité généralisée). Pour lui, cette théorie était
spéculative ; il ne pouvait l'admettre. Mach ne savait
pas que ce caractère spéculatif se retrouve également
dans la mécanique de Newton, et dans toute théorie
dont la pensée est capable. Il n'existe qu'une différence
de degré entre les théories, dans la mesure même où
les chaînes de pensée allant des concepts fondamentaux
aux conclusions vérifiables empiriquement sont de
longueur et de complexité variables. »

Il existe encore d'autres documents, tant publiés
qu'inédits, relatifs à divers détails des rapports entre
Einstein et Mach, mais, faute de place, je ne pourrai
les résumer ici.

5. *L'élément antipositiviste dans l'œuvre d'Einstein.*

La préface que Mach rédigea en 1913, et les termes
sévères qu'il y employa, ne laissent pas d'intriguer.
L'acte de Ludwig Mach, détruisant une bonne partie
des archives de son père, a jusqu'à présent rendu impossible d'en savoir plus long sur les expériences (sur
la constance de la vitesse de la lumière, qui sait ?)
auxquelles le vieux Mach avait fait allusion. Depuis
1921, on a souvent essayé d'expliquer les raisons de
cette fameuse préface [1], mais sans jamais pouvoir
emporter franchement la conviction.

1. Entre autres, Einstein lui-même, J. Petzoldt et H. Dingler

Et pourtant, il n'est pas si difficile, je crois, de trouver les motifs essentiels pour lesquels Mach finit par rejeter la théorie de la relativité (en laissant de côté certaines thèses attribuant un rôle dans cette rupture aux divergences entre Einstein et Mach à propos de l'atomisme). Soit dit en toute simplicité, Mach s'était aperçu de plus en plus nettement, des années avant que son « disciple » en eut pris lui-même conscience, du fait qu'Einstein avait quitté le terrain de l'interprétation empirico-criticiste des phénomènes.

Il serait trop long d'en énumérer ici les preuves ; quelques-unes suffiront. Et, d'abord, le premier article de 1905 sur la relativité : il tirait, en effet, sa valeur non seulement de son élément empiriste-opérationnel, mais de son hardi postulat initial des deux hypothèses thématiques (concernant l'une la constance de la vitesse de la lumière, et l'autre la relativité dans tous les domaines de la physique), hypothèses dont il n'existait aucune confirmation directe. Pendant longtemps, Einstein n'attira nullement l'attention sur ce fait. Lors d'une conférence au King's College de Londres, en 1921, juste avant la publication de l'attaque posthume de Mach, Einstein continuait de soutenir que la théorie de la relativité avait pour origine l'expérience directe :

« Je tiens vivement à attirer l'attention sur le fait que cette théorie n'est pas d'origine spéculative ; elle doit d'avoir été découverte uniquement au désir de rendre la théorie physique conforme autant que possible aux faits observés. Nous ne sommes pas devant un acte révolutionnaire, mais devant la continuation naturelle d'une ligne qu'on peut faire remonter à travers les siècles. L'abandon de certaines notions se rapportant à l'espace, au temps et au mouvement, et jus-

---

(cf. Dingler, *op. cit.*, pp. 84-86). F. Herneck, pour sa part, rapporte un fait intéressant : d'après une lettre de P. Frank, Mach subissait l'influence de Dingler « qui était un adversaire acharné d'Einstein » (*op. cit.*, p. 276).

qu'à présent traitées en notions fondamentales, ne
doit pas être considéré comme arbitraire, mais seulement comme conditionné par les faits observés[1]. »

Mais, en juin 1933, lorsqu'Einstein revient en Angleterre pour donner une conférence à Oxford, l'épistémologie beaucoup plus complexe, raffinée, qui était en
réalité inhérente à son œuvre dès le début, commence
de s'affirmer. Il ouvre cet exposé par cette phrase lourde
de sens : « Si vous voulez apprendre des théoriciens de
la physique quoi que ce soit sur les méthodes qu'ils
emploient, je vous conseille de ne pas démordre d'un
seul principe : n'écoutez pas ce qu'ils disent, soyez
attentifs à ce qu'ils font. » Puis, Einstein donne du rôle
respectif de l'expérience et de la raison une version très
différente de celle qu'il avait proposée dans sa conférence de 1921 : « En notre domaine, nous nous trouvons
face à l'éternelle antithèse qui oppose les deux éléments
inséparables de la connaissance, l'empirique et le rationnel... La structure du système est œuvre de raison ;
les données empiriques et leurs relations mutuelles
doivent trouver leur représentation dans les conclusions de la théorie. C'est la possibilité de cette représentation qui confère sa seule valeur et sa seule justification au système tout entier et, surtout, aux concepts et principes fondamentaux qui lui servent de
base. En dehors de cela, ces concepts et principes sont
des inventions libres de l'intellect humain, qui ne peuvent être justifiées ni par la nature de cet intellect, ni
par aucune autre forme d'*a priori*. » Et Einstein, résu-
mant ce passage, souligne « le caractère purement artificiel des concepts et principes fondamentaux de toute
théorie scientifique ». C'est précisément cette intuition
pénétrante que Mach avait dû flairer bien plus tôt et
qu'il avait écartée comme « dogmatique ».

Puis, Einstein critique la vieille conception selon

---

1. « *On the Theory of Relativity* », in *Ideas and Opinions*, New
York, 1954, p. 246 (texte repris de *Mein Weltbild*, Amsterdam, 1934).

laquelle « les concepts et les postulats fondamentaux
de la physique ne sont pas, au sens logique, des inventions de l'esprit humain, mais peuvent être déduits
de l'expérience par « abstraction », en d'autres termes, à
l'aide de la logique. C'est la théorie de la relativité
généralisée qui, seule, a permis de reconnaître nettement le caractère erroné de cette idée. » Et Einstein
de conclure cette discussion en énonçant clairement
son credo : « La nature est la réalisation des idées mathématiques les plus simples qu'on puisse imaginer. Je
suis convaincu qu'on peut découvrir, grâce à des constructions purement mathématiques, les concepts et
les lois raccordés les uns aux autres qui donnent la clé
des phénomènes naturels. L'expérience peut suggérer
les concepts mathématiques idoines, mais il est très
certainement impossible de les en déduire. Certes,
l'expérience demeure le seul critère de l'utilité d'une
construction mathématique en physique ; mais le
principe créateur réside dans la mathématique. En un
certain sens donc, je tiens pour avéré que la pensée
pure est capable d'appréhender le réel, comme les Anciens l'ont rêvé[1]. »

Einstein lui-même a insisté par la suite sur le rôle-
clé de l'élément thématique, plutôt que des éléments
empiriques, dans ses premiers travaux. Ainsi écrit-il

[1]. Cité d'après « *On the Method of Theoretical Physic* », *op. cit.*,
p. 270-76. On trouve le même point de vue exprimé par la suite dans
un certain nombre de conférences et d'essais, notamment dans un
exposé sur le thème : « Physique et réalité. » Einstein y déclare que la
théorie de la connaissance proposée par Mach est insuffisante « en raison
de la relative proximité entre les concepts qu'elle utilise et l'expérience », et qu'il faut aller « au-delà de ce point de vue phénoménologique », pour arriver à une théorie dont les fondements soient « plus
éloignés de l'expérience directe, mais plus uniformes de caractère ».
De même que les conceptions d'Einstein évoluaient, de même celles
d'un grand nombre de philosophes des sciences, qui, naguère, étaient
partis eux aussi d'une position machiste plus stricte. P. Franck a
raconté en détail l'histoire de cette modification progressive, due en
partie « à une compréhension grandissante de la théorie de la relativité
généralisée » (voir : « *Einstein, Mach and Logical Positivism* », *in* Schilpp
op. cit.).

dans un passage fameux de ses *Autobiographical Notes* (1949) :

« Ce sont des réflexions de cet ordre qui m'ont révélé, il y a bien longtemps, peu après 1900, donc peu après que Planck eut fait son œuvre de pionnier, que ni la mécanique, ni la thermodynamique ne pouvaient, sauf dans un nombre de cas limité, prétendre à une validité exacte. Par degrés, j'en vins à désespérer de la possibilité [*Nach und nach verzweifelte ich an der Möglichkeit*] de découvrir les lois véritables à l'aide de constructions *fondées sur des faits connus*. Plus longuement et plus désespérément je m'y appliquais [*Je länger und verzweifelter ich mich bemühte*], et plus la conviction m'envahissait que seule la découverte d'*un principe formel universel* pouvait nous amener à des résultats certains » (p. 53 ; souligné par moi. G. H.).

Pour démontrer qu'Einstein se dégagea par degrés de l'emprise du machisme, on peut faire état d'un autre exemple qui remonte loin : l'article de 1907 sur la relativité, paru au *Jahrbuch der Radioactivität und Elektronik* (*4*, n⁰ 4). Einstein y discute les expériences de Kaufmann et, en particulier, l'article de celui-ci paru l'année précédente dans les *Annalen der Physik* (*19*, 1906), sous le titre « A propos de la constitution de l'électron ». Cet article était le premier qui, dans cette revue, citait le travail d'Einstein sur la relativité. Et il était assez significatif que cette première critique eût pour auteur un expérimentateur éminent comme Kaufmann, et qu'elle eût pour but de réfuter catégoriquement la relativité au nom de l'expérience. Kaufmann proclamait ainsi ses intentions :

« J'anticipe d'emblée sur le résultat général des mesures qui vont être décrites dans la suite de cette étude : *ces résultats sont incompatibles avec l'hypothèse fondamentale de Lorentz-Einstein*[1]. »

Ce fut en 1916 seulement qu'on découvrit, grâce à

---

1. W. Kaufmann, *op. cit.* p. 495 ; souligné dans le texte.

Guye et Lavanchy, à quel point l'équipement de Kaufmann était déficient.

Pour en revenir à son article de 1907, Einstein admet-
tait l'existence d'une petite différence systématique
entre ses prédictions et les résultats de Kaufmann. Les
calculs de celui-ci paraissaient corrects, mais, disait
Einstein, « qu'il y ait une erreur systématique insoup-
çonnée ou que les fondements de la théorie de la relativité ne correspondent pas aux faits, on ne pourra le
voir avec certitude que quand on disposera d'un grand
nombre d'observations ». Toutefois, malgré cette remarque prophétique, Einstein ne fonde pas sur elle son argumentation. Il avait à faire valoir un argument bien différent, et sans doute des plus audacieux pour l'époque.
Tout en reconnaissant que les théories du mouvement
de l'électron, émises déjà par Abraham et par Bucherer,
donnaient des prédictions qui se rapprochaient beaucoup plus des résultats expérimentaux de Kaufmann,
Einstein cependant refusait de permettre aux « faits »
de trancher la question. « A mon avis, disait-il, les deux
théories ont une probabilité assez faible, leurs hypothèses fondamentales sur la masse des électrons en mouvement n'étant pas explicables à l'aide de systèmes
théoriques susceptibles de couvrir un ensemble plus grand
de phénomènes » (p. 439).

Telle est l'attitude caractéristique, la différence radicale entre Einstein et ceux qui voudraient faire de la
conformité avec l'expérience le facteur décisif de la
validité ultime d'une théorie. Quand bien même à ce
moment il semblait que les « faits expérimentaux »
allassent nettement dans le sens voulu par les théories
de ses adversaires, Einstein trouvait le caractère *ad hoc*
de ces théories plus discutable que le désaccord apparent
de la sienne avec les faits.

Ainsi donc, cet article de 1907 (que, soit dit en passant,
Einstein signalait à Ernst Mach, dans une carte-pos-
tale datée du 17 août 1909, en regrettant de ne plus
disposer de tirés à part), nous donne une preuve expli-

cite du durcissement graduel d'Einstein à l'égard du
primat épistémologique de l'expérience, pour ne rien
dire de l'expérience sensible. De plus en plus nettement,
il plaçait la cohérence d'une théorie simple et convaincante, ou bien d'une conception mathématique, très au-
dessus des dernières nouvelles du laboratoire, et de plus
en plus il apparaissait qu'il avait raison.

Quelques mois à peine après avoir écrit, dans sa quatrième lettre à Mach, que l'éclipse du soleil allait permettre de voir expérimentalement « si l'hypothèse capitale, fondamentale, de l'équivalence de l'accélération du
système de référence et du champ gravitationnel est
réellement valable », Einstein s'adressait à Besso dans
des termes bien différents. On était alors en mars 1914,
avant la première malheureuse expédition chargée de
vérifier, par l'observation de l'éclipse, les conclusions de la
théorie de la relativité généralisée en son premier état,
et qui n'y parvint pas. « Je m'estime maintenant absolument satisfait, et je ne doute plus de la justesse du
système tout entier, que l'observation de l'éclipse
réussisse ou non. La raison de la chose [*Vernunft der
Sache*] est trop évidente. » Et, plus tard, commentant
le fait qu'il subsistait un écart de dix pour cent entre les
mesures de la déviation de la lumière par le champ du
soleil et l'effet calculé à l'aide de la théorie de la relativité généralisée, il affirmait : « Pour le spécialiste, le
fait n'a pas d'importance particulière, la portée de la
théorie ne se trouvant pas dans la vérification de petits
effets, mais plutôt dans une grande simplification des
fondements de la physique dans son ensemble [1]. »

Ou encore, cette fois dans les *Notes sur les origines de
la théorie de la relativité généralisée* [2], Einstein rapporte
comment il fut « surpris au plus haut degré » par l'existence de l'équivalence de la masse inertielle et de la
masse gravitationnelle, mais sans éprouver pourtant

---

1. Seelig, *op. cit.* p. 195.
2. *Ideas and Opinions, op. cit.*, pp. 285-290.

« de doutes graves quant à sa validité exacte, cela même en ignorant les résultats de l'admirable expérience d'Eötvös ».

Ce point capital ressort également d'un témoignage dû à Ilse Rosenthal-Schneider, une élève d'Einstein. En effet, elle rappelle en ces termes une conversation qu'elle eut avec Einstein (manuscrit daté du 23 juillet 1957) :

« Un jour, je m'étais rendue chez Einstein pour lire avec lui une étude où sa théorie se trouvait en butte à de multiples objections... Tout à coup, il interrompt la discussion, prend un télégramme qui traîne sur le rebord de la fenêtre et me le tend avec ces mots: « Voilà qui va peut-être vous intéresser. » C'est un câble d'Eddington, qui donne le résultat des mesures effectuées par l'expédition partie observer l'éclipse [1919]. Comme je lui fais part de ma joie à voir les résultats coïncider avec ses calculs, il m'assure, imperturbable : « Mais je savais bien que la théorie était juste! » Sur quoi, je lui demande ce qu'il aurait dit si sa prédiction n'avait pas été confirmée. Il riposte : « Eh bien, j'en aurais été fâché pour le bon Dieu : la théorie *est* juste! »

6. L'« univers » de Minkowski en face de l'univers des sensations.

Si le fossé s'élargissait entre les deux penseurs, c'est aussi qu'un autre élément de discorde entrait en jeu. Et Mach, sinon Einstein, s'en était sans doute aperçu. Il s'agit de l'extension de la relativité en direction de la géométrie du continuum espace-temps à quatre dimensions, que Minkowski avait amorcée en 1908. Divers indices montrent que Mach était préoccupé par l'introduction de la géométrie quadridimensionnelle en physique. Ainsi, d'après F. Herneck [1], Ernst Mach

---

1. *Physikalische Blätter*, *15*, 1959, p. 565.

invita le physicien et philosophe Phillip Frank à lui
rendre visite, dans le but précis « d'approfondir la théorie de la relativité, surtout en ce qui concerne l'emploi
de la géométrie quadridimensionnelle ». C'est peut-être
à la suite de cet entretien que P. Frank rédigea un
article sur « le principe de la relativité et la représentation des phénomènes physiques dans l'espace quadridimensionnel [1]. » C'est une tentative, à l'intention des
lecteurs « à qui les méthodes modernes de la mathématique ne sont pas familières », pour montrer que le
travail de Minkowski fait ressortir « beaucoup plus
nettement les faits empiriques en recourant aux perspectives de l'univers quadridimensionnel ». L'essai se
termine par ces mots : « Dans cet univers quadridimensionnel, il est possible de donner une présentation plus
idoine des faits d'expérience que dans un espace tri-
dimensionnel, où c'est toujours une projection arbitraire et unilatérale qui est décrite. »

Venant après l'article de Minkowski, celui de Frank
fait apparaître sous la plupart des rapports que la
dimension temporelle est équivalente aux dimensions
spatiales. De ce fait, il était permis de songer au schéma
de Minkowski, lequel se fonde non seulement sur une
interrelation fonctionnelle entre l'espace et le temps
(ce qui reste parfaitement conforme aux idées de Mach),
mais aussi sur le primat de l'espace et du temps ordinaires dans la description relativiste des phénomènes.
Au début, semble-t-il, Mach réserva un accueil favorable aux vues de Minkowski ; ainsi il déclarait, dans
l'édition de 1909 de son livre *Conservation of Energy* :
« L'espace et le temps ne sont pas conçus ici comme des
entités indépendantes, mais comme des formes de dépendance d'un phénomène par rapport à l'autre ». Et Mach
citait alors l'essai de Minkowski, *l'Espace et le temps*, qui
venait de paraître. Mais, quelques lignes au-dessus,
Mach avait écrit : « Il ne me paraît pas que des espaces

1. *Z. f. Phys. Chemie*, 1910, pp. 466-95.

à nombreuses dimensions soient si essentiels en physique. Je ne crois utile de les garder que si l'on continue de tenir pour indispensables des produits de pensée tels que les atomes, et si, en ce cas, on garde également la liberté des hypothèses de travail. »

C. B. Weinberg [1] a très bien vu que, le cas échéant, Mach pouvait nourrir deux griefs à l'encontre de la relativité minkowskienne. Mach, nous l'avons déjà signalé, considérait les notions fondamentales de la mécanique comme des problèmes qui devaient être continuellement remis en question, avec une ouverture d'esprit maximale, mais dans le cadre de l'empirisme, et non des problèmes susceptibles d'être résolus une fois pour toutes — comme, à son avis, les relativistes — qui lui paraissaient si dogmatiques et sûrs d'eux — inclinaient toujours davantage à le faire. En outre, Mach soutenait qu'il fallait étudier les questions de physique dans un cadre plus large, englobant la biologie et la psychophysiologie. C'est pourquoi il affirmait : « La physique n'est pas le monde entier ; la biologie y a sa place, elle aussi, et elle est essentielle pour toute représentation du monde [2]. »

Mais il existe encore une autre raison qui explique l'opposition absolue de Mach à ces conceptions, sauf si elles sont appliquées aux « purs produits de pensée, comme les atomes et les molécules, qui, de par leur nature même, ne pourront jamais faire l'objet d'une contemplation par les sens [3]. » En effet, si l'on suit vraiment l'essai de Minkowski et ce qui en découle (entre autre, l'abandon de la distinction entre espace et temps, et « un genre d'union entre les deux » comportant de

1. *Mach's Empirio-Pragmatism in Physical Science*, thèse, Columbia University, 1937.
2. *Scientia*, 7, 1910, p. 225.
3. *Space and Geometry*, 1906, p. 138. On trouvera dans le premier des grands ouvrages de Mach, *Conservation of Energy*, (1872), des spéculations sur l'emploi d'espaces à n- dimensions pour représenter ces « purs produits de pensée », formule dépréciative que Mach appliquait également à l'espace et au temps absolus de Newton.

l'identité), il faut admettre que cet abandon des conceptions d'espace et de temps fondées sur l'expérience
constitue une attaque dirigée contre les racines mêmes
du phénoménalisme, ou physique des sensations, c'est-
à-dire contre la signification des mesures effectives. Si
l'identité, la signification ou le « réel » se trouvent dans
l'intervalle d'espace-temps quadridimensionnel *d*, on
est dès lors face à une quantité fort peu *denkökonomisch*
et qui ne conserve pas le primat des mesures dans
l'espace et le temps « réels ». Dans son article enthousiaste, Minkowski avait proclamé que « la géométrie
tridimensionnelle est désormais un chapitre de la géométrie quadridimensionnelle... L'espace et le temps
vont s'évanouir en fumée, et seule subsistera *eine Welt
an sich.* » Et, dans cet univers, l'innovation capitale,
c'est la conception du *zeitartigen Vektoralelement*
$ds\left(= \dfrac{1}{c}\sqrt{c^2 - dt^2 - dx^2 - dy^2 - dz^2}\right)$ avec des
composantes imaginaires.

Pour Mach, le terme même d' « élément » avait une
signification décisive et très différente. Les éléments,
selon lui, ne sont rien de moins que les sensations et
complexes de sensations dont l'univers est composé et
qui déterminent entièrement celui-ci. Or, de ce point
de vue, la théorie de la relativité entreprenait maintenant de faire passer les vérités fondamentales, élémentaires, du plan de l'expérience directe, brute, dans
l'espace et dans le temps, au plan d'un modèle mathé-
matisé de l'univers impliquant une union de l'espace
et du temps qui, inaccessible directement à la sensation,
rappelait à cet égard l'espace et le temps absolus où
Mach voyait des « monstres métaphysiques ».

L'un des aspects essentiels de la philosophie de Mach
a fait l'objet d'un bref résumé qu'on doit à Moritz
Schlick, un disciple convaincu [1]. Il est utile d'en citer
ici un passage qui fera mieux comprendre le débat :

1. Dans l'essai *Ernst Mach, Der Philosoph* ; publié aussi dans le

« Mach était physicien, physiologiste et aussi psychologue, et sa philosophie — comme nous venons de le dire — provenait du besoin de trouver un point de vue principal sur lequel il pourrait greffer n'importe laquelle de ses recherches, et qu'il n'aurait pas besoin de changer lorsqu'il passerait de la physique à la physiologie où à la psychologie. Il parvint à un point de vue du genre souhaité par un retour à ce qui est donné avant toute investigation scientifique : le monde des sensations... Tous nos témoignages relatifs au monde dit extérieur reposant sur des sensations, Mach pensait qu'on peut et doit considérer sensations et complexes de sensations comme étant les seuls objets [*Gegenstände*] de ces témoignages. Il pensait donc qu'il est inutile de supposer en outre une réalité inconnue, cachée derrière les sensations. Dès lors, l'existence des choses en soi (*Dinge an sich*) est écartée comme une hypothèse injustifiée et superflue. Un corps, un objet physique, n'est rien d'autre qu'un complexe, qu'un modèle plus ou moins stable [« invariant », dirait-on aujourd'hui] de sensations, — sensations de couleurs, de sons, de chaleur, et de pression, etc. Il n'existe dans l'univers rien d'autre que des sensations et leurs connexions. A la place du mot « sensation », Mach aimait d'ailleurs beaucoup mieux employer le mot plus neutre « élément ».

« [Comme cela ressort clairement du livre de Mach, *Erkenntnis und Irrtum*], la connaissance scientifique de l'univers ne consiste en rien d'autre que la description, la plus simple possible, des relations entre les éléments ; elle a pour seul but de maîtriser intellectuellement ces faits grâce au moindre effort de pensée possible [1]. Ce but sera atteint par une « accommodation de plus en plus complète des pensées aux faits et des pensées les

numéro spécial de la *Neue Freie Presse* de Vienne, consacré à Ernst Mach (12 juin 1926).
1. Il est intéressant de noter que ce thème apparaît déjà dans le premier essai de vulgarisation rédigé par Mach, *Die Gestalten der Flüssigkeiten*, 1868.

unes aux autres ». C'est ainsi que Mach formulait son
fameux « principe de l'économie de pensée ».

C'est là une question sur laquelle, dès le début, Einstein et Mach se trouvaient en désaccord, et cela même
s'ils ne s'en rendaient pas compte. Pour Mach, la tâche
fondamentale de la science était économique et des-
criptive ; aux yeux d'Einstein, la science était créatrice
et intuitive. Mach écrivait, dans la *Conservation of
Energy* (p. 54) : « Si tous les faits individuels, tous les
phénomènes individuels — dont nous désirons la connaissance — nous étaient immédiatement accessibles,
la science ne serait jamais née. » Einstein, qui venait
alors de s'apercevoir de l'opposition de Mach à ses théories, lui répliquait, au cours d'une conférence qu'il donna
à Paris, le 6 avril 1912 : « Le système de Mach étudie
les relations existant entre les données de l'expérience ;
selon Mach, la science est la totalité de ces relations.
Ce point de vue est faux et, en réalité, ce que Mach a
fait, c'est établir un catalogue, et non créer un système [1]. »

On voit qu'il s'agit là d'un vieux conflit et qui s'est
poursuivi tout au long de l'évolution des sciences. Le
positivisme phénoménaliste de Mach, et son invocation
quasi baconienne du primat de l'expérience sensible,
brandissait une arme incontestable et irrésistible pour
une réévaluation critique de la physique classique ;
mais, aussi bien, il semblait revenir à l'ancienne attitude
qui consistait à voir dans les apparences saisies par les
sens l'*alpha* et l'*oméga* de l'œuvre scientifique. On peut
d'ailleurs interpréter dans cette direction la pensée de
Galilée ; celui-ci en effet insistait, à propos de la chute
des corps, sur la nécessité première de la *description*,
quitte à chercher ensuite les « causes ». Et l'on peut également interpréter (ou plutôt trahir) Newton dans le
même sens, à propos de sa remarque trop souvent
répétée à tort et à travers : « Je ne fais pas d'hypo-

---

1. Cité dans « *Einstein and the Philosophies of Kant and Mach* »,
Nature, *112*, août 1923, p. 253.

thèses [1].» Kirchhoff était dans cette tradition, car d'après
lui, comme Boltzmann le disait en 1888 : « Le but n'est
pas de proposer des hypothèses hardies sur l'essence
de la matière, ou d'expliquer le mouvement d'un corps
à partir de celui des molécules. Il est d'offrir des équations
qui, exemptes d'hypothèses, soient exactes autant que
faire se peut, et correspondent de manière quantita-
tivement correcte à l'univers phénoménal, et cela sans
se soucier de l'essence des choses et des forces. Dans
son livre sur la mécanique, il veut exclure tous les
concepts métaphysiques tels que forces, ou cause d'un
mouvement ; il cherche uniquement les équations correspondant du plus près possible aux mouvements observés [2].» Et c'est en ce sens qu'Einstein peut interpréter,
et qu'il interpréta effectivement, la composante machiste de ses premières œuvres.

En science, cependant, le positivisme phénoménaliste
a toujours été victorieux, mais seulement dans des
limites bien déterminées. Il était l'arme nécessaire à la
destruction de l'erreur ancienne, mais il ne convenait
guère au défrichage du terrain pour les moissons futures.
A mon avis, il est extrêmement significatif qu'Einstein
s'en soit aperçu alors qu'il traversait une phase de transition, de désengagement partiel par rapport à la philosophie de Mach, un désengagement qui, certes, ne devait
jamais être total. Au printemps de 1917, Einstein parlait, dans une lettre à Besso, d'un manuscrit que Frie-
drich Adler lui avait envoyé, en disant : « Il monte le
pauvre cheval de Mach jusqu'à épuisement complet. »
A cela Besso, presque toujours machiste fidèle, répon-
dait le 5 mai 1917 : « Vous ne devriez pas insulter le

---

1. Qu'Einstein ne se méprît pas ainsi sur le compte de Newton,
c'est ce que montre, par exemple, une remarque rapportée par C. B.
Weinberg : « Le docteur Einstein soutenait que Mach, tout comme
Newton, emploie tacitement des hypothèses — sans reconnaître
que leurs fondements ne sont pas empiriques. » Pour un exemple de
présuppositions tacites chez Mach, cf. H. Dingler, *op. cit.*, p. 69-71.
2. Cité par R. S. Cohen, *op. cit.*, p. 109.

petit cheval de Mach ; n'est-ce pas lui qui a permis le voyage infernal au travers des relativités ? Et, qui sait, à propos de ces méchants quanta, ne va-t-il pas également permettre à Don Quijote de la Einsta de s'en sortir ? » La réponse d'Einstein à Besso (13 mai 1917) est révélatrice : « Je n'invective pas contre le petit cheval de Mach, mais vous savez bien ce que j'en pense. Il ne saurait rien engendrer de vivant ; il ne peut qu'exterminer la vermine nuisible. »

7. *Vers un réalisme rationaliste.*

Ainsi, le moment venu de cesser la réévaluation et de commencer la reconstruction, l'apport de Mach se révélait insuffisant. (A cet égard, et comme beaucoup d'autres maîtres, Mach craignait avec raison son disciple.) Dans un premier temps, certes, Einstein avait adopté la doctrine de Mach (voir par exemple le passage capital de l'article de 1905), mais pour l'inverser ensuite complètement, au point de sous-estimer plutôt que surestimer l'importance des détails effectifs de l'expérience, aussi bien au début qu'à la fin de la théorie scientifique. Einstein opta dès lors pour un rationalisme créateur qui, presque inévitablement, devait le conduire à l'idée d'un univers « réel », objectif, existant sous les phénomènes perçus par les sens. (Ce qui est évidemment le choix même que firent Galilée, Newton, et Planck.)

En 1931, Einstein ouvrait par ces mots un essai intitulé « L'influence de Maxwell sur l'évolution de l'idée de réalité physique » : « La croyance en un monde extérieur, indépendant du sujet qui le perçoit, est la base de toute science de la nature. » Pendant toute la période qui commence avec l'élaboration de la théorie de la relativité généralisée, Einstein ne cessa de souligner qu'il existe un gouffre béant, et que la logique ne saurait combler, entre l'expérience et la raison, aussi bien qu'entre l'univers de la perception sensible et l'univers objectif. Plus tard, Einstein devait qualifier de « miraculeuse » l'efficacité de la raison cherchant à appréhender le réel. Cette terminologie à elle seule lui aurait valu la malédiction de Mach.

Au point où nous voici, il est bon de se demander à quelle date et dans quelles conditions Einstein finit lentement par se rendre compte du fait que son point de vue épistémologique avait changé, changement qui, soit dit en bref, consistait à prendre une conscience de plus en plus claire de l'élément de rationalité dans son travail et à l'accentuer toujours davantage, et parallèlement, à oublier et négliger de plus en plus les éléments positivistes (sans qu'on puisse aucunement parler, à ce propos, d'un retournement dramatique contre une position « pure » au profit d'une autre, diamétralement contraire). Pour y voir clair, nous pouvons de nouveau recourir, dans la correspondance encore inédite, à une lettre d'Einstein à son vieil ami C. Lanczos, du 24 janvier 1938 :

« Je venais de l'empirisme sceptique, un peu du genre que Mach professait ; le problème de la gravitation me transforma en rationaliste convaincu, c'est-à-dire en un homme qui cherche la seule source valable de vérité dans la simplicité mathématique. Bien sûr, ce qui est logiquement simple n'est pas nécessairement physiquement vrai, mais ce qui est physiquement vrai est logiquement simple, c'est-à-dire qu'il y a de l'unité à sa base. »

De fait, tous les autres témoignages dont nous disposons mènent à conclure que le travail d'Einstein sur la relativité généralisée fut décisif pour son évolution épistémologique. Comme il l'a écrit plus tard, dans *Physics and Reality* (1936) : « Le but essentiel de la théorie de la relativité généralisée était d'arriver à une version préliminaire qui, tout en ne satisfaisant pas aux exigences imposées par la construction d'un système achevé, pouvait être reliée de manière aussi simple que

possible avec les « faits directement observés ». Mais ce
but ne devait pas être atteint. Et Einstein dira plus
tard : « Je m'aperçus bientôt que l'inclusion des transformations non linéaires, comme l'exigeait le principe
d'équivalence, serait inévitablement fatale à l'interprétation physique simple des coordonnées ou, si l'on préfère, qu'on ne pouvait plus exiger que les différentes
coordonnées représentent directement des résultats de
mesures effectuées avec des règles graduées et des horloges idéales. J'ai été bien tracassé par cette découverte »[1]
— tout comme Mach l'avait été. « La solution de ce
dilemme, poursuit Einstein, fut désormais à partir de
1912 celle-ci : la signification physique ne tient pas aux
différentiels des coordonnées, mais seulement à la
métrique de Riemann qui leur correspond [2]. »

Telle fut la conséquence dernière de la représentation
quadri dimensionnelle de Minkowski. Et tel fut aussi
le choix à faire : contre la fidélité au chaos de l'expérience
opérationnelle, pour la fidélité à l'ancien espoir d'une
unité à la base de la théorie physique.

J'ai laissé en dehors de cette étude l'effet de la mécanique quantique sur l'évolution épistémologique d'Einstein, surtout pour la raison suivante : à partir de 1905,
où il avait proclamé la valeur « heuristique » de la théorie
des quanta, Einstein demeura toujours sceptique quant
à la « réalité » de la théorie quantique du rayonnement.
Mais cette opinion ne faisait que renforcer le réalisme
croissant engendré par son travail sur la théorie de la
relativité généralisée.

Quatre extraits de lettres d'Einstein, très éloignées
dans le temps les unes des autres, contribueront à illus-
trer cela.

Lettre à Hopf (de décembre 1911, sans doute) : « Les
quanta font ce qu'ils ont à faire, mais ils n'existent pas,
exactement comme l'éther luminifère immobile. »

---

1. « *Notes on the Origin General Relativity Theory* », *op.cit.*, p. 288.
2. *Op. cit.*, p. 289.

Lettre à Max Born (du 24 avril 1924) : « L'opinion de Bohr sur le rayonnement m'intéresse au plus haut point. Mais je ne veux pas me laisser entraîner à renoncer à la causalité rigoureuse avant que la résistance contre elle ne soit beaucoup plus forte que jusqu'ici... Mes essais répétés pour donner une forme tangible aux quanta ont échoué, c'est vrai ; malgré tout, et pour longtemps, je ne suis pas prêt d'abandonner tout espoir. »

Lettre à Max Born (du 7 septembre 1944) : « Ce que nous attendons de la science, nous situe maintenant aux antipodes l'un de l'autre. Vous, vous croyez en un Dieu qui joue aux dés, et moi, je crois aux règles parfaites de la loi dans un univers où il existe quelque chose d'objectif, que je m'efforce de saisir d'une manière farouchement spéculative. »

Lettre à Max Born (du 2 décembre 1947) : « La théorie est incompatible avec le principe qui veut que la physique représente une réalité dans l'espace et le temps [1]. » En 1940, dans le même esprit, Einstein écrivait « ne pouvoir croire qu'il faille abandonner, absolument et à tout jamais, l'idée de représentation directe de la réalité physique dans l'espace et le temps » [2]. Bien qu'Einstein eût sauté le pas en relativité généralisée, il ne se résignait pas à en faire autant en mécanique quantique.

On a déjà assez parlé des relations, ténues certes, mais profondes, qu'il y avait chez Einstein entre, d'une part, son rationalisme scientifique et, d'autre part, son réalisme philosophique et sa foi dans un genre de religion cosmique. Ce que Max Born a résumé en une formule : « Il avait foi dans le pouvoir que possède la raison de deviner les lois selon lesquelles Dieu a construit l'univers [3]. » La meilleure expression de cette attitude par

1. Les trois extraits de lettres à Max Born ont été tirés de la correspondance publiée par Max Born lui-même (*Universitas*, 8, 1965, pp. 33-44).
2. *Ideas and Opinions, op. cit.*, p. 334.
3. Max Born, « *Physics and Relativity* », *in Physics in My Generation*, Londres, 1956, p. 205.

Einstein lui-même, on la trouve peut-être dans un essai
beaucoup trop négligé : *Über den gegenwärtigen Stand
der Feld-Theorie* [1]. La théorie physique, y disait-il, a
« deux désirs ardents » : recueillir, autant que possible,
tous les phénomènes en cause avec leurs relations, et nous
aider « non seulement à savoir *comment* la Nature est
faite et *comment* ses opérations se passent, mais aussi
à arriver aussi près que possible de ce but, qu'il est
peut-être utopique et en apparence présomptueux de
poursuivre : comprendre pourquoi la Nature est *ainsi
et pas autrement.* Telle est, pour un esprit scientifique, la
plus haute satisfaction... » En faisant des déductions à
partir d'une « hypothèse fondamentale », la théorie
cinétique des molécules, par exemple, continue Einstein,
« on expérimente, pour ainsi dire, que Dieu lui-même ne
pourrait avoir agencé ces relations [p. ex. entre pression,
volume et température] d'aucune autre manière que
celle qui existe dans les faits, pas plus qu'il n'aurait été
en Son pouvoir de transformer le nombre 4 en nombre
premier. Voilà l'élément prométhéen de l'expérience
scientifique... C'est là qu'a toujours été à mes yeux la
magie singulière des développements scientifiques ; c'est,
si je puis dire, la base religieuse de l'effort scientifique. »

En vérité, cette ferveur est bien loin du genre d'analyse qu'Einstein proposait seulement quelques années
auparavant, et deux fois plus loin encore de l'ascétisme
prôné par Mach, naguère son mentor en philosophie, ce
Mach qui inscrivait sur son agenda : « Couleurs, espace,
sons, etc. Ce sont les seules réalités. Il n'en existe pas
d'autres [2]. » Elle est beaucoup plus proche du réalisme
rationaliste de Planck, son premier mentor scientifique,
qui disait : « Les données incohérentes de l'expérience
ne peuvent jamais engendrer une science véritable, sans
l'ingérence intelligente d'un esprit animé par une foi...

1. Publié dans *Festschrift für Aurel Stodola*, Orell Füssli Verlag,
Zurich et Leipzig, 1929, pp. 126-132.
2. H. Dingler, *op. cit.*, p. 98.

Nous avons le droit de nous sentir assurés quand nous cédons à la croyance en une philosophie de l'univers fondée sur la foi en un ordre rationnel de ce monde [1]. »

Certes, on est immédiatement frappé par la profonde parenté unissant Einstein aux philosophes de la nature du xviie siècle, et, par exemple, à Johannes Kepler. Dans sa préface au *Mysterium Cosmographicum*, celui-ci, parlant du nombre, de la position et du mouvement des planètes, déclarait vouloir découvrir « pourquoi ils sont comme ils sont, et non pas autrement ». Il écrivait à Herwart, en avril 1599, qu'en ce qui concerne les nombres et les quantités « notre savoir est de même espèce que celui de Dieu, dans la mesure du moins où nous pouvons y comprendre quelque chose en cette vie promise à la mort ».

Evidemment, il fallut bien qu'Einstein informât parfois directement du changement intervenu ses amis des anciens jours, où il penchait vers le positivisme. Il écrivait par exemple à Moritz Schlick, le 28 novembre 1930 : « D'une manière générale, votre présentation ne correspond guère à mon style conceptuel dans la mesure où je trouve l'ensemble de votre orientation trop positiviste, pour dire le mot... Soit dit carrément : la physique est la tentative de construire conceptuellement un modèle de l'*univers réel* et de la structure que lui donnent ses lois. Certes, la physique doit montrer de manière exacte les relations empiriques existant entre les expériences sensibles auxquelles nous sommes ouverts ; mais c'est *de cette façon-là* seulement qu'elle leur est attachée... En bref, je ressens douloureusement la séparation (confuse) entre réalité-de-l'expérience et réalité-de-l'Être... Vous allez être surpris du « métaphysicien » Einstein. Mais tout animal à quatre ou à deux pattes est en ce sens métaphysicien (souligné par Einstein). »

De même, P. Frank, son compagnon de jeunesse et futur biographe, a raconté comment il prit conscience

---

1. *The Philosophy of Physics*, New York, 1936, pp. 122 et 125.

du véritable état d'esprit d'Einstein, dans des conditions
fort embarrassantes. C'était à un congrès de physiciens
allemands, à Prague, en 1929. Frank venait de faire
un exposé « attaquant la position métaphysique des
physiciens allemands et défendant les idées positivistes
de Mach ». L'orateur qui lui succéda à la tribune lui
démontra qu'il s'était trompé en continuant à unir les
vues d'Einstein à celles de Mach et aux siennes, ajou-
tant « qu'Einstein était entièrement d'accord avec
l'idée de Planck, selon laquelle les lois physiques décrivent une réalité dans l'espace et dans le temps, qui est
indépendante de nous-mêmes ».

« Sur le moment, ajoute Frank, cette présentation
de la manière de voir d'Einstein me prit assez au dé-
pourvu [1]. » Rétrospectivement, bien sûr, il est beaucoup
plus facile de voir les débuts de ce changement, comme
Mach — la cible préférée de Planck en matière de philosophie — s'en était, avant quiconque, aperçu en 1913.
Dans les années autour de 1930, Einstein eut simplement
de multiples occasions d'exprimer, tant en privé qu'en
public, les résultats d'une longue évolution. En particulier, il comprenait maintenant lui-même combien il
s'était rapproché de Planck, dont il s'était explicitement
dissocié dans trois de ses lettres à Mach. Par exemple,
on trouve aux Archives Einstein un brouillon, rédigé le
17 avril 1931 ou peu auparavant, et destiné à servir
d'introduction à un article de choc de Planck, « Positivisme et monde extérieur réel » [2]. Einstein, faisant
l'éloge de l'article, conclut par ces mots : « Puis-je me
permettre d'ajouter que la manière dont Planck conçoit
la situation logique actuelle, tout comme son attente
subjective quant à l'évolution future de notre science,
correspondent entièrement à ce que je pense moi-
même. »

1. P. Frank, *Einstein, His Life and Times*, New York, 1947, p. 215.
2. *The International Forum*, I, 1931. Einstein envoya son introduction le 17 avril 1931 à la rédaction de la revue, mais il était trop
tard, semble-t-il, pour qu'on pût l'y insérer.

Planck, dans l'essai précité, exposait clairement ses vues, en physique et, plus généralement, en philosophie. Il écrit ainsi : « Jusqu'à ces derniers temps, nul ne mettait en cause le principe de causalité ; mais, maintenant, même ce principe a été jeté par-dessus bord. Qu'un fait aussi extraordinaire ait pu se produire en physique, bien des gens voient là un symptôme de l'incertitude foncière de tout savoir humain. En ma qualité de physicien, je puis me permettre d'avancer quelques opinions qui me sont propres sur la situation actuelle de la physique, face aux questions et aux problèmes que je viens de mentionner. Peut-être ce que j'en dirai va-t-il éclairer un peu, également, d'autres secteurs de l'activité humaine, que les nuages du scepticisme ont obscurcis (p. 12). »

« La théorie positiviste soutient essentiellement qu'il n'est pas d'autre source de connaissance que la voie directe et courte de la perception par les sens. Le positivisme s'en est toujours rigoureusement tenu là. Or les deux propositions : a) *il y a un monde extérieur réel qui existe indépendamment de notre acte connaissant*, et b) *le monde extérieur réel n'est pas connaissable directement*, forment ensemble la charnière universelle sur laquelle tourne la structure entière de la physique. Et, pourtant, il y a dans une certaine mesure contradiction entre ces deux propositions. Voilà qui trahit la présence de l'élément irrationnel, ou mystique, qui colle à la physique comme à toute autre branche de la connaissance humaine. C'est la raison pour laquelle une science n'est jamais à même de donner une solution complète et exhaustive au problème qu'elle doit affronter. Nous devons admettre cela comme un fait dur et presque irréfutable, et ce fait ne peut pas être éliminé par une théorie qui restreint le domaine de la science dès son point de départ. La tâche de celle-ci nous apparaît donc comme un effort incessant de mesure, combat sans fin en vue d'un but qui ne sera jamais atteint, parce qu'il est dans sa nature même d'être inaccessible. Il s'agit,

en effet, d'un but d'essence métaphysique, et, en tant
que tel, il se trouve encore et toujours hors de notre
portée. »

Dans un essai consacré à Bertrand Russell, Einstein
met en garde contre « la néfaste « crainte de la métaphysique », devenue une maladie de la ratiocination
empiriste contemporaine » [1].

Et dans leurs nombreuses lettres, avec patience et
d'une manière émouvante, les deux vieux amis Einstein
et Besso n'ont cessé, jusqu'au dernier jour, de s'expliquer mutuellement leurs positions, dans l'espoir de faire
changer l'autre d'avis. Ainsi, le 28 février 1952, Besso
essaie une fois de plus de rendre Mach acceptable à
Einstein. Mais celui-ci, répondant le 20 mars 1952, assure
une fois de plus que les faits ne sauraient mener à une
théorie déductive ; ils peuvent tout au plus servir à
monter le décor « permettant l'intuition d'un principe
général » comme fondement d'une théorie déductive.
Peu après (lettre du 13 juillet 1952), il reprend dou-
cement Besso : « Il est clair que vous n'acceptez pas le
caractère quadri dimensionnel de la réalité, mais qu'en
revanche vous posez le présent comme seul réel. Ce
que vous appelez « univers », c'est, en terminologie physique, une « section spatiale » à laquelle la théorie de la
relativité — et déjà la théorie restreinte — conteste
toute réalité objective. »

Finalement, ayant décrit un cercle complet, Einstein
revint à une manière de voir dont beaucoup (et peut-être
était-il du nombre) pensaient qu'il l'avait éliminée de
la physique par son article décisif de 1905 sur la théorie
de la relativité [2] : il existe une réalité extérieure, objective, physique, que nous pouvons espérer saisir, non pas

1. *The Philosophy of Bertrand Russell*, recueil publié à l'initiative
de P. Schilpp, Evanston, 1944, p. 289.
2. Bon nombre de savants et de philosophes qui, naguère, consi-
déraient les idées d'Einstein avec sympathie n'étaient — il va de soi —
aucunement disposés à le suivre maintenant (cf. p. ex. P. W. Bridgman, *op. cit.*).

de manière directe, par une démarche empirique ou logique, non plus qu'avec une certitude pleine et entière, mais au moins par un bond intuitif guidé uniquement par une expérience de la totalité des « faits » sensibles. Les événements se produisent dans un « univers réel », dont l'univers spatio-temporel de l'expérience sensible et même l'univers des continuums multidimensionnels, sont des métaphores utiles, mais rien de plus.

Dans un fragment inédit, écrit, semble-t-il, en guise de réplique complémentaire à l'un des essais critiques parus dans le recueil *Albert Einstein, Philosopher-Scientist* (1949), Einstein, une fois de plus — et sur un ton acerbe — traite de l'opposition que rencontre cette conception. Cette fois, son langage révèle explicitement, avec toute la clarté désirable, le fait que le changement amorcé un demi-siècle auparavant dans son épistémologie est maintenant complet. Peut-être même sans consciemment se souvenir des termes cités plus haut, employés par Planck dans sa polémique contre Mach (l'objectif fondamental de la science est de « libérer complètement la représentation du monde physique de l'individualité propre des esprits créateurs ») — Einstein renvoie à un « axiome de base » de sa propre pensée : « le postulat d'un « univers réel », qui, si j'ose dire, libère l'« univers » du sujet qui pense et qui expérimente. Les positivistes extrêmes croient pouvoir s'en passer ; cela me semble être une illusion, à moins qu'ils ne veuillent renoncer à la pensée elle-même. »

L'ultime message épistémologique d'Einstein, c'est que le monde de la seule expérience a besoin d'être subjugué et transformé par une pensée fondamentale assez générale pour lui conférer un caractère cosmologique. Aujourd'hui, certes, les physiciens du monde entier admettent qu'il faut se tenir à mi-chemin entre l'attachement machiste aux données empiriques comme seule source de la théorie, d'une part, et l'attachement esthétique-mathématique à la simplicité persuasive et à l'harmonie interne, comme garantie de vérité, d'autre part. Mais par son évolution philosophique, qui lui a fait parcourir d'un bout à l'autre toute la gamme de ces positions, Einstein nous a aidés à trouver notre voie.

N. B. Je tiens à remercier la Fondation Rockefeller dont l'aide financière a permis d'établir le catalogue des documents déposés aux Archives de Princeton. L'Institut d'Études Supérieures de Princeton et son Directeur, le docteur Oppenheimer, m'ont réservé le meilleur accueil tout le temps que mes travaux ont duré, y compris pendant le congé sabbatique que j'ai passé à l'Institut en qualité de membre. Je suis aussi reconnaissant à M. Vero Besso de m'avoir autorisé à citer certains passages des lettres de son père, Michele Besso.

J'ai eu l'occasion de présenter des versions préliminaires de cette étude à la *Tagung* de la Société Eranos, à Ascona (août 1965), au Congrès international d'Histoire des Sciences, à Varsovie (août 1965) et au colloque *Science et Synthèse*, organisé à la Maison de l'Unesco, à Paris (décembre 1965). Le texte ci-dessus constitue la version revue et complétée de cette dernière communication.

B. M. KEDROV

INTÉGRATION ET DIFFÉRENCIATION
DANS LES SCIENCES MODERNES

*L'évolution générale
de la connaissance scientifique*

Dans l'évolution générale de la connaissance scientifique, nous pouvons distinguer trois degrés essentiels.
Tout d'abord la nature se présente à l'homme comme
un ensemble total dont les parties ne sont point dis-
tinguées. Tout se trouve ici en mouvement constant
et en interaction. La science revêt un caractère diffus.
Toutes les connaissances constituent une science unie,
non encore décomposée, qui est entièrement dominée
par la philosophie. C'est la période de la philosophie
de la nature, où la différenciation des sciences n'a pas
encore eu lieu, ou bien elle n'y existe encore que sous
une forme embryonnaire (comme par exemple pendant
la période alexandrine). Et puisque la différenciation
des sciences n'a pas eu lieu, il est impossible de poser
encore la question de leur intégration.

Le deuxième degré est caractérisé par un développement rapide de la différenciation des sciences, du processus de décomposition de la science totale. Il y a là
une phase inévitable de l'évolution de la connaissance
scientifique, parce que, sans des recherches détaillées,
il serait impossible d'élaborer un schéma net de la nature. Le début de cette décomposition remonte à la
période de la Renaissance, où se sont formées d'abord
les sciences mathématiques, suivies ensuite des sciences
chimiques, physiques, biologiques et finalement anthropologiques.

Ici, la tendance à la différenciation des sciences domine,
et nous en comprenons la cause. Avant d'étudier l'objet, nous devons le décomposer en ses parties consti-
tuantes ; et, ce problème étant résolu, nous pouvons
ensuite chercher comment ces parties peuvent se lier
en un ensemble cohérent. Il en va de même pour le
développement des différentes disciplines scientifiques.
Avant l'apparition de la physiologie d'un organisme
vivant, il était nécessaire de connaître son anatomie ;
donc l'anatomie se découvre comme une prémisse de
la physiologie. De même, l'analyse chimique précède
la synthèse chimique.

Cependant la tendance à l'intégration n'a pas disparu. Les savants illustres des XVII-XVIIIᵉ siècles,
ainsi que ceux de la première moitié du XIXᵉ siècle,
tâchaient d'unir tous les domaines scientifiques, d'élaborer un système synthétique de la connaissance.
Mais, comme la tendance générale de la différenciation
restait prépondérante, ces tentatives n'aboutissaient
qu'à l'addition des sciences, non à leur synthèse. Celle-
ci n'est apparue qu'au milieu du XIXᵉ siècle, sur la base
des grandes découvertes scientifiques telles que la loi
de conservation et de la transformation de l'énergie,
le darwinisme, le système périodique des éléments, etc.

A partir de ce moment, la tendance à l'intégration
commence à l'emporter sur la tendance à la différenciation. Pourtant, ce processus ne se fait pas aux dépens
de la tendance à la différenciation ; au contraire, il se
développe sur la base du renforcement de celle-ci.
C'est seulement à présent que la différenciation des
sciences devient un facteur important de leur unification, par leurs interactions et corrélations. Actuellement, ce caractère d'interaction de deux tendances
opposées se dessine de plus en plus nettement.

Les particularités de l'intégration et de la différenciation au XXᵉ siècle.

Au cours du dernier siècle, la tendance à l'intégration devint prépondérante. Toutefois, la tendance à la différenciation n'a pas disparu. Il est vrai qu'elle ne joue pas isolément ; elle se soumet à la première et en conditionne la domination. Pourquoi ? Parce que, sans cesser de favoriser la différenciation, les disciplines nouvelles contribuent aujourd'hui à la création d'un système général des connaissances. Pour s'en convaincre, on les étudiera en relation avec l'ensemble des connaissances, afin de déterminer la place qu'elles y occupent.

Les disciplines charnières sont le meilleur ciment de l'intégration. Ainsi, jusqu'à la fin du siècle passé, la chimie, la physique, la biologie et la géologie étaient nettement délimitées. Depuis, la chimie a reçu tout un cortège de disciplines, dont le degré de parenté avec elle est difficile à établir : chimie physique et physique chimique, biochimie et chimie organique, chimie des colloïdes et chimie des combinaisons macro-moléculaires, voisine de la biologie moléculaire ; géochimie et biogéochimie, astrochimie et cristallochimie.

Les branches qui fournissent en même temps une méthode de recherche favorisent elles aussi l'œuvre de synthèse. La méthode mathématique, devenue d'usage universel au xxᵉ siècle, permet d'étudier l'aspect quantitatif des choses et des phénomènes, et même des structures générales des liaisons entre ces objets. On ne saurait surestimer le rôle des méthodes de recherche statistique qui, par l'effet des grand nombres d'événements aléatoires, font apparaître une nécessité interne derrière la contingence.

Parmi ces disciplines, citons la cybernétique qui étudie le mécanisme d'auto-commande des systèmes vivants et de l'activité humaine. Certains biologistes

à l'esprit dogmatique refusent à la cybernétique la
faculté d'analyser la vie. « Vouloir le faire, disent-ils,
c'est rejeter les principes mêmes de la biologie. » C'est
là une erreur profonde.

Enfin, l'ensemble de la science moderne a pour
fondement les lois générales de la connaissance scientifique, qui unissent les sciences naturelles entre elles,
et les relient à la philosophie et aux sciences sociales.
Vous voyez que, de nos jours, la différenciation de
la connaissance débouche non plus sur l'isolement des
sciences mais sur leur synthèse théorique.

Modèle des deux tendances.

Analysons l'interaction des tendances en question
à l'aide du modèle proposé. Il ne prétend pas fournir
une caractéristique exhaustive de l'avancement de
la connaissance ; il ne veut que refléter schématiquement
son paramètre commun. Notre modèle très simplifié
laisse donc de côté l'unité intrinsèque de différents
aspects de l'objet analysé ; s'il la traduit, c'est sous la
forme de combinaison des aspects spatiaux, extérieurs,
d'une figure géométrique. Néanmoins, tout limité
qu'il soit (n'est-ce pas d'ailleurs le sort de tous les
modèles ?), le nôtre peut montrer l'interaction des
deux tendances, c'est-à-dire la combinaison et l'imbrication des deux tâches opposées de la connaissance,
l'analyse et la synthèse.

Du point de vue de la simple analyse, l'aspect de
l'objet-modèle change selon le point de vue sous lequel
il est observé. Mais du point de vue synthétique, les
différents aspects du modèle s'avèrent appartenir
à un seul objet par des rapports déterminés.

Il faut démontrer que sous certaines conditions
précises, l'objet-modèle se projettera de diverses manières et que ses projections, qui semblaient incompatibles, s'unifient bien en lui.

Choisissons pour modèle un cylindre symétriquement tronqué. Selon l'angle que cette figure fait avec le plan, sa projection sur le plan peut être soit un cercle, soit un triangle, soit un carré, soit les trois à la fois (comme, par exemple, les ombres projetées sur le plafond et deux murs).

La différenciation étayée par une analyse unilatérale se résume dans ce cas à constater l'existence de projections qui paraissent absolument étrangères les unes aux autres. Elles coexistent sans que leur unité soit mise en évidence ; elles sont donc isolées. L'intégration qui s'appuie sur la synthèse (et celle-ci tient compte également des données de l'analyse) permettra de trouver la figure géométrique qui a, selon l'angle sous lequel la voit l'observateur, trois projections différentes dont on peut dire qu'elles sont dans un certain sens opposées. Si l'on détermine l'angle sous lequel ces projections coïncident, et si l'on forme à partir de ces éléments une seule figure géométrique, on construira le modèle de l'intégration, de la synthèse, des sciences. Mais pour aboutir à cette généralisation, on déterminera au préalable chaque projection ; autrement dit on décomposera l'image géométrique du corps en ses éléments constituants, afin de recomposer le tout sur le plan théorique.

On peut donc analyser à l'aide du modèle le mouvement de la science qui va de l'un au multiple et du simple au composé.

Base méthodologique de l'unité des deux tendances.

La science moderne se développe dialectiquement ; ou, ce qui revient au même, d'une façon profondément contradictoire. Car l'objet à étudier est lui-même le siège de contradictions internes dialectiques. Lénine disait que la chose (le phénomène, etc.) est « la somme et l'unité des contraires ». Ceci commande « l'union

de l'analyse et de la synthèse : l'étude des éléments et
leur sommation ». Cette corrélation des processus oppo-
sés de la connaissance, corrélation exprimée sous une
forme très générale, constitue justement la base méthodologique des tendances dont nous parlons. Nous
savons que l'intégration s'effectue grâce à l'apparition
des sciences « de charnière », reflet des transitions
dialectiques entre les objets ; par exemple, entre différentes formes de la matière ou entre formes du mouvement.

La connaissance est « un processus infini de mise
en évidence des relations et des aspects nouveaux » ;
ce que traduit notre modèle, bien qu'il ne reproduise
que trois paramètres. Supposons cependant que ces
derniers se manifestent à des niveaux toujours plus
profonds de la structure de la matière. Alors, notre
modèle exprimera l'infinité des décompositions possibles
de la nature.

La doctrine de la matière en fournit un exemple.
Elle se déploie dans le cadre de trois catégories, ou trois
aspects de la matière, que les sciences étudient l'une
après l'autre : propriétés, composition, constitution.

Les propriétés de la matière, ses manifestations extérieures, sont connues les premières. Sa composition
nous est révélée par l'analyse. Enfin, le regroupement
des données obtenues permet de préciser la structure
de la substance, c'est-à-dire les liaisons et la disposition
de ses particules.

Les trois catégories sont donc les trois paramètres
de la substance et les trois niveaux de connaissance
décrits par ceux-ci.

Jusqu'en 1869, ces paramètres décrivaient le niveau
moléculaire (étude de la substance chimique). La découverte d'un système périodique a permis aux savants
d'atteindre le niveau atomique. Au xxe siècle, on continue à descendre vers les profondeurs du noyau atomique
et des particules élémentaires. Bien que, pour le moment,
la structure du noyau et des particules élémentaires

reste obscure, la connaissance suit partout le même chemin : propriétés, composition, constitution.

Cela est vrai aussi pour les combinaisons macro-moléculaires (surtout les hauts polymères) et les domaines étudiés par la chimie organique, la biochimie et la biologie moléculaire. Ici, la chimie et la biologie confluent — l'unité et la corrélation des tendances à la différenciation et à l'intégration se manifestent avec force.

La situation embrouillée et bien particulière que l'on constate dans les sciences de la nature résulte du fait que les propriétés et les manifestations du vivant (tout particulièrement l'hérédité) s'avèrent être en liaison intime avec leurs supports matériels physico-chimiques. Nous avons ici la même chaîne : propriétés, composition, constitution ; à cette différence près que les propriétés biologiques (hérédité) recouvrent la constitution et la composition chimiques des substances complexes telles que les acides nucléiques qui, comme on le sait, jouent un rôle exceptionnel dans l'hérédité, la biosynthèse et bien d'autres processus biologiques.

A présent la tendance à l'unité des sciences ne fait que se renforcer. C'est elle qui traduit avec le plus de relief la dialectique de l'évolution des sciences modernes.

II

Science et Synthèse
(débats)

DE LA PLURALITÉ
A L'UNITÉ

FRANÇOIS LE LIONNAIS

Les grands découvreurs se laissent aisément classer dans deux familles d'esprits : ceux qui font plutôt preuve de profondeur, ceux qui font plutôt preuve d'étendue. Plus rares sont ceux qui possèdent ce double don de la profondeur et de l'étendue. Albert Einstein est de ceux-là. Il me suffit de vous rappeler ses principales contributions au progrès de la physique pour que l'on reste confondu d'une telle variété créatrice. Il y a d'abord les théories de la relativité, relativité restreinte, relativité généralisée, champs unitaires. Il y a dans l'atomistique la théorie du mouvement brownien et des fluctuations. Dans la théorie des quanta, il y a essentiellement la théorie des quanta de lumière ou photons et la contribution à l'effet photoélectrique, mais aussi la théorie de la chaleur spécifique des solides, d'importantes lois de photochimie, l'émission stimulée utilisée par le laser, la statistique de Bose-Einstein... Vous voyez que cela fait un certain nombre de questions, dont une bonne moitié aurait pu valoir des prix Nobel différents ; et je ne nomme pas ses inventions ou ses découvertes moins importantes, comme l'effet gyromagnétique inverse et bien d'autres.

Alors que pour le grand public Einstein est avant tout le père de la relativité, ce n'est pas pour la théorie de la relativité qu'il a obtenu le prix Nobel en 1921, mais pour sa théorie des photons ou quanta de lumière.

Cette théorie qui posait l'existence des photons les considérait à la fois comme des grains de lumière et comme des ondes électromagnétiques — ouvrant ainsi une voie qui devait conduire très loin. Il devait appartenir à M. de Broglie de compléter cette révolution dans le domaine de la lumière par une révolution non moins prodigieuse dans le domaine de la matière et dans les liens qui peuvent exister entre ces deux domaines : c'est la mécanique ondulatoire sur laquelle nous vivons toujours et de laquelle nous vivons toujours. Nul n'était plus indiqué que le père de la mécanique ondulatoire pour évoquer les mérites, dans ce domaine, du père des photons et pour retracer le chemin et montrer les liens qui unissent ces deux théories, qui resteront toutes deux d'impérissables monuments de la pensée scientifique.

LOUIS DE BROGLIE

Albert Einstein et la coexistence
des ondes et des corpuscules

Quand on parle d'Albert Einstein, on se borne souvent à dire qu'il fut le génial auteur de la théorie de
la Relativité sous sa forme restreinte d'abord, puis
sous sa forme généralisée. Or, quand on se borne à
s'exprimer ainsi, on ne se rend pas toujours compte
que l'on méconnaît toute une partie très importante
de son œuvre. En effet, si la théorie de la relativité
est et reste l'une des conquêtes les plus essentielles
de la physique du xxᵉ siècle, on ne doit jamais oublier
qu'Einstein fut aussi celui qui, dans sa théorie des
« quanta de lumière », sut le premier apercevoir dans
la lumière la coexistence des ondes et des corpuscules,
celui encore qui, introduisant dans la thermodynamique
statistique des méthodes nouvelles et parfois hardies,
en a tiré la théorie générale des fluctuations et du mouvement brownien. Des trois contributions essentielles qu'il
a ainsi apportées à la physique théorique, la seconde
(la théorie des quanta de lumière) a, à nos yeux, une
importance aussi grande que la première (la théorie
de la relativité), tandis que la troisième a introduit
des idées originales qui furent très fécondes. Et ce
qui est particulièrement étonnant dans cette affaire,
c'est que ces magnifiques découvertes, Einstein les a
fait toutes les trois connaître au cours d'une même
année (1905) à l'âge de vingt-six ans!

Il existe d'ailleurs une parenté certaine entre les

trois domaines jusqu'alors inconnus que le grand physicien a, à cette époque, simultanément explorés. Les
idées fondamentales de la relativité, notamment le
principe de l'inertie de l'énergie et la dynamique relativiste, l'ont constamment orienté dans son étude de
la constitution corpusculaire de la lumière et c'est
sa profonde connaissance de la thermodynamique
statistique qui lui a fourni maintes preuves en faveur
de l'existence des quanta de lumière que nous nommons
aujourd'hui les « photons », notamment dans ses travaux sur les fluctuations d'énergie dans le rayonnement
noir, sur les échanges d'énergie et de quantité de mouvement entre atomes et radiations dans une enceinte en
équilibre thermodynamique, et aussi dans cette analyse
des émissions spontanées et des émissions stimulées
dans laquelle il a, plus de trente ans à l'avance, fourni
la clef qui permet aujourd'hui de comprendre le fonctionnement de ces admirables appareils qu'on nomme
masers et lasers. Ainsi apparaît une profonde unité
dans les recherches poursuivies par Einstein dans la
première partie de sa carrière.

Examinons donc d'abord cette partie de l'œuvre
d'Einstein qui nous intéresse pendant la période qui
va de 1905 à la veille de la guerre de 1914.

Quand le jeune employé de l'Office des Brevets de
Berne commença, sans doute vers 1903-1904, avec la
force de pensée que donne souvent le travail solitaire,
à réfléchir sur le problème des quanta, il fut tout de
suite frappé par le caractère paradoxal des hypothèses
qui venaient de permettre à Max Planck de déduire
la formule exacte de la répartition spectrale de l'énergie
dans le rayonnement noir. Etant convaincu que l'émission et l'absorption du rayonnement doivent être des
processus inverses l'un de l'autre, ce qu'il lui semblait
impossible d'imaginer avec l'image classique, purement

ondulatoire, de la lumière, il fut amené à admettre, allant ainsi plus loin que Planck n'osait le faire, que l'énergie lumineuse émise par grains conserve cette forme granulaire pendant sa propagation. Se souvenant alors que l'effet photoélectrique, découvert près de vingt ans auparavant par Hertz et Hallwachs, constituait pour la théorie ondulatoire de la lumière de Fresnel et Maxwell une insoluble énigme, il admit que l'énergie lumineuse de fréquence *v* est transportée par des corpuscules d'énergie *hv* où *h* est la constante de Planck, corpuscules qu'il appelait alors « quanta de lumière » et que nous nommons maintenant « photons ». De là, par un calcul qui tient en deux lignes, il tire l'explication du mystérieux phénomène qui, jusqu'alors, déconcertait tous les théoriciens.

Disons tout de suite que l'explication de l'effet photoélectrique ainsi fournie par Einstein, après avoir été longtemps mise en doute, fut enfin triomphalement confirmée par l'expérience, d'abord en 1916 par Millikan pour la lumière, puis un peu plus tard par mon frère et par Ellis pour les rayons X et *γ*. La découverte par Compton de l'effet qui porte son nom, et l'interprétation théorique de cet effet par l'hypothèse des photons, bientôt donnée indépendamment par Compton et Debye, achevèrent de confirmer l'exactitude des idées d'Einstein. Et c'est spécialement pour la découverte de la loi de l'effet photoélectrique qu'il reçut dès 1921 le prix Nobel de physique.

Mais si l'idée d'Einstein devait ainsi finalement triompher, au moment où il la présenta un concert de protestations s'éleva contre elle, comme cela arrive presque toujours quand on propose une manière de voir vraiment nouvelle, qui heurte forcément d'anciennes manières de penser. On lui objecta qu'il y avait tout de même les succès de l'optique classique, les phénomènes d'interférences, de diffraction, de polarisation qui, depuis Fresnel, avec les précisions ensuite apportées par l'œuvre immortelle de Maxwell, semblent bien imposer l'iden-

tification de la lumière et de tous les rayonnements électromagnétiques avec un phénomène ondulatoire. Certes,
Einstein n'en disconvenait pas, mais il rêvait d'une
conciliation possible des deux points de vue. Il se disait :
pourquoi n'admettrait-on pas qu'il existe des corpuscules de lumière, sièges de l'énergie radiante, qui seraient
transportés par une onde électromagnétique d'énergie
nulle ou négligeable, mais cependant capable de guider
le mouvement des photons de façon à donner à l'énergie
lumineuse la répartition statistique prévue par la théorie ondulatoire ? C'était là la théorie de « l'onde fantôme »
ou *Gespensterwelle* sur laquelle j'ai beaucoup réfléchi
dans ces dernières années. Einstein remarqua d'ailleurs
que cela n'empêcherait pas l'énergie lumineuse mise
sous forme de photons par un atome ou une molécule
d'être projetée dans une direction déterminée, et il fut
ainsi conduit à la conception du « rayonnement en
aiguille » ou *Nadelstrahlung*.

Pendant plusieurs années (de 1905 à 1910 environ),
Einstein s'est surtout préoccupé de donner des preuves
de la coexistence des ondes et des corpuscules dans la
lumière. Se servant de ses profondes connaissances en
thermodynamique statistique, il donne la formule qui
représente les fluctuations d'énergie dans le rayonnement noir, et il montre qu'elle se décompose en deux
termes dont l'un correspond à l'existence des corpuscules de lumière et l'autre à l'existence des ondes lumi-
neuses. J'ai beaucoup réfléchi autrefois à cette curieuse
formule et j'en ai repris récemment l'étude avec mon
jeune collaborateur M. Andrade e Silva, car elle me semble
pouvoir nous apporter de précieux renseignements sur
la véritable nature de la coexistence des ondes et des
corpuscules, du moins dans le cas des corpuscules que
l'on nomme les bosons et dont les photons font partie.

Dans le même ordre d'idées, Einstein d'abord seul,
puis en collaboration avec Hopf, a étudié à l'aide d'ha-
biles analyses thermodynamiques le mouvement brownien d'une particule qui, placée dans un rayonnement

noir, échange constamment de l'énergie avec lui. Il retrouve encore une formule à deux termes qui correspondent à la coexistence des ondes et des photons dans le rayonnement noir, et il montre que seule la loi de Planck peut correspondre aux fluctuations ainsi prévues.

*

Passons maintenant aux recherches exécutées par Einstein dans le même ordre d'idées dans la période entre 1917 et 1927.

Pendant cette période, Einstein a été au début détourné de ses travaux sur la lumière par les efforts qu'il dut faire pour donner à la théorie de la relativité la forme générale qui le conduisit, comme on le sait, à une brillante et mémorable interprétation du champ de gravitation. Il ne perdait cependant pas de vue les quanta, réfléchissant avec profondeur aux bases de la théorie de l'atome que Niels Bohr venait de développer en 1913 et à la forme plus élaborée que lui donna ensuite Sommerfeld, forme à laquelle Einstein apporta lui-même une importante contribution. C'est ainsi qu'il fut amené à revenir d'une façon très brillante, en 1917, à ses anciennes études dans le célèbre mémoire où, introduisant pour les atomes l'idée des émissions spontanées et des émissions stimulées, il montra qu'il existe une parenté cachée entre la loi des fréquences de Bohr et la loi du rayonnement noir de Planck. J'ai déjà insisté sur l'importance prise dans la physique de ces dernières années par la notion d'émission stimulée. A ces conclusions bien connues, Einstein avait ajouté dans le même mémoire de nouvelles considérations sur le mouvement brownien d'une particule plongée dans un rayonnement noir et montré que le photon d'énergie h doit posséder une quantité de mouvement. C'était là fonder la dynamique, nécessairement relativiste, du photon, dynamique dont je devais étudier en 1922 divers aspects dans un article du *Journal de Physique* et, deux ans plus tard, dans ma thèse de doctorat.

Vous m'excuserez de me faire intervenir maintenant moi-même dans cet exposé. C'est, en effet, à la fin de la guerre de 1914-18 que, l'esprit imprégné par les idées d'Einstein, j'ai commencé à réfléchir sur le problème des ondes et des corpuscules, qui m'avait d'ailleurs déjà un peu préoccupé antérieurement puisque je me souviens d'avoir, en préparant à la Sorbonne le certificat de mécanique rationnelle, été très frappé par la théorie d'Hamilton-Jacobi et par l'analogie du principe de Fermat avec le principe de moindre action. Mais c'est seulement en 1922 que, comme premier essai, je publie un article sur le rayonnement noir conçu comme un gaz de photons, et une note aux comptes rendus sur la formule einsteinienne des fluctuations d'énergie dans le rayonnement noir. Puis, tout à coup, pendant l'été de 1923, j'ai eu l'idée que la coexistence des ondes et des corpuscules découverte par Einstein pour la lumière devait exister aussi pour toutes les particules de la matière, et j'en ai ensuite tiré dans des notes aux comptes rendus de septembre 1923, puis d'une façon plus étendue dans ma thèse de doctorat en 1924, les principes de base de la mécanique ondulatoire.

Or, à ce moment, Einstein, qui à leurs débuts ignorait mes recherches, venait d'avoir connaissance du célèbre travail du physicien indien Bose, dans lequel cet auteur avait développé sous une forme nouvelle, que j'avais d'ailleurs entrevue antérieurement dans mon article de 1922, le genre de statistique applicable aux photons. Très intéressé par ce travail de Bose, Einstein avait entrepris de le développer dans des notes présentées à l'Académie des Sciences de Berlin. C'est alors qu'il eut, par Paul Langevin, connaissance du manuscrit de ma thèse de doctorat. D'un seul coup d'œil, il y reconnut la généralisation naturelle de ses idées sur la coexistence des ondes et des corpuscules. Il donna à Langevin un avis très favorable sur ma thèse et il la mentionna dans les dernières notes qu'il fit ensuite sur la statistique depuis lors connue sous le nom de « statistique de Bose-Einstein ». C'est par les notes d'Einstein qu'Erwin Schrödinger eut connaissance de ma théorie et qu'il fut ainsi amené à écrire en 1926 ses célèbres mémoires sur la mécanique ondulatoire. Peu de temps après, en 1927, la découverte du phénomène de la diffraction des électrons venait entièrement confirmer les idées que j'avais émises dans ma thèse.

*

Nous voici arrivés à l'époque où Albert Einstein, de plus en plus préoccupé du développement de ses idées sur la conception unitaire des champs électromagnétiques et gravifiques, entravé dans son travail par les multiples tracas qui résultent de la célébrité, inquiet peut-être de l'évolution qui, en Allemagne où il s'était fixé depuis longtemps, préparait le régime hitlérien, va cesser d'apporter d'importantes contributions personnelles au problème de la coexistence des ondes et des corpuscules. Mais c'est cependant vers cette époque que, cherchant à traduire la manière dont la matière s'introduit dans les champs de gravitation, il commence à tenter de trouver, pour représenter les particules matérielles, des solutions à singularité, ou à très fortes concentrations locales du champ, des équations de la Relation générale.

C'est certainement, plus ou moins consciemment, sous l'influence de ces travaux d'Einstein que j'ai développé en 1926-27 l'interprétation de la mécanique ondulatoire, que j'ai appelée « théorie de la double solution » et publiée dans le *Journal de Physique* en juin 1927. J'avais toujours eu l'idée, conforme, je crois, à celle d'Einstein, que le double aspect corpusculaire et ondulatoire de la lumière et de la matière impliquait l'existence réelle et simultanée d'ondes et de corpuscules très intimement liés. Je désirais obtenir ainsi une image claire et précise et ce fut là ce qui m'amena à mes idées, encore très imparfaites, sur la théorie de la double solution. Dans une notice académique intitulée *Le dualisme des ondes et des corpuscules et l'œuvre d'Albert Einstein*, et reproduite dans mon livre *Nouvelles perspectives en Microphysique*, j'ai expliqué en détail comment j'avais présenté ma théorie, sous une forme malheureusement très abrégée, au Conseil de physique Solvay tenu à Bruxelles en octobre 1927, et comment les physiciens de l'école de Copenhague, groupés autour du regretté Niels Bohr, avaient opposé à ma thèse l'interprétation fondée sur les idées de complémentarité et d'incertitude. Seul Einstein m'avait encouragé [1] : tout en faisant des réserves certainement justifiées sur la façon dont j'avais présenté mes idées, il m'avait dit à peu près ceci : « Malgré tout, c'est vous qui êtes sur la bonne voie. »

Après 1927, l'interprétation probabiliste de la mécanique ondulatoire préconisée par Bohr et son école a rapidement triomphé, amenant une présentation de plus en plus abstraite de la « mécanique quantique », puis de la « théorie quantique des champs », où ne persistait presque plus rien des idées physiques sur les ondes et les corpuscules qui avaient guidé Einstein dans sa théorie des quanta de lumière et qui m'avaient ensuite également guidé dans la généralisation hardie de ces idées qu'avait constituée la mécanique ondulatoire. En réalité, dans l'interprétation de l'école de Copenhague, il n'y a plus ni corpuscules, ni ondes. En effet, le corpuscule serait, nous dit-on, omniprésent dans toute une région de l'espace qui peut être très étendue, et cela est la

---

1. Au cours des discussions du Conseil Solvay, Einstein avait exposé une très pénétrante objection à l'usage *exclusif* des ondes en mécanique ondulatoire et il avait terminé en disant : « A mon avis, on ne peut lever cette objection que de cette façon qu'on ne décrit pas seulement le processus par l'onde, mais qu'en même temps, on localise le corpuscule dans l'onde pendant sa propagation. Je pense que M. de Broglie a raison de chercher dans cette direction. Si l'on emploie uniquement les ondes, l'interprétation du Ψ^2 implique à mon sens une contradiction avec le postulat de la relativité. »

négation même de toute conception claire d'un corpuscule. Quant à l'onde, arbitrairement normée, elle ne
serait plus qu'une représentation de probabilité, ce qui
ne permet plus de comprendre comment l'onde peut
déterminer des phénomènes physiquement observables
tels qu'interférences, diffraction, énergies des états
stationnaires de l'atome, car une représentation de probabilité ne saurait être la cause d'un fait physique :
une table de mortalité peut nous indiquer avec une
grande exactitude le nombre de personnes qui décé-
deront à Paris pendant l'année 1966, mais les Parisiens
qui disparaîtront en 1966 mourront de maladies, d'acci-
dents ou d'autres causes analogues ; ils ne mourront
pas pour obéir à la table de mortalité !

Einstein ainsi que Schrödinger n'ont jamais admis
l'interprétation de la physique quantique qu'on leur
proposait. Mais Schrödinger voulait conserver uniquement le concept classique d'onde et abandonner celui
de corpuscule, et je n'ai jamais pensé que cette idées oit
exacte. Einstein, au contraire, voulait conserver les
images physiques d'onde et de corpuscule : il déclarait
que les formalismes de la théorie considérée comme
orthodoxe constituaient sans doute des représentations
statistiques exactes, mais ne donnaient pas une image
complète de la réalité physique. On trouvera l'exposé
des objections qu'il faisait à la théorie courante et des
difficultés qu'il y relevait dans ses polémiques avec
Niels Bohr, dans l'article « Reply to criticisms » qui se
trouve à la fin de l'ouvrage jubilaire qui lui fut consacré
à l'occasion de son soixante-dixième anniversaire ainsi
que dans les très remarquables *Remarques préliminaires
sur les concepts fondamentaux* qu'il me fit l'honneur
d'écrire comme introduction du livre destiné à célébrer
mon soixantième anniversaire. Il avait, en particulier,
insisté sur le fait que la théorie dont il rêvait devait
probablement reposer sur des équations non linéaires et
faire sans doute intervenir une sorte de mouvement
brownien des particules.

*

On comprend donc que, quand Einstein apprit vers
1951-52 qu'après une longue période de résignation
j'étais revenu aux idées de ma jeunesse et que j'avais
entrepris la tâche difficile de reprendre, en l'appro-
fondissant et en la complétant, ma tentative d'interprétation de la mécanique ondulatoire par la théorie de
la double solution, il en fut fort heureux et qu'il m'ait
envoyé ses encouragements, me faisant même remettre
par une main amie, en signe de sympathie, une de ses
dernières photographies.

Cinq ans après la mort d'Einstein, vers 1960, j'étais
devenu très conscient du fait qu'il fallait compléter la
théorie de la double solution en y introduisant un élément aléatoire susceptible d'expliquer l'intervention
constante des probabilités en mécanique ondulatoire
et qu'il fallait qu'une particule, même en apparence
isolée, se trouve en réalité en contact constant avec un
milieu caché constituant une sorte de thermostat. Cela
m'avait amené à admettre l'existence du « milieu subquantique » postulée par MM. Bohr et Vigier dès 1954.
Reprenant sous une forme nouvelle certaines idées que
j'avais eues une dizaine d'années auparavant, j'ai alors
développé une « thermodynamique cachée des particules » dont j'ai fait un exposé complet dans un livre
paru l'an dernier chez Gauthier-Villars et un résumé
dans un article paru dans les *Annales* de l'Institut
Henri-Poincaré. Or, quelles sont les trois bases de cette
théorie nouvelle ? C'est d'abord naturellement la coexistence des ondes et des particules, que je représente par
la théorie de la double solution, c'est-à-dire dans le cas
de la lumière, en admettant le transport des photons
par une onde d'énergie négligeable analogue à la vieille
onde fantôme d'Einstein ; c'est ensuite les idées générales de la théorie de la relativité et, en particulier, le
principe de l'inertie de l'énergie et la forme que prend
la thermodynamique dans les conceptions relativistes ;

c'est enfin l'introduction d'une sorte de mouvement brownien des particules et l'étude, par les procédés instaurés naguère par Einstein, des fluctuations qui en résultent. Ainsi cette tentative, dont l'une des conclusions les plus frappantes est de faire découler le principe de moindre action du second principe de la thermodynamique, rassemble, pour ainsi dire, dans un ensemble unique les trois grands principes qui, il y a juste soixante ans, surgirent presque simultanément dans le cerveau génial du plus grand physicien théoricien de notre siècle.

Et, puisque dans mes travaux récents comme dans ceux de ma jeunesse, j'ai été toujours plus ou moins consciemment guidé par la pensée puissante d'Albert Einstein, il était bien naturel que je vienne aujourd'hui participer à l'hommage qui lui est ici rendu et que je cherche à mettre en lumière des parties de son œuvre dont l'importance est souvent, à l'heure actuelle, un peu trop oubliée.

Bibliographie : Sur les travaux d'Einstein concernant la coexistence des ondes et des corpuscules, consulter l'exposé de Martin J. Klein, « Einstein and the Wave-Particle duality » paru dans *Natural Philosopher3* 1964, New York, Blaisdell Publishing Company.

Sur les idées d'Einstein concernant l'interprétation de la mécanique ondulatoire, voir son article « Remarques préliminaires sur les concepts fondamentaux » en tête de l'ouvrage *Louis de Broglie physicien et penseur*, Albin Michel, Paris, 1953.

Sur la théorie de la double solution et sur la thermodynamique cachée des particules, se reporter aux ouvrages suivants : *Etude critique des bases de l'interprétation actuelle de la Mécanique ondulatoire*, Paris, Gauthier-Villars, 1963 et *La thermodynamique de la particule isolée*, Paris, Gauthier-Villars 1964, où l'on trouvera une bibliographie plus complète.

R. P. FRANÇOIS RUSSO

Sans vouloir présenter du tout un exposé systématique, je voudrais souligner ce que représente l'apport
du fameux mémoire de 1905, qui a introduit la relativité
restreinte. Malheureusement une bien faible portion des
hommes cultivés est capable de comprendre vraiment
pourquoi cette date est une date capitale.

Pour le comprendre, on peut se placer à deux points
de vue : le point de vue objectif du résultat effectif qui
a été acquis, et le point de vue subjectif du mérite de
celui à qui nous devons ce résultat. Le point de vue objectif est bien connu, je n'y insisterai pas ; je voudrais par
contre souligner le point de vue subjectif. En quoi
Einstein a-t-il été grand dans cette découverte ? Il faut
d'abord veiller à ne pas lui attribuer des découvertes qui
avaient été faites avant lui. C'est un souci que l'on doit
avoir chaque fois que l'on parle des grands hommes,
parce que l'on a tendance à leur attribuer des découvertes qui sont dues à leurs prédécesseurs. Lui-même a
dit dans son autobiographie qu'en 1905 la découverte
de la relativité était mûre. Elle était mûre d'une façon
très précise et très complète. Le fruit était vraiment
sur le point de tomber. Pourquoi ? Parce que l'on se
trouvait en face d'un problème singulièrement difficile,
troublant, qui était l'impossibilité d'accorder la mécanique et l'optique. Je ne reprendrai pas tout ce qui
avait été fait depuis l'échec de l'expérience de Michelson ; on avait étiqueté toutes les difficultés, on savait
exactement comment se posait le problème, on avait
multiplié les tentatives pour le résoudre, on avait même
déjà élaboré une structure mathématique (l'équation de
Lorentz) qui était toute prête à servir à la théorie de la
relativité. On peut donc dire qu'à la veille de 1905, le
terrain était parfaitement déblayé.

Mais alors, doit-on maintenir quand même le très grand mérite d'Einstein ? Oui, car, si déblayé qu'ait été le terrain, pour la découverte décisive il fallait faire un pas ; or ce pas, c'est Einstein seul qui a su le franchir. Comment caractériser cette démarche décisive ? Elle a été surtout d'ordre méthodologique. Elle a consisté d'abord en une mise en question de notions fondamentales reçues communément, savoir les notions de temps, de simultanéité et d'éther. Mise en question qui procède de ce que Einstein ne peut pas supporter de ne pas clarifier pleinement les problèmes auxquels il s'attache.

Mais le point essentiel de cette démarche, c'est l'attitude positive, positiviste, alors adoptée. C'est sur cette attitude, et c'est sur ce point que je voudrais un peu insister, car c'est de là qu'est issue la relativité restreinte.

Certes, le positivisme était en vogue et largement répandu bien avant 1905. Einstein s'est inséré dans le courant positiviste ; il dit lui-même qu'il doit beaucoup à un philosophe, Hume, et à un scientifique, Mach.

Mais ce qui fait le mérite propre d'Einstein, c'est qu'il a poussé ce positivisme jusqu'à ses dernières conséquences. Le positivisme antérieur à 1905 est un positivisme encore mélangé de notions très peu positives ; ceci, on ne le dit pas assez. Le positivisme d'Einstein est un positivisme radical, total. D'autre part, Einstein ne n'est pas contenté, comme les philosophes non scientifiques, de proclamer le positivisme, il l'a mis en pratique, refusant les notions jusque-là admises et exigeant que toute notion fondamentale puisse être définie de manière positive, c'est-à-dire à partir d'observations.

Ce positivisme, Einstein dit plus tard s'en être dégagé ; et vous vous rappelez sans doute la réponse qu'il faisait à ceux qui lui disaient, lors des fameux débats avec Bohr : « Mais comment se fait-il que vous, qui avez été un positiviste si remarquable, et qui avez, grâce à ce positivisme, obtenu tant de succès, vous refusiez aujourd'hui le positivisme de ceux qui défendent la méca-

nique ondulatoire et l'indéterminisme ? » Vous savez
qu'Einstein a répondu : « Une bonne plaisanterie ne doit
pas se répéter trop souvent. » Je crois que cette réponse
d'Einstein ne traduit pas de façon tout à fait correcte
sa démarche, parce qu'au fond il est resté toujours positiviste. Seulement ce qu'il a voulu faire plus tard — on
le redira peut-être tout à l'heure — c'est prendre ses
distances à l'égard du positivisme ; dans le mémoire
de 1905, dans la découverte de la relativité, déjà Einstein
se révèle n'être pas un pur positiviste qui reste
collé aux faits, qui se contente de les coordonner.

Dans sa manière de procéder, nous sentons un refus
de se laisser imposer des réalités qu'il n'a pas faites,
qu'il n'a pas fabriquées lui-même, ce qui constitue un
positivisme déjà marqué, imprégné de rationalisme, et
beaucoup plus constructif.

La relativité restreinte a consisté chez Einstein à
poser délibérément, par un acte d'esprit très lucide,
deux principes, celui de la validité des lois de la physique dans tous les trièdres de référence en déplacement rectiligne et uniforme, et celui de la constance
de la vitesse de la lumière. Néanmoins, je crois que
l'on peut dire qu'au cœur de la démarche d'Einstein,
il y a une attitude d'ordre méthodologique. La vigueur
d'Einstein, son mérite a été de prendre une attitude
positive et de positivisme radical. Je crois que c'est
cette démarche, plus que ses idées scientifiques, qui
fait tout son mérite.

On peut dire également, comme le faisait remarquer
hier le Père Dubarle, que l'attitude d'Einstein est une
attitude classique, classique par la sûreté et la fermeté
de sa démarche intellectuelle, par la sûreté d'un esprit
qui ne se laisse pas impressionner par la sensibilité,
par les notions reçues, et qui ne connaît que la
démarche de la raison, qu'une démarche contrôlée. C'est
pourquoi la seule découverte de la relativité restreinte,
indépendamment de toutes les découvertes ultérieures,
si remarquables, peut-être même plus originales, apparaît

comme un apport décisif non seulement pour l'intelligence des phénomènes physiques, mais aussi pour la méthode scientifique, comme un pas majeur dans la détermination de l'attitude qui permet à l'esprit humain d'atteindre la réalité des choses.

JEAN ULLMO

Je ne vais pas être tout à fait d'accord avec mon ami le Révérend Père Russo dans l'affirmation initiale de son intervention, lorsqu'il a dit que tout était mûr pour la découverte fondamentale de la relativité en 1905. Je crois comme lui qu'Einstein est parti du positivisme, c'est-à-dire de l'exigence de ne pas se satisfaire de concepts, aussi évidents parussent-ils à l'intuition. Je pense qu'il y a là une démarche fondamentale de la science : on ne doit rien accepter au départ, aucun concept n'a par lui-même une valeur absolue, il doit être remis en question ; et la seule façon de le remettre en question initialement, c'est de le soumettre à l'exigence opératoire, c'est-à-dire à la possibilité de le définir de façon précise par une suite régulière et répétable d'opérations expérimentales.

Mais je crois que ce qui a été fondamental chez Einstein n'a pas été cette condition préalable et nécessaire, mais au contraire ce renversement absolu de perspective violentant l'idée un peu paresseuse, ou du moins coutumière, de la science comme ensemble de recettes qui s'élaborent en lois, qui permettent une certaine puissance d'action et de prévision. Attitude qui s'est manifestée de la façon la plus totale dans le conventionalisme d'Henri Poincaré.

Justement, l'exemple de la relativité restreinte, à ce sujet, est saisissant, parce qu'en 1905, Henri Poincaré est le grand homme, on peut dire à la fois de la physique

et de la mathématique contemporaines. Aujourd'hui
encore personne ne conteste qu'il ait dominé son époque
par sa puissance à la fois scientifique et de réflexion.
Or, Poincaré avait tourné toute cette puissance vers
les difficultés de l'époque, vers l'interprétation des
équations de Lorentz, vers les phénomènes, qui paraissaient si extraordinaires, de la contraction des longueurs
et de la dilatation des temps. Poincaré a été absolument
incapable d'opérer cette sorte de mutation de l'interprétation parce qu'il était attaché à une philosophie
fausse — la philosophie justement de la recette, de la
convention, du cadre quelconque dans lequel on pourra
toujours faire entrer les phénomènes, avec quelques
coups de pouce s'il le faut. C'est le premier exemple,
je crois, d'un obstacle mis devant la découverte scientifique la plus urgente, la plus importante, par une
attitude philosophique fausse ; mais je crois que ces
exemples se sont multipliés depuis lors, et que rien n'est
plus vain que de croire pouvoir laisser de côté la philosophie, l'épistémologie, la méthodologie quand on fait
de la science. C'est comme cela que l'on prend des
retards de toute une génération, et nous en avons vu —
nous en voyons encore — des exemples très saisissants.

Quelle est alors l'attitude essentiellement nouvelle
d'Einstein ? C'est qu'il croit à la réalité de la théorie
physique qu'il élabore. Commençons par l'exemple de
la relativité restreinte. Il croit à la réalité de la structure
nouvelle d'espace, disons d'espace-temps si vous voulez, qu'il introduit. Il oppose cette réalité à la réalité
qui paraissait ontologiquement évidente depuis Kant,
et même avant, de l'espace absolu, de l'espace newtonien et kantien, dans lequel l'humanité baignait intellectuellement depuis le xviie siècle, comme l'a montré
si admirablement mon ami, mon regretté ami, le professeur Koyré. Cette présence de l'humanité dans un
espace absolu, dans un temps intuitif également absolu,
Einstein la rejette. Il nous dit que l'espace et le temps
qui nous entourent n'ont pas la structure que nous

pensons, cette structure si évidente que Kant en a fait
une des catégories de la pensée. N'y a-t-il pas là une
révolution extraordinaire ? Peut-on dire que tout était
prêt pour une révolution de ce genre ? C'est peut-être
la plus forte mutation de l'histoire de la pensée qu'on
ait jamais vue....

Essayons maintenant de comprendre ce qu'ont été
ces notions de relativité, qui ont fait la gloire d'Einstein,
mais qui sont essentiellement méconnues. Einstein a
été l'homme de la relativité. Or la relativité, en langage
ordinaire, c'est le scepticisme, c'est le « tout se vaut »,
c'est une attitude défaitiste. La relativité d'Einstein,
au contraire, c'est le type même de l'attitude positive, (je dis bien positive et non positiviste), l'affirmation d'une certaine réalité. La relativité d'Einstein
vise, et va viser de plus en plus, à dégager ce qui est
objectif, ce qui n'est pas relatif. La relativité est
un moyen d'atteindre l'objet, d'atteindre la réalité
objective.

L'espace est indifférent aux phénomènes qui s'y
déroulent, l'espace est neutre, l'espace est un contenant
dans lequel les objets physiques se manifestent par leurs
interactions, et qui n'agit pas sur eux. Seulement l'espace a une certaine structure, qui n'est pas la structure
postulée auparavant, la structure euclidienne de Newton
que je rappelais tout à l'heure. Et que cette structure
soit abolie fait que toute une série de manifestations physiques qui apparaissaient comme des interactions entre
objets se trouvent expliquées, dissoutes si l'on peut dire,
par le fait que c'est la structure de l'espace qui nous les
fait apparaître, sans que l'espace bien entendu agisse
en rien.

Considérons ainsi, parmi tant d'exemples classiques,
celui de la contraction de Lorentz. On s'évertuait depuis
des années à trouver des phénomènes physiques dus
à la vitesse pour expliquer que les mesures, dans un
système en mouvement, fussent plus courtes. D'un seul
coup, toute cette recherche de propriétés physiques

superfétatoires est abolie. D'un seul coup nous comprenons tout, parce qu'il s'agit uniquement des propriétés intrinsèques de la mesure, et par conséquent de la définition, de l'espace et du temps.

Voilà donc le premier principe : la relativité restreinte, c'est l'affirmation (et les conséquences tirées de cette affirmation) que ce qui se passe dans l'espace dépend de sa structure, en ce sens que cette structure définit les mesures que nous accomplissons. Mais bien entendu, ces mesures ne changent rien aux choses, et les phénomènes qui se déroulent dans cet espace sont indifférents à l'espace : principe de relativité.

Ce qui est remarquable, c'est que le second principe de relativité, la relativité générale, paraît être tout le contraire. Là, à l'inverse, l'espace n'est plus un contenant indifférent, il est lui-même un objet interagissant avec les autres objets du monde, il a lui-même une structure physique. C'est cette structure qui explique le phénomène fondamental de la gravitation, et dont on cherchera à se servir dans les tentatives de théories unifiées pour expliquer l'ensemble des autres phénomènes dont est le siège le monde matériel.

On peut se demander, et c'est le dernier point que je veux esquisser très rapidement, comment on a pu désigner, sous le même nom de principe de relativité, deux attitudes opposées, dans un cas la neutralité d'un espace contenant qui n'agit pas sur les objets qu'il contient, dans l'autre la position comme absolu d'un espace ayant une forme structurée, lequel agit sur les objets.

Dans la relativité générale, les planètes décrivent certaines trajectoires de la même façon qu'une bille lancée sur une surface épousera la forme de cette surface, y décrira une géodésique. La forme de la trajectoire des planètes correspond à la forme de la géodésique, c'est-à-dire du chemin le plus court entre deux points sur une surface courbe ; voilà comment intervient et agit l'espace dans la relativité générale.

Comment se fait-il (je crois que cela a été, que c'est encore, la source de malentendus assez considérables) que ces deux affirmations se réclament du même mot : relativité ? Ce qu'elles ont en commun, c'est l'idée de transformation du système de référence. La relativité restreinte, je l'ai définie tout à l'heure. Un corollaire de cette neutralité de l'espace par rapport aux événements, aux phénomènes qui s'y déroulent, c'est que ces phénomènes doivent être indépendants du système de référence dans lequel on se place, par lequel on mesure les longueurs et les temps. Voilà donc une invariance par rapport à un changement de système de référence. Mais il faut bien comprendre que s'il y a deux notions différentes, la seconde est une conséquence de la première, la première n'est pas une conséquence de la seconde ; c'est une implication au sens logique. Si l'espace est neutre, les phénomènes doivent être indépendants du système de référence, mais la réciproque n'est pas vraie.

Or, c'est cette implication qu'on conserve dans la relativité générale. C'est une exigence alors, le Père Russo dirait sans doute : méthodologique ; j'y vois pour moi beaucoup plus encore, une exigence philosophique fondamentale, une exigence rationnelle par excellence. Tenons-nous à ce fait que les phénomènes doivent être indépendants des systèmes de référence qu'on leur applique, parce qu'en somme c'est la notion même d'objectivité qui est en cause, et non plus du tout cette idée physique que l'espace est neutre et n'agit pas. Ce sont deux choses tout à fait différentes de dire que le système de référence n'agit pas sur ce qu'on repère, et de dire que l'espace physique, comme contenant, n'agit pas sur les objets qu'il contient. Si l'on conserve la première affirmation et qu'on rejette la seconde, on a la relativité générale. La relativité générale c'est la simple affirmation que quelles que soient les lois de la physique, elles ne doivent pas dépendre de la façon dont nous les repérons, dont nous les inscrivons dans un formalisme. Je

pense qu'il n'était pas absolument inutile de souligner
ces deux points.

ANDRÉ LICHNEROWICZ

Je voudrais, par quelques remarques très brèves,
marquer ce qu'il en est, justement, des différences.
Il est inutile de répéter ce qui a déjà été fort bien dit.

Je pense que le destin d'Einstein est étrange en ce
sens que c'est peut-être en 1915 qu'il est devenu pour
tous les hommes à travers le monde, avec la relativité
générale, le nouveau Newton. Il n'y aurait eu que le
travail de 1905, il aurait été, parmi d'autres, un physicien théoricien de génie, mais ne dominant pas à un
tel degré (sauf par son courage scientifique, qui est
peut-être sa plus extraordinaire qualité) des hommes
comme Lorentz ou comme Minkowski. 1915 c'est l'année
de la relativité générale (que je préférerais appeler la
théorie relativiste de la gravitation) qui le met hors de
pair.

Cette théorie a un aspect assez étrange, car elle est
d'abord une théorie de représentation je dirais mathématique — je vais y revenir — de la gravitation.
Il existe quelques phénomènes expérimentaux prévus
par la théorie ; ils sont extrêmement limités, peu nombreux, trois ou quatre (le périhélie de Mercure, la déviation vers le rouge, la courbure des rayons lumineux).
Ce n'est pas eux qui ont suscité l'intérêt énorme envers
la relativité ; mais le contenu intellectuel même ; pour
la première fois depuis Newton, le contenu intellectuel
global a été pris d'abord en considération ; et ceci non
seulement par les spécialistes, mais par tous les hommes.
La théorie einsteinienne de la gravitation est ainsi
quelque chose d'extrêmement important pour l'aventure scientifique de l'humanité. C'est l'exemple le

plus achevé de ce qu'est une théorie physique dans la
conception même proposée par Einstein qui se trouve
ici réalisé.

Au lieu de parler de positivisme, je dirais qu'une théorie physique se compose toujours d'un substratum mathématique qui en est l'esprit et d'une superstructure
construite à partir d'un discours. Le discours porte
toujours sur des « idoles »; Einstein est l'homme qui
a le plus détruit d'idoles en ne voulant admettre que
deux choses : les mathématiques et les expériences
directes, fussent-elles de pensée, idéales.

Une théorie physique, dans la conception d'Einstein,
jaillit par le libre jeu créateur d'un homme qui pose
au début des axiomes sans avoir à les justifier autrement
que par leurs conséquences parfois lointaines et par
un sentiment de cohérence interne, lorsque la théorie
proposée relie de très larges domaines de la physique.
Dans la théorie relativiste de la gravitation, c'est peut-
être le pouvoir d'intelligence, plus encore que le pouvoir de prévision de nouveaux phénomènes, qui pendant
longtemps a attiré l'attention. L'intérêt présent pour
la théorie relativiste de la gravitation, intérêt renouvelé
dans les dix dernières années, est désormais beaucoup
plus tourné vers l'expérience. Nous sentons, à travers
un certain nombre de découvertes expérimentales
et théoriques, que des phénomènes qui n'étaient point
observables sont en train de le devenir et nous voulons
avec eux interroger la théorie de la gravitation.

Je ne suis pas tout à fait d'accord avec M. Ullmo
sur un point : je n'aime pas la définition de la relativité générale comme l'invariance par rapport à tous les
changements de coordonnées ; on peut dire en effet
que toute théorie physique peut être mise sous une forme
présentant ce caractère. Il est relativement facile de
prendre la dynamique la plus classique dans la description de Lagrange, et d'en donner une description qui
soit indépendante du repérage de l'espace-temps de
configuration.

La relativité générale fait jouer au champ de gravitation un rôle très particulier, car c'est lui qui à la fois sous son nom d'espace-temps courbé, sert de *background*, de cadre général à tous les phénomènes physiques qui se déroulent dans son sein ; et qui simultanément est modelé par ces phénomènes physiques mêmes. C'est cette dualité qui est peut-être à l'origine des ambitions qu'ont tous les physiciens de constituer une théorie unifiée. Seulement, les théories unifiées sont actuellement des programmes, de belles recherches mathématiques, elles ne sont pas de la physique.

Les théories unifiées visaient dans l'ambition d'Einstein à éviter un scandale. Le scandale, c'est que les équations d'Einstein se composent de deux morceaux. Un morceau, à gauche, qui a un bon statut géométrique, qui décrit la courbure même de l'espace-temps, et un morceau à droite, le tenseur d'impulsion-énergie, qui est la source du champ gravitationnel, mais qui n'a qu'un statut phénoménologique, un peu suspect du point de vue scientifique. Dans ce morceau figurait en particulier, lorsqu'il existait un champ électromagnétique, ce qui lui correspondait ; de telle sorte que nous avions ce champ électromagnétique, correct du point de vue des équations de Maxwell et à beaucoup d'autres points de vue, qui surgissait au second membre pour courber l'espace-temps avec un statut indigne de lui. Il était évident que l'on pouvait chercher un objet géométrique plus général que la géométrie riemannienne (géométrie déjà préparée par Ricci et Levi-Civita, comme à l'intention d'Einstein) qui décrive simultanément le champ de gravitation et le champ électromagnétique. Et ceci, qui a été l'objet d'un grand nombre des recherches d'Einstein à la fin de sa vie, a abouti à une théorie dite d'Einstein-Schrödinger, qui présente un assez grand intérêt, mais dont on ne sait pas bien ce qu'elle représente ni ce qu'elle est susceptible de représenter. Je dois dire que simultanément la notion même de théorie unifiée a évolué ;

nous connaissions peu de champs physiques associés aux particules et cette idée même est à l'origine des efforts d'Einstein. Mais peu à peu, avec les champs mésoniques, avec tous les champs de tous les « spins » que nous avons à notre disposition, si le problème d'une théorie unifiée reste posé, nous voyons bien qu'il présente des difficultés singulièrement plus grandes qu'on ne pouvait a priori l'imaginer.

Je voudrais terminer par un point qui porte sur l'une des difficultés rencontrées par Einstein lui-même, lors du développement ultérieur de la relativité générale. L'instrument qu'est la géométrie riemannienne locale était prêt avant Einstein ; l'apparition de la théorie einsteinienne a suscité de nouveaux travaux sur la géométrie riemannienne locale ; mais en vérité c'est l'élaboration d'une géométrie *globale* qui était nécessaire. Même à l'échelle non cosmologique, lorsqu'on s'intéresse simplement à l'échelon du système solaire, ou à l'échelon d'une galaxie, les solutions qu'on cherche ne correspondent pas à des problèmes locaux ; elles sont posées sur tout l'espace-temps auquel on s'intéresse, et une étude de la géométrie globale de cet espace-temps est nécessaire.

Or une telle géométrie n'existait pas ; elle a commencé à apparaître avec l'œuvre d'Elie Cartan, vers 1926 ou 27 ; pendant dix ans, la relativité générale et Einstein lui-même furent privés d'un instrument essentiel que les mathématiciens n'avaient pas encore développé, mais qui maintenant fournit des procédés nouveaux.

La relativité générale est née des postulats d'Einstein et nous savons maintenant les énoncer dans un langage adapté. Il restait, et cela a été fait en particulier par Einstein et ses collaborateurs, à passer d'un état équivalent à Newton (mémoire de 1915) à l'équivalent de l'œuvre de Laplace ou de Lagrange. Einstein, Infeld et Hofmann d'une part, le grand théoricien russe Fock d'autre part, ont mis au point, aux environs des années 1936-37 les premières méthodes de ce qu'on peut appe-

ler la mécanique céleste relativiste. Bien entendu les
effets obtenus sont extraordinairement petits, et nos
astronomes, dans la plupart des cas, n'ont pas à les considérer ; mais nous commençons à pouvoir et à devoir
traiter des problèmes de ce type. Satellites, horloges
atomiques nous y invitent. On voit là combien Einstein est actuel.

JEAN-PIERRE VIGIER

Je vais faire trois brèves remarques sur ce qui a été
dit. Je voudrais partir de l'exposé de M. de Broglie.
Je pense qu'il a fondamentalement raison de souligner
à la fois la dualité apparente de l'œuvre d'Einstein et
son unité profonde. Toute pensée vivante fait scandale,
et les problèmes sur lesquels Einstein s'est penché toute
sa vie sont plus actuels que jamais aujourd'hui. D'une
part, il s'est attaqué au problème du continu dans la
nature, en tentant d'unifier toutes les lois de la nature
dans une théorie unitaire, géométrique ; d'autre part il
a été à la base, à l'origine profonde de la théorie des
quanta. Cette contradiction entre continu et discontinu
est toujours au centre du problème auquel les physiciens
ont à faire face aujourd'hui quand ils considèrent par
exemple la théorie des particules élémentaires.

L'histoire de la physique s'est tournée pour un temps
contre Einstein. La relativité a fait fortune et ses idées
sur les quanta lui ont valu un grand isolement dans ses
derniers jours. Toute la jeune génération des physiciens
s'est détournée de lui. La tentative de synthèse d'Einstein de représenter la matière comme des singularités
dans des champs est restée limitée aux théories unitaires
et à l'unification du champ de gravitation et du champ
électromagnétique.

Pour rendre un juste hommage à la grandeur d'Einstein, il faut regarder comment la physique a évolué depuis sa mort. Elle a évolué dans deux directions. Toutefois, avant de discuter de cette question, je voudrais revenir sur la nature de sa démarche. Je pense que, très profondément, Einstein, c'est l'antipositiviste. Poincaré disposait de tous les éléments pour faire la relativité restreinte. Le groupe de Poincaré qui porte son nom, était déjà écrit et les équations de Maxwell pouvaient être interprétées. Le courage d'Einstein, c'est précisément de se tourner contre Mach, de rompre avec lui, même s'il n'en a pas conscience au départ. Il rompt avec lui sur deux points fondamentaux ; d'abord il a le courage de dire que la démarche essentielle des positivistes, qui nient la réalité de tout ce qui n'est pas immédiatement mesurable, est fausse : il proclame l'objectivité du groupe de Lorentz, il proclame l'objectivité des lois de la nature indépendantes de l'observateur, et construit une théorie qui, précisément, est à l'opposé de toute la tentative mécanique faite par Mach. La phase ultérieure a été citée par le Père Russo ; je crois qu'elle exprime très profondément l'évolution d'Einstein au cours de sa vie.

Je voudrais revenir maintenant à l'analyse de l'évolution de la physique depuis Einstein pour montrer comment les problèmes qu'il a attaqués restent actuels, et comment au fond sa pensée est toujours un objet de scandale et de polémique. Notre conception de la matière s'est prodigieusement enrichie depuis lui. Une énorme quantité de particules élémentaires ont fait irruption sur la scène. Les grands appareils, les grands accélérateurs en révèlent tous les jours. Il est impossible de rencontrer un physicien expérimental sans qu'il vous apprenne l'existence, ou discute de l'existence possible, de nouvelles résonances. D'autre part, nous savons que ces particules ont comme propriété de se transformer les unes dans les autres, et nous sommes tous à la recherche de symétrie, de propriétés capables d'expliquer ces transformations et de rétablir l'unité dans ce désordre.

Sur ces deux points, la pensée d'Einstein, telle qu'elle a été exposée par M. de Broglie, reste précisément au centre de la polémique moderne. Les deux questions qu'il a posées sont toujours vivantes.

Première question : est-ce que la description de la nature fournie par la théorie des quanta telle qu'elle existe à l'heure actuelle est complète, ou faut-il aller chercher à des niveaux plus profonds, comme le niveau subquantique par exemple, des réalités nouvelles cachées derrière les phénomènes actuels et capables de les expliquer ? C'est précisément la démarche qu'Einstein lui-même avait faite en son temps pour expliquer, avec Smoluchovski et d'autres, le mouvement brownien. Deuxième question : y a-t-il derrière ce désordre une possibilité de théorie unitaire, ou faut-il se contenter de descriptions phénoménologiques, de recettes qui nous permettent de rendre compte de telle ou telle catégorie partielle de phénomènes ?

Ces deux démarches d'Einstein, qui ont permis ses découvertes et qui ont dominé la polémique autour de lui dans ses dernières années, sont toujours vivantes : premièrement, la tentative de rechercher derrière le désordre actuel des particules, des niveaux plus profonds de la nature qui permettent de rétablir un ordre et une causalité dans le désordre apparent que nous observons, et deuxièmement la tentative d'unifier, de géométriser les champs physiques. Je crois qu'on n'a pas encore analysé (sauf M. Lichnerowicz, et je pense qu'il a raison de le souligner) l'importance de la démarche essentielle d'Einstein, c'est-à-dire sa tentative de géométriser les lois de la nature. Naturellement, depuis Einstein, nous avons découvert d'autres champs. En son temps, on ne connaissait que ce qu'on appelle les champs à longue portée, le champ de gravitation et le champ électromagnétique. La contribution fondamentale de ces dernières années est la pénétration dans le domaine des hautes énergies et la découverte de champs à courte portée. Cela pose le problème (soulevé préci-

sément par M. de Broglie) de développer une tentative
de description de la structure des particules dans un
cadre géométrique nouveau.

A ce propos, je voudrais donner mon avis sur l'idée
essentielle d'Einstein : la tentative de décrire les lois
de la nature, non dans le cadre de l'espace-temps classique, mais en termes de mouvements descriptibles
complètement dans le cadre de l'espace et du temps.
Cette démarche ne signifie pas qu'il n'y a pas une liaison
entre l'espace et le temps. Le problème auquel on doit
faire face à l'heure actuelle résulte de ce que, avec les
méthodes expérimentales dont nous disposions, nous
avons exploré les particules d'une façon très super-
ficielle. Nous avons observé l'apparition de nouveaux
nombres quantiques, de nouvelles particules, mais nous
ne disposons pas — nous disposerons dans les années
qui viennent — d'instruments de mesure capables
d'établir si oui ou non ces particules ont une structure
non ponctuelle dans le cadre de l'espace et du temps, ou
si elles obéissent réellement à des équations non linéaires. Il est clair que la démarche théorique doit
s'appuyer sur les découvertes expérimentales ; mais elle
doit aussi s'appuyer sur une méthodologie. Or la méthodologie d'Einstein, la philosophie qu'il y a derrière ses
démarches, c'est-à-dire l'idée du caractère objectif et
de la nature matérielle des phénomènes, la possibilité
de décrire les propriétés en terme d'espace et de mouvement, et la possibilité surtout de construire une dynamique plus profonde capable de rendre compte de
l'essentiel de l'expérience, cette démarche-là (qui est
une ligne de bataille scientifique tout à fait différente
de celle qui est adoptée par l'ensemble des physiciens à
l'heure actuelle) est encore au centre du débat et de la
polémique.

Est-ce que, derrière le désordre apparent des choses, il
y a une réalité simple ? Einstein disait que Dieu est
mathématicien, qu'Il ne joue pas aux dés avec la nature.
Il avait une confiance très profonde, que seule l'expérience

peut vérifier ou non, dans la rationalité des choses et dans le pouvoir de l'homme de comprendre les phénomènes, d'avancer pas à pas dans la compréhension et dans l'unification des phénomènes naturels. Derrière le désordre des choses, il voulait découvrir l'invisible simple et soulever le voile qui masque la réalité profonde des choses. Ses idées de géométrisation de la nature, de nouvelles dynamiques plus profondes, ces idées-là sont au centre de la recherche à l'heure actuelle.

Je ne sais pas quelle est l'issue que l'histoire de la physique réserve à la situation actuelle. Une chose qui est claire cependant, qui témoigne précisément de la grandeur d'Einstein, c'est qu'il a pris parti sur une ligne de combat, et que ses idées sont au centre de la discussion. Rien ne témoigne mieux de la grandeur d'un homme, du caractère vivant de sa pensée, que le scandale permanent qu'elle provoque après sa mort.

ALEXEY MATVEYEV

Je voudrais dire quelques mots d'un problème qui préoccupait beaucoup Einstein mais qui n'a pas été abordé ici en détail ; seul le professeur de Broglie en a parlé dans son allocution d'introduction. Il s'agit du problème du dualisme ondes-particules.

Si Einstein a consacré de très grands efforts à l'étude de ce problème, c'est en raison de sa grande importance pour le développement ultérieur de la science. Nous savons tous, aujourd'hui, que la théorie spéciale de la relativité comme aussi la théorie générale de la relativité sont, désormais, bien établies. Dans un ouvrage publié récemment, un savant a déduit l'équation de la théorie de la relativité générale, telle qu'Einstein l'avait conçue, de l'image de l'interaction quantique, par échange de gravitons. Nous comprenons donc maintenant, je crois, la relation qui existe entre la représentation géométrique d'Einstein et l'image de l'interaction à laquelle recourt la théorie quantique du champ. Mais la théorie quantique du champ, d'autre part, se heurte actuellement à des difficultés majeures, et nous attendons tous des idées nouvelles qui nous permettraient de surmonter les obstacles qui nous empêchent encore de formuler une théorie unitaire. Il semble que, pour ce qui est de ces difficultés, le problème du dualisme ondes-particules est de la plus grande importance.

Il y a une quarantaine d'années, vous vous en souvenez, l'étude de ce dualisme a conduit le professeur de Broglie à une découverte qui devait permettre ensuite à Schrödinger de formuler sa théorie de la mécanique ondulatoire. De même aujourd'hui attendons-nous de nouvelles idées en mécanique quantique, qui nous permettront peut-être de faire de nouveaux progrès, d'une importance analogue.

A l'heure actuelle, il n'y a pas de conception unitaire de la nature de ce dualisme ondes-particules. Certains savants soutiennent que les particules élémentaires se comportent comme des ondes parce qu'elles sont composées d'ondes. Cette idée a été avancée par Schrödinger. Mais d'autres savants estiment que les particules élémentaires se comportent comme des ondes parce qu'elles entrent en contact avec un champ caché qui modifie leur comportement. Tel est le point de vue défendu par le professeur de Broglie, le professeur Vigier et d'autres. Il y a donc là actuellement un très intéressant domaine d'investigation. C'est pourquoi j'aimerais vous faire part de mes propres idées à ce sujet.

La théorie a pour but de comprendre, de créer dans notre esprit une image de ce qui se passe dans la nature. Quels sont les instruments de cette compréhension ? Ces instruments, ce sont nos idées, les idées qui existent dans notre tête. Et d'où viennent ces idées ? Elles nous

viennent de l'expérience, elles sont l'aboutissement de
toute la longue histoire de l'humanité.

Notre expérience, tout au long de l'histoire, a été tout
d'abord l'expérience macroscopique des vitesses faibles ;
nous pouvons donc être certains que les idées élaborées
dans le cadre de cette expérience macroscopique relative à des vitesses faibles ne seront applicables que dans
ce domaine : celui de l'expérience macroscopique et des
vitesses faibles. Si nous quittons ce domaine, on peut
prévoir que nos idées et nos modes de pensée cesseront
de s'appliquer. L'histoire le confirme. Lorsque nous nous
sommes mis à étudier les phénomènes caractérisés par
la vitesse de la lumière — vitesse très élevée, sortant du
cadre de notre expérience quotidienne — nous sommes
arrivés à la conclusion que notre manière de penser et
nos idées ne s'appliquaient plus à ces conditions nouvelles. C'est en raison de l'inapplicabilité de nos anciennes idées dans des conditions nouvelles qu'a été
établie la théorie de la relativité, qui a modifié notre
conception de l'espace et du temps. Cela prouve
à l'évidence que lorsque nous sortons du domaine
d'application de nos idées nous sommes obligés de
modifier radicalement nos idées et notre façon de
penser.

Puis nous en sommes venus à étudier des objets microscopiques, étude située, elle aussi, hors de l'expérience
quotidienne. Rien d'étonnant, donc, à ce que nos idées
anciennes et notre façon de penser n'aient pas pu s'appliquer à ce domaine nouveau. Néanmoins, nous sommes
limités aux idées que nous avons réellement. Que faire
alors ? Il faut soit aller de l'avant, soit nous arrêter. Il
n'y a pas d'autre solution. C'est à ce stade qu'on a
adopté le concept du dualisme ondes-particules. Ce
concept n'est pas autre chose que l'expression de l'inapplicabilité de nos anciennes idées et de notre ancienne
manière de voir aux conditions nouvelles. En d'autres
termes, c'est la simple expression du fait que ce qu'on
appelle des particules ne sont ni des particules ni des

ondes : ce sont des entités synthétiques qui, projetées sur des plans différents, nous apparaissent en même temps comme des particules et comme des ondes. Le concept de la particule et celui de l'onde ne sont pas plus proches de la réalité, c'est-à-dire de l'entité considérée, que ne le sont les différentes projections planes d'un objet à trois dimensions par rapport à cet objet lui-même. Je crois donc que nous devons admettre ce fait, et ne pas essayer de réduire la réalité, ni aux particules, ni aux ondes. Il n'y a aucune preuve expérimentale de la possibilité d'une telle réduction. Ramener tout à l'onde va à l'encontre du fait expérimentalement prouvé de la stabilité de ce qu'on appelle les particules. De même, le concept de la particule matérielle entrant en contact avec un champ caché n'a pas de fondement expérimental. Où est la preuve de l'existence de ce champ caché ? Le seul mobile qui pousse à introduire l'idée du champ caché est le désir de conserver notre image de la particule, qui s'est formée au cours des deux mille ans d'évolution de l'humanité. Ce mobile, par conséquent, est seulement l'idée préconçue que tous les faits nouveaux peuvent être expliqués par rapport aux idées auxquelles l'humanité est habituée. Mais l'histoire montre que ce n'est pas comme cela que l'humanité progressera. Et je pense, pour ma part, que tout effort pour comprendre une nature nouvelle et compliquée à l'aide d'idées traditionnelles est voué à l'échec. J'estime donc que nous devons maintenant aller de l'avant et créer, à partir de ces projections que nous connaissons — particules et ondes — une image synthétique de ce que nous appelons particules, et ce sera là un progrès réel.

L. DE BROGLIE

Je dois dire d'abord, à mon regret, que je ne suis pas d'accord avec M. Matveyev. Je crois que c'est un effort parfaitement sain et susceptible de donner de grands résultats que d'essayer de revenir à des idées plus claires que : « Une particule répandue à l'état potentiel dans toute une chambre comme celle-ci. » Je ne sais pas ce que cela veut dire. Si cela veut dire qu'elle est quelque part et que nous ne savons pas où, je comprends. Je peux dire : « J'ai un ami qui est à Paris, je ne sais pas s'il est sur l'avenue des Champs-Élysées, mais il est quelque part. » Tandis que l'on semble vouloir dire que la particule est partout à la fois, que tout à coup elle se condense en un point. C'est comme si je disais « Mon ami est dans Paris tout entier, tout à coup il se condense sur les Champs-Élysées. » Je ne comprends plus du tout. J'ai fait de nombreuses critiques de ce genre, et je suis arrivé à la conclusion qu'il fallait changer l'interprétation actuelle. Mais je ne veux pas engager ici une discussion qui m'entraînerait trop loin, et je voudrais revenir à la question d'Einstein, puisque c'est d'Einstein qu'il s'agit.

Einstein était, à mon avis, beaucoup moins positiviste qu'on le dit, et beaucoup plus objectif. C'est ce qu'a dit M. Vigier ; c'est également ce qu'a dit, je crois, M. Ullmo tout à l'heure. Il voyait les choses de façon très objective; quand il a commencé ses études sur la relativité restreinte, il avait des indications qui étaient l'expérience de Michelson et d'autres choses qui le mettaient sur la voie ; il a réfléchi sur les phénomènes physiques avant, je crois, de réfléchir aux grands principes. Peut-être plus tard, quand il a édifié la relativité généralisée, s'est-il laissé guider par des principes qui venaient de la relativité restreinte, mais au début je ne crois pas que ce soit le cas. Si on lit par exemple, et je l'ai fait récemment, les démonstrations qu'il a données de la formule de l'inertie de l'énergie, qui joue un si grand rôle dans la question de l'énergie nucléaire, il prend des exemples tout à fait concrets, il les étudie avec beaucoup de détails, en physicien, et c'est de là qu'il tire le principe de l'inertie de l'énergie. C'est comme cela qu'il procédait dans toute la première partie de son œuvre, dont on ne parle plus guère. Il a analysé les fluctuations du rayonnement noir, il a analysé les émissions spontanées et les émissions provoquées, qui aujourd'hui jouent un rôle énorme dans la théorie des masers et des lasers, par des procédés très simples et qui sont en relation avec l'expérience directe.

On voit qu'il imaginait vraiment ses expériences, et c'est pour cela que lorsqu'il a découvert la double nature de la lumière, il a pensé tout de suite qu'il y avait des ondes et des corpuscules, ces corpuscules et ces ondes étant étroitement liés. Cette idée se trouve tout le temps dans ses premiers travaux, et j'ai eu l'occasion récemment de lire un travail qui m'a beaucoup intéressé : M. Martin Klein — ce n'est pas un complice car je ne le connais pas du tout — m'a envoyé un travail dans lequel il a analysé toute l'œuvre d'Einstein en ce qui concerne justement les choses dont je viens de parler. Il y a consacré un travail très approfondi, dans lequel il a repris toutes les démonstrations d'Einstein. On voit très bien la marche de la pensée d'Einstein dans ce domaine, c'est une marche très objective, qui regarde les choses de très près, et cela m'a même un peu servi dans l'exposé que je vous ai fait tout à l'heure.

On peut dire qu'il avait l'esprit très objectif, et c'est pour cela qu'il n'a pas bien compris, et probablement jamais admis, les conceptions de l'École de Copenhague. Je crois tout de même que l'on ne peut pas traiter à la légère les objections faites par un esprit comme Einstein. Même dans le petit exposé très court qu'il avait fait spécialement pour le livre qui a été publié à l'occasion de mon soixantième anniversaire, il avait fait des remarques qui sont très profondes quand on les regarde de près. Évidemment il faut avoir beaucoup réfléchi à la question pour en voir la profondeur, mais elles sont très profondes ; et il a écrit cela en 1952, c'est-à-dire trois ans avant sa mort.

R. P. RUSSO

Je voudrais simplement écarter une équivoque portant sur cette notion de positivisme. Le terme de positivisme est un terme fâcheux parce qu'il a plusieurs aspects. Si l'on entend par positivisme une attitude qui non seulement se limite à l'observation, ne veut reconnaître de notions que celles qui peuvent se référer à l'expérience, mais une attitude qui ne veut pas que l'on prenne ses distances par rapport à l'observation, Einstein n'est pas positiviste, et il l'a été de moins en moins. Mais je me permets de maintenir qu'en 1905, la démarche décisive d'Einstein procède d'une attitude positive parce que c'est bien une telle attitude qu'il a prise lorsqu'il a dit en substance : « Je ne veux pas entendre parler du temps absolu parce que je ne sais pas ce que c'est ; je veux entendre parler d'un temps qui puisse être atteint à travers une observation. » En somme Einstein s'est battu sur deux fronts : sur le front du positivisme, en 1905, et encore, en 1921, quand il s'en est pris à ces philosophes qui nuisent au progrès des sciences en préférant aux concepts fondamentaux de l'empirisme les hauteurs inaccessibles de l'a priori ; et sur le front du réalisme objectif, quand il a affirmé qu'il existe des réalités rationnelles qui sont bien au delà de l'observation positive.

Je crains l'emploi équivoque du mot positivisme.

Je voudrais ajouter une remarque sur un point d'histoire. On ne peut pas dire que Mach ait été un positiviste au sens étroit du terme. Mach a su qu'il fallait aussi prendre ses distances par rapport à l'expérience. Frank, dans son livre sur Einstein, cite même un texte du père du Positivisme, Auguste Comte, ou celui-ci déclare qu'il faut savoir considérer des réalités au delà de l'expérience.

A . LICHNEROWICZ

Je voudrais dire mon accord avec ce que vient de dire M. Louis de Broglie. Je crois en effet qu'Einstein était un destructeur d'idoles, en ce sens qu'il ne voulait aucune philosophie extrinsèque et extérieure à sa démarche scientifique. Tout concept qu'il ne pouvait pas passer au double crible d'une cohérence mathématique — qui a, dans la seconde partie de sa vie, joué un rôle important — et surtout d'une analyse expérimentale, d'une analyse observationnelle constante, était pour lui suspect et condamné. Je crois que c'est dans ce courage scientifique extrêmement rare que se trouve une des clés du génie d'Einstein. S'il est un homme qui veut expliciter ce qu'est la philosophie implicite de telle théorie physique, il ne pourra la dégager qu'a posteriori ; elle ne saurait être préalable à une théorie physique.

J. P. VIGIER

Une première remarque simplement en ce qui concerne l'École d'ou est sorti Einstein. Mach est un grand physicien, il était parfaitement cohérent avec lui-même, il a nié l'existence des atomes sous prétexte qu'on ne

les voyait pas encore au moment où s'élaborait la théorie des gaz de Boltzmann et de Maxwell. Je crois que
sur ce point il y a effectivement entre nous un désaccord et qu'effectivement Einstein n'était pas un positiviste sur le fond.

Une deuxième remarque en ce qui concerne les
observations du professeur Matveyev. Je crois qu'il
ne faut pas voir dans la démarche d'Einstein, ni dans
celle de M. de Broglie, une tentative pour revenir en
arrière, ni par rapport aux quanta, ni même sur la
mécanique classique ; la tentative consiste au contraire
à introduire, à chercher des choses plus profondes,
nouvelles, qui précisément permettent de rendre compte
des phénomènes. C'est précisément la démarche d'Einstein de refuser un ensemble de recettes pour rechercher derrière cet ensemble une réalité plus profonde.
L'image du vide, qui ressort par exemple de la
théorie actuelle des quanta avec ce qu'on appelle
les fluctuations du point zéro, les énergies infinies,
tout cela suggère que plus on descend, marche après
marche, dans l'infiniment petit, plus on y trouve des
sources d'énergie fabuleuses et cahotiques. C'est dire
qu'il n'est nullement question de rétablir, derrière la
réalité actuelle des choses, des concepts préalablement
sortis d'un autre type d'expérience. Mais le problème
central qui est posé, c'est de savoir si derrière la réalité
de l'apparence cahotique fournie par des particules
élémentaires, à l'heure actuelle par exemple, il y a une
possibilité de théorie rendant compte de la diversité des phénomènes.

Je crois qu'il ne faut pas voir dans les dernières
années d'Einstein la démarche d'un homme qui se
cramponnait aux idées précédentes. Ce n'était pas du
tout cela, c'est le refus de deux sortes de barrières.
La première barrière, c'était le postulat que les théories
qu'on lui présentait à l'heure actuelle étaient la limite
ultime atteinte par la physique. Je crois que tous les
gens qui ont dit que la physique était terminée à un

moment donné se sont trouvés démentis par le mouvement ultérieur même de la science. La deuxième chose,
c'était la recherche, à partir de l'expérience, de modèles
destinés à rendre compte des réalités. Ces deux démarches sont précisément celles qui ont assuré le succès
des recherches théoriques d'Einstein en 1905, et je
crois très profondément qu'elles sont encore valables
à l'heure actuelle.

F. LE LIONNAIS

Peut-être pourrais-je rappeler — tout le monde la connaît à cette tribune bien entendu — la célèbre histoire
de Lord Rayleigh qui vers 1898 disait que la science
physique était pratiquement terminée, qu'il y avait
encore des constantes à mesurer, un certain nombre
de travaux à faire, mais enfin toutes les grandes idées
étaient obtenues, il ne restait guère que deux petites
choses à examiner, et c'était l'affaire des années suivantes ; le rayonnement du corps noir et l'expérience
de Michelson. Effectivement, il ne s'était pas trompé ;
mais c'était plus important qu'il ne le pensait.

J. ULLMO

J'y aurais renoncé parce que M. Vigier vient d'exprimer mieux que je ne pourrais le faire ce que je voulais
dire. Je pense en effet que les tentatives actuelles ne
sont pas des tentatives de réduction ; je pense que ce
sont des tentatives d'élaborer de nouvelles structures
plus profondes, capables de rendre compte de la réalité
à notre échelle, mais sans ramener cette réalité profonde

à des images macroscopiques qui soient grossières ; et l'exemple même qu'a donné M. Matveyev me paraît très frappant. En effet, il a fallu renoncer à nos habitudes macroscopiques de vitesse lente quand nous avons abordé les grandes vitesses de la relativité restreinte ; mais ceci a été une véritable acquisition de notre intuition. Mon maître Langevin — c'est une phrase que j'aime à répéter — disait souvent : « Le concret, c'est de l'abstrait qu'on a compris, c'est de l'abstrait auquel on s'est habitué. » Eh bien, demain nous espérons introduire de nouvelles structures qui seront très abstraites quand elles seront élaborées, (c'est peut-être M. Lichnerowicz qui nous les fournira à partir du front de taille des mathématiques) mais ensuite elles nous deviendront familières, elles deviendront du concret. Je pense que c'est une chose importante à connaître.

Puisque j'ai parlé de M. Lichnerowicz, il m'a fait remarquer que la relativité générale n'avait pas comme spécificité de se présenter sous une forme invariante ; mais historiquement cela a été le guide même qui a animé Einstein, et il est très remarquable qu'une idée universelle qui aujourd'hui guide toutes les recherches théoriques, la recherche des invariances, la recherche de ce qu'on appelle les groupes fondamentaux qui se trouvent derrière la réalité, qui sous-tendent la réalité objective, qu'une méthode aussi universelle se soit introduite de façon unique, si on peut dire, en donnant à Einstein l'impression (qui était sans doute illusoire) que puisqu'il appliquait cette méthode, d'un seul coup il comprendrait l'ensemble de l'univers. En fait non, la méthode était parfaite, elle est devenue même à peu près la seule méthode de recherche fondamentale de nos jours, mais il reste encore à savoir ce qui est invariant. C'est ce que j'ai appelé dans un de mes livres les a priori hypothétiques. Nous savons que nous aurons affaire à des groupes. Mais nous ne savons pas lesquels.

F. GONSETH

Mon âge me donne un certain privilège que je ne partage peut-être avec personne ici : c'est d'avoir été l'élève d'Einstein pendant plusieurs semestres et de l'avoir entendu à maintes reprises. A le connaître personnellement, j'ai pu connaître sa pensée en quelque sorte de l'extérieur comme de l'intérieur.

Or, l'image que j'ai de cet Einstein vivant et réagissant englobe tout ce qui a été dit jusqu'à maintenant. C'est-à-dire qu'il était bien positiviste, mais il n'était pas que positiviste ; il était bien théoricien, mais il n'était pas que théoricien. Je m'en vais en donner quelques exemples rapides.

Dans une conférence très peu citée qui a eu sa célébrité, Einstein a expliqué au public zurichois de la Société des sciences naturelles comment approcher dans l'expérience commune la théorie générale de la relativité. L'image dont il s'est alors servi était tout simplement celle d'un ascenseur. Par l'ascenseur, il expliquait comment on pouvait suspendre un champ de gravitation ; de là, il passait ensuite au principe de correspondance. Et j'ai souvent entendu Einstein exposer sa propre façon de concevoir le passage de la relativité restreinte à la relativité générale et le principe de correspondance ; il insistait sur l'inséparabilité observationnelle — et non pas mathématique — des effets des champs de pesanteur et des champs d'accélération. Ce fait d'observation était, pour lui, d'importance fondamentale. Je suis sûr que personne des orateurs précédents ne l'ignorait, mais je suis tout de même un peu surpris que cette idée n'ait pas été soulignée davantage, parce que cette façon d'Einstein de mettre un principe simple à l'origine de sa pensée pour ensuite prendre son essor, on la retrouvait dans toute sa façon d'être et de penser.

J'ai évoqué hier son cours de mécanique classique ; je n'ai pas pu évoquer par le détail ce qui nous a frappés, nous très jeunes étudiants : ce fut sa faculté extraordinaire de prendre un problème et de le disposer de telle façon que les principes semblaient s'appliquer d'eux-mêmes et les solutions se présenter d'elles-mêmes.

Einstein n'était pas un positiviste au sens étroit, je vous ai parlé de l'ascenseur, et je pourrais donner d'autres exemples. Einstein théoricien éclate dans cette réponse au très bon physicien Weiss, alors professeur à Zurich, lui aussi, qui lui ouvrait sa bibliothèque. Einstein sortit son crayon de sa poche en répondant : « Ceci pour l'instant est ma bibliothèque. » Comme vous le voyez, Einstein n'était pas écartelé entre un positivisme restreint et une façon trop étroite d'être théoricien, il était un praticien. C'était un praticien tant du côté de l'expérience que du côté de la théorie. En étudiant la façon dont on construit les montres et les horloges, je me suis rendu compte que le praticien, celui qui construit ou améliore les montres, a un pied dans l'opérationnel et l'autre pied dans le rationnel. Toute pratique d'une science est, me semble-t-il, de ce genre, et l'idée que j'ai d'Einstein, cette idée globale, presque unitaire, c'est celle d'un esprit puissant selon ce double mode.

VLADIMIR KOURGANOFF

Je voudrais faire quelques remarques sur la discussion un peu byzantine autour de la question de savoir si Einstein était positiviste, objectiviste, phénoménologue, etc. Je m'inspirerai, pour ces remarques, d'une suggestion faite par M. André Lichnerowicz, dans un article sur « La condition humaine du savant ». Il disait qu'à travers l'aventure scientifique « s'élabore et se modifie sans cesse une philosophie implicite autonome, difficile à analyser, dont les préoccupations, les problèmes et les concepts sont tout à fait étrangers à ceux de la philosophie traditionnelle. Ce serait faire œuvre sociale utile que de dégager patiemment à chaque instant ce qu'est cette philosophie implicite avec laquelle les savants, en fait, partout dans le monde, travaillent, cherchent, réfléchissent et parfois créent ou découvrent. »

Autrement dit, nous avons besoin, en science, d'une philosophie qui se dégage de la démarche scientifique elle-même, et il est difficile de plaquer des notions de philosophie traditionnelle sur des problèmes comme ceux dont nous discutons aujourd'hui.

Je pense que l'on peut éviter plusieurs malentendus, et toute cette discussion un peu confuse sur la question de savoir si Einstein était « positiviste » ou ne l'était pas, en essayant d'analyser directement sa démarche scientifique dans la création de la théorie de la relativité restreinte. Au fond, sa démarche a été très semblable à celle de Newton découvrant le principe de la gravitation universelle.

Pour établir la loi de la gravitation universelle, Newton commence par renoncer aux spéculations d'un Kepler, par exemple, qui se demandait si l'action responsable du mouvement elliptique des planètes était de nature magnétique ou autre. Newton s'est dit à peu près ceci : « Je n'ai pas besoin de savoir quelle est la *nature* de la gravitation. Ce qui m'intéresse, c'est de connaître la *loi* à laquelle elle obéit. »

Je crois que la démarche d'Einstein a été exactement la même, quand, renonçant *provisoirement* à examiner la *nature* de la lumière, question qui était à la base de toutes les autres théories de son époque (nature ondulatoire ou nature corpusculaire), il s'est demandé si le principe de l'indépendance de la vitesse de la lumière

7

dans le vide, par rapport à un mouvement inertiel
du laboratoire de référence, et par rapport à la vitesse
de la source, pourrait rendre compte des résultats
expérimentaux, au prix d'un changement dans nos
conceptions sur le temps.

C'est dans ce renoncement provisoire que réside
l'originalité commune de Newton et d'Einstein, par
rapport aux hommes de leur époque. Einstein renonce
aux hypothèses sur le *mécanisme* de la propagation de
la lumière, comme aux hypothèses sur sa *nature*,
pour se borner à l'étude de ses *propriétés*, et à l'étude
des conséquences observables de ces propriétés.

J'aurais tendance à appeler cela du « positivisme »,
mais si les philosophes ont une autre définition du positivisme, je me garderai bien de leur imposer la mienne.
C'est l'idée qui compte, et non le mot choisi pour la
représenter.

Mais lorsque j'entends le professeur Matveyev nous
dire que « ce que nous cherchons, c'est une image de
ce qui se passe dans la nature » (*What we look for, it
is a picture of what is going on with Nature*), j'ai tendance à croire qu'à l'époque de la création de la théorie
de la relativité, Einstein ne « cherchait » certainement
pas de cette manière. Il ne cherchait pas du tout à
savoir *ce qui se passe* dans la nature, mais à savoir
comment *se comporte* la nature, ce qui est tout différent.
Il y a là une nuance tout à fait fondamentale.

OLIVIER COSTA DE BEAUREGARD

Parmi les très nombreuses remarques que je voudrais
faire, je vais en exposer brièvement deux.

La première, c'est que nous avons assisté à un événement considérable, qui est la réconciliation des deux

grandes théories du xxᵉ siècle, la théorie de la relativité et la théorie des quanta.

Sur le plan de la relativité restreinte, le prix Nobel de cette année a couronné les trois grands artisans de ce succès (Tomonaga, Schwinger, Feynman) ; je voudrais saluer aussi les remarquables travaux de M. Lichnerowicz, qui a accompli le même travail pour la relativité générale et la quantification du champ de gravitation.

La deuxième remarque que je voudrais faire porte sur le très grand intérêt que me semble avoir une série d'expériences nouvelles qui mettent en évidence le rôle physique du potentiel vecteur électromagnétique dans une région où il n'y a pas de champ ; je crois que du point de vue de la préoccupation unitaire, c'est là quelque chose de tout à fait important. La dernière expérience en date de ce genre est celle de Mercereau et de ses collaborateurs, qui ont montré, conformément à d'autres expériences antérieures, que le potentiel électromagnétique exerce une action physique là où il n'y a pas de champ. Le résultat est invariant de jauge ; mais je pense que la conclusion la plus raisonnable, c'est que physiquement il n'y a pas invariance de jauge, car comment concevrait-on qu'une grandeur qui agit physiquement soit définie à un large arbitraire près ?

Or, il y a une théorie qui rend compte d'elle-même d'une pareille situation, c'est le photon à masse propre non nulle, que M. de Broglie défend depuis toujours ; c'est un point de vue auquel j'ai toujours adhéré, et je continue, surtout à la suite de ces nouvelles expériences. Je crois que le photon prend bien davantage sa place parmi les autres particules, à la suite de ces expériences, qu'on ne l'avait cru jusqu'ici. C'est la deuxième remarque que je voulais faire.

F. LE LIONNAIS

Avant d'achever ce débat, je vais vous demander la permission de le détendre en vous rappelant un autre aspect de l'activité scientifique d'Einstein, lequel ne s'est pas seulement exercé sur les sommets de la science, mais aussi, si je puis dire, dans les creux de ses vallées.

Ce très grand savant s'est passionné (il est vrai que c'est surtout dans sa jeunesse) pour des théories très modestes et pour des inventions très pratiques. Rappelons-nous d'ailleurs qu'il a commencé sa carrière au bureau des brevets de Berne. Vous ne m'en voudrez pas de vous donner deux exemples que j'ai choisis parmi une dizaine d'autres et qui prétendent non seulement vous amuser, mais peut-être compléter ce qu'est la figure d'Einstein.

Il a imaginé dans sa jeunesse une théorie qui permet d'expliquer la formation des sinuosités, des méandres des rivières et il illustrait ses explications d'une expérience que l'on pouvait reproduire dans une tasse de thé, et qu'on pouvait d'ailleurs élargir jusqu'à retrouver la loi géographique de Baer, selon laquelle les cours d'eau de l'hémisphère Nord, celui où nous nous trouvons, ont une certaine tendance à user plus fortement la rive droite ; le phénomène inverse se produisant évidemment dans l'hémisphère Sud.

Il s'est intéressé aussi à une loi de mécanique des fluides, qui avait été formulée par Magnus et développée par Prandtl, et c'est cette loi qui a été appliquée ensuite pour propulser des navires à l'aide de cylindres au lieu de voiles.

On pourrait multiplier les exemples qui nous montrent que ce virtuose de la science fondamentale ne dédaignait pas non plus les applications pratiques.

Je ne me risquerai pas à vous proposer un résumé de

ces débats ; leur richesse est à la fois un reflet de la richesse des travaux d'Einstein et aussi de la diversité des participants. Car si nous sommes ici sous le signe de la synthèse, nous ne sommes pas sous celui du syncrétisme, et nos pensées peuvent ne pas toujours s'accorder les unes avec les autres.

Il me semble en tout cas ressortir qu'Einstein a d'abord été très naïf, heureusement naïf, dans ses démarches scientifiques ; et en même temps très révolutionnaire, très anticonformiste. Je n'y vois pas de contradiction, je crois qu'une naïveté affirmée agressivement en face de la pensée traditionnelle est une manière d'être révolutionnaire. Ses contemporains (on a cité Poincaré et quelques autres) n'étaient pas naïfs. Lui a su l'être, et c'est peut-être le moment de rappeler cette formule d'Einstein : le vrai savant doit être un homme amoureux ou religieux.

VERS UNE COSMOLOGIE

F. LE LIONNAIS

Je voudrais remercier les participants d'aujourd'hui pour leur précieuse collaboration et vous présenter M. René Poirier, de l'Académie des sciences morales et politiques, M. André Lichnerowicz, de l'Académie des sciences, et MM. les professeurs Merleau-Ponty, Trautman, Cocconi, Mlle Mavrides, M. Costa de Beauregard et M. Kourganoff. Je voudrais d'abord me tourner vers M. René Poirier pour le prier de situer ce débat et, tout spécialement, l'intérêt qu'il présente pour les philosophes.

RENÈ POIRIER

Pendant longtemps, car il faut que j'explique pourquoi on a demandé à un philosophe ce discours introductif, la cosmologie a été une spécialité de philosophes : et par là même une spécialité décriée, que ce fût une cosmologie dogmatique, je veux dire une doctrine sur la forme et sur l'origine de l'univers, ou que ce fût une cosmologie critique, je veux dire une discussion des antinomies et peut-être des illusions cosmologiques. On y voyait des spéculations incontrôlables et sans fondement, transposant en lois de la nature et de l'esprit des préjugés ou des intuitions locales ; enfin, c'était une spécialité mal vue. Quant aux savants, tout au plus pouvaient-ils montrer quelles difficultés pouvaient entraîner les lois de force ou d'éclairement qui faisaient intervenir l'inverse carré quand on les appliquait imprudemment à un espace infini et qu'on supposait peuplé d'une manière homogène, ou bien ils s'interrogeaient sur l'évolution des étoiles, sur l'origine du système solaire, qui sont tout de même des problèmes locaux, bien qu'à très grande échelle.

Aujourd'hui c'est l'inverse, et les spéculations cosmologiques sont essentiellement fondées sur des schémas mathématiques ; ce sont des inventions de l'esprit mathématique, tangentes localement à l'expérience et qui nous imposeraient aisément, cette fois, une législation qui serait tout à fait catégorique si — dois-je dire par bonheur ? — les législateurs n'étaient pas assez souvent en désaccord. En tout cas, les philosophes sont priés de ne pas intervenir, de ne pas imposer de conditions aux systèmes et, même, de ne pas suggérer de raisons qui leur soient propres.

Je suis là pour suggérer que c'est un peu excessif, que les hypothèses cosmologiques demandent à être interprétées, et même à être sélectionnées dans un contexte qui ne peut pas être purement expérimental ou logico-mathématique. Je voudrais donc me demander, par exemple, quels problèmes cosmologiques pose au philosophe la théorie relativiste ; par cosmologique, j'entends ici relatif à la structure d'ensemble du monde, de l'univers physique, pas simplement à sa grandeur et à sa forme ; et je tâcherai de m'orienter peu à peu vers cette conclusion que j'annonce sans ambages : c'est qu'il me semble, même à l'heure actuelle, difficile de faire une cosmologie qui ne pose pas un **problème d'ontologie,**

qui ne comporte pas une métaphysique sous-jacente.
Dès l'instant qu'elle veut avoir une réalité, il faut qu'elle
se plie à certaines conditions aux limites, qui ne sont pas
de nature extra-scientifique, mais qui font allusion à
des problèmes différents des problèmes initiaux, je veux
dire à des problèmes comme celui des relations de l'âme
et du corps, comme celui de la possibilité d'une liberté,
etc.

C'est pourquoi il faut revenir un instant sur les problèmes épistémologiques.

Le monde, ce n'est pas simplement ce qui est, mais
c'est ce que l'on construit par le discours suivant des
normes rationnelles. J'entends le monde dans sa totalité, car il y a pour la science locale un critère radical,
définitif, qui est l'expérience. Quand il s'agit, au contraire, de ces immenses extrapolations, l'esprit logique
est très à l'aise pour construire — presque trop — il est
presque trop libre ; et comme l'art, la cosmologie vit de
contrainte et meurt de liberté.

Il faut donc nous demander quelles sont les règles qui
peuvent s'imposer au discours cosmologique. Et ceci
nous amène — puisque nous sommes placés sous l'angle
de la relativité — à en évoquer les problèmes classiques
d'interprétation.

Tout d'abord, ce problème de l'explication géométrique auquel il a été fait allusion hier. Est-elle un *nec
plus ultra* ? La manière dont, en relativité restreinte par
exemple, nous considérons les phénomènes dans leur
système propre, pour ensuite examiner leur transcription
dans les systèmes locaux, c'est un artifice qui a merveil-
leusement réussi, et pour lequel nous n'avons pas besoin
de savoir ce qui se passe entre le système propre et le
système local de l'observateur. Nous avons là un système de transformations qui se suffit à lui-même, comme
se suffisait à elle-même la physique des actions à distance
au temps de Newton, lequel ne cherchait pas ce que
c'était au fond que la gravitation et comment elle se
propageait. On dirait la même chose, dans le cadre de

la relativité générale, pour la déformation de l'espace
et du temps au voisinage d'une masse gravifique.

Est-ce là une forme définitive, ultime, de la science,
ou est-ce qu'au contraire il est permis de désirer une
explication même de cela, explication d'un type qui
reste à définir, mais que l'on voudrait tant soit peu
concret, tant soit peu pensable ? Au fond, ce problème
est passablement symétrique du problème qui sera
évoqué demain, à propos des formules indéterministes
ou probabilistes de la mécanique quantique. Sont-elles
un terme dernier, ou peut-on rêver d'un infra-détermi-
nisme qui les justifierait, naturellement dans des conditions d'explication qui ne sont plus de type normal ?

Ceci se rattache au problème fondamental qui doit
diriger toute pensée cosmologique et même toute espèce
de pensée, toute espèce d'épistémologie. Il y a deux
termes que nous tenons solidement. D'un côté, il y a
l'expérience. Elle n'est pas toujours définie parfaitement;
mais nous savons tout de même en gros ce que sont les
faits qui doivent servir de paradigmes et de norme ultime
à toute théorie. Et, d'autre part, nous avons la consistance logique qui est, au fond, la seule norme d'une
invention mathématique. D'un côté, l'expérience, de
l'autre côté, la logique. Or est-ce que toute science se
réduit à un discours logiquement cohérent et correspondant localement à une expérience ? Ou au contraire,
faut-il admettre qu'il y a, entre les deux, quelque chose
à trouver ? Voir et décrire le monde d'un côté, parler
du monde de l'autre, suivant les règles d'un langage
logique ; entre les deux y a-t-il un moyen de le penser,
penser n'étant pas nécessairement le refabriquer avec
des concepts ou des intuitions empruntés à notre
échelle courante, mais, tout de même, avec quelque
chose d'intuitif et qui s'y rattache ?

Hier, M. Matveyev a fait allusion à des formes de
pensées nouvelles, à des concepts entièrement neufs, à
la façon dont il faut, si j'ose employer la formule évan-
gélique, ne pas mettre le vin nouveau dans de vieilles

outres; et, par conséquent, à la nécessité de nous refaire
un esprit, une intelligence, un mode de conscience, un
mode d'intelligibilité qui soient adaptés aux nécessités
nouvelles.

Problème très délicat. Peut-on changer de peau comme
un serpent? L'esprit humain peut-il se refaire? Il peut,
certes, varier ses modèles, prendre une conscience plus
exacte de ses lois, il peut réduire ses prétendues exigences et par exemple utiliser la démystification pour
reprendre le mot qu'employait Jacques Merleau-Ponty
dans sa thèse sur « La Cosmologie du xxe siècle »,
touchant un certain nombre de principes considérés
comme des absolus et dont le type était le principe de
conservation de l'énergie. Évidemment, tous ces principes étaient plutôt des habitudes familières de penser
que l'expérience avait souvent justifiées, que nous avions
généralisées par induction, mais qui, au fond, ne repré-
sentaient pas nécessairement la nature humaine. Nous
sommes effrayés de notre propre liberté, nous cherchons
des contraintes nouvelles pour arriver à penser ce monde;
mais je ne veux pas traiter de cela.

Dernier problème d'épistémologie : est-ce qu'il est
légitime d'évoquer un au-delà de l'expérience, même
quand on ne peut pas le déterminer? Autrement dit,
devons-nous être soumis à un positivisme strict qui,
non seulement nous dit qu'il ne faut pas obéir à de
pseudo-ukases métaphysiques (cela va de soi), mais qui
nous dit même que tout ce qui dépasse l'expérience
mesurable, l'expérience concrète, n'a pas d'existence
pour le savant et ne constitue qu'une pseudo-réalité?
Ou devons-nous croire, au contraire, qu'au-delà du
directement expérimentable (et l'on ne sait jamais où
s'arrête ce directement expérimentable) il est inévitable de faire allusion à une réalité qui doit certainement
avoir quelques affinités avec le monde de la science mais
qui, cependant, diffère de lui en profondeur, en dimensions et qui, dans l'ensemble, constitue par rapport à
elle, une sorte d'au-delà semi-transcendant?

Mais, me direz-vous, s'agit-il simplement d'un inconnaissable spencérien? Non, j'entends un au-delà dont on puisse parler raisonnablement pour expliquer l'ensemble de l'expérience. Il faut qu'il rende explicable le monde de la théorie physique et, d'un autre côté, qu'il réponde à certaines exigences philosophiques, qu'il rende à peu près intelligibles des problèmes comme celui de l'existence d'un monde sensible et objet de conscience, l'existence d'esprits et, peut-être même, l'existence d'une liberté.

Voilà, par conséquent, quelles me paraissent être d'emblée — c'est une simple position de thèses — les limites d'un opérationalisme absolu, et d'une science qui n'admettrait comme critère et moyen de contrôle que la convergence locale avec des résultats proprement expérimentaux. Si vous voulez, c'est le problème de la recherche des absolus, en ce sens qu'il y a des choses qu'il est raisonnable de présumer, auxquelles il est raisonnable d'attribuer certaines propriétés, encore qu'à proprement parler on ne puisse jamais rien prouver à leur sujet.

Ceci m'amène maintenant, partant de considérations épistémologiques, à des problèmes plus concrets.

Ces problèmes cosmologiques comprennent d'abord, dans le prolongement de la théorie de la relativité, les problèmes mêmes de l'espace et du temps. Et il y en a un qui est essentiel et que je pose tout de suite, parce que, justement, il se heurte déjà à une de ces conditions aux limites qui sont d'ordre, je ne dirai pas extra, mais métascientifique. Est-ce que le continu espace-temps, dans son unité indissoluble, ne comportant pas en lui-même de distinction franche et naturelle entre l'espace et le temps, doit être considéré comme une implication dogmatique de la théorie relativiste (telle est l'opinion de M. Costa de Beauregard, que je ne trahis pas, j'espère), ou bien doit-il être considéré comme artifice d'exposition mathématique? Cette inexistence d'un présent universel, d'un temps cosmologique, doit-elle être seule considérée comme légitime, les divers types de temps et d'espace étant en quelque sorte des sections idéales dans ce continuum ?

Prendrons-nous donc à la lettre l'existence d'une seule réalité foncièrement indivise en espace et en temps, ou admettrons-nous qu'au fond, ce n'est là qu'un procédé d'exposition, infiniment précieux d'ailleurs, mais tout comme ceux dont je parlais, comme l'optique géométrique, comme la physique des actions à distance ; et que si l'on essaie d'adapter le discours à ce que peut être la réalité des choses, il est préférable d'admettre l'existence d'un temps et d'un espace séparés ?

Cela va très loin, parce que si nous admettons l'indistinction foncière, l'unité foncière du continu espace-temps, alors non seulement le passé se conserve dans toute son étendue spatio-temporelle, mais l'avenir déjà est en quelque sorte donné, et le devenir n'est que le cheminement d'un présent de pure conscience, qui se promène à travers le continu espace-temps, suivant des lignes d'entropie croissante.

Voilà déjà un premier problème sur lequel, peut-être, nous allons tout à l'heure discuter. En allant plus loin il y a le problème de l'interprétation réaliste de la multiplicité des temps et des espaces de la relativité restreinte. Certes, tout le monde accorde que, expérimentalement, physiquement, tous ces temps sont également réels ; il n'est pas question d'opposer un temps prêté à un temps possédé, un temps fictif à un temps réel. Il est bien clair que toutes les mesures d'espace-temps prises dans les différents systèmes en mouvement relatif uniforme sont également réelles. Tout le monde est d'accord aussi pour dire qu'il n'y aura aucun moyen d'attribuer à l'un d'entre eux un privilège aussi longtemps qu'on s'en tiendra aux systèmes en inertie relative ; (car il n'en serait pas de même des systèmes en accélération relative, la plupart des relativistes admettant, semble-t-il, que les accélérations ont un caractère absolu).

Est-ce que cela doit nous obliger à renoncer à la vieille

idée newtonienne suivant laquelle il y a, au fond, une immobilité correspondant à l'existence d'un substrat, d'ailleurs parfaitement indéterminé et indéterminable, mais doté d'une sorte de substantialité, d'une sorte de présent commun ; et, par conséquent, une grandeur spatiale et une grandeur temporelle des événements, à la fois séparées et bien déterminées, encore que toutes les mesures que l'on peut en faire ne nous permettent pas de dire laquelle. Cela revient à dire ceci : étant donné que la théorie de la relativité restreinte généralise à l'ensemble des phénomènes électro-magnétiques les propriétés de relativité qu'avaient les actions à distance de Newton, (lequel n'en inférait pas du tout l'inexistence, mais, au contraire, l'existence d'un espace et d'un temps absolus), pouvons-nous, devons-nous continuer à être newtoniens ? Sinon, quelle sorte d'idéalisme devons-nous adopter, comment pouvons-nous penser effectivement cette pluralité des temps et des espaces ?

Ceci se rattache toujours à cette fameuse exclusion de l'éther dont personne n'oserait plus prononcer le nom, mais qui renaît sous différentes formes comme support de tous les champs qui se sont multipliés, *background* auquel on ne peut pas échapper.

Ce que je voudrais dire simplement, c'est que dans la mesure où l'on veut poser un problème de réalité objective, d'ontologie du temps ou de l'espace, et du monde physique en général, il faut bien admettre ce que j'appellerai la conception purement cartographique, ou radiographique, de la science.

Je m'explique d'un mot. Admettons que le monde sensible, le monde de l'expérience avec ses couleurs, sa solidité, ses mesures, ses actions, soit par rapport à la réalité, ce qu'est l'image visible d'un corps humain à ce corps lui-même. Dans ces conditions, la science nous représente non pas du tout le corps humain lui-même, mais une radiographie de ce corps, ou encore, si j'ose dire, une carte, faite aussi de l'extérieur, mais plus clairvoyante, plus géologique ; c'est une radiographie, et

j'entends par là qu'elle est non seulement plus utile
parce qu'une radiographie guide mieux le chirurgien
qu'une photographie, mais aussi plus vraie parce qu'elle
nous donne plus profondément la structure du corps
humain que ne le donne l'image visible. Cependant,
personne ne peut songer à dire que les radiographies
du corps humain sont le corps humain et le véritable
objet de notre perception. Non, il y a quelque chose
d'autre, un au-delà qui s'exprime dans deux langages,
un langage sensible et un langage intellectuel, tous deux
« superficiels ». (Ce langage intellectuel est d'ailleurs un
langage présumé, car ces radiographies, nous ne les
faisons pas, neuf fois sur dix, nous les imaginons ; mais,
tout de même, quelquefois nous les faisons effectivement.)

S'il en est ainsi, les conditions qui peuvent s'imposer
à une théorie cosmologique doivent tenir compte du
fait que l'être qui est en jeu n'est pas homogène, par
exemple, à ce monde à trois dimensions et à temps simple
où nous vivons. Il est un au-delà dont ce monde est la
projection, le reflet.

J'arrive à mon troisième et dernier point, qui correspond à la cosmologie au sens étroit : c'est le principe de
totalisation intellectuelle des données de l'expérience.
Il faut bien l'avouer, nous fermons en paroles un monde
que nous connaissons localement par des expériences ;
ou, pour parler plus simplement, nous construisons de
grands schémas abstraits et proprement mathématiques,
que nous faisons correspondre par endroits à un certain nombre d'expériences, et ces schémas constituent
en même temps une totalisation. Mais, dans quelle
mesure totalisent-ils le réel, au sens fort ? A quoi corres-
pondent-ils exactement ? Qu'est-ce que nous totalisons
avec eux ? Est-ce que ce sont des architectures mathématiques, des artifices logiques, ou, au contraire l'expression d'une réalité ?

Ici, une fois de plus, je m'expliquerai par une comparaison : Quand nous regardons le ciel, il y a des étoiles,

il y a une astronomie de position et il y a une géométrie de la sphère céleste. Il est parfaitement raisonnable de dire que localement, la géométrie du ciel est de type plus ou moins sphérique. Mais, si nous intégrons et si nous disons maintenant que l'ensemble du ciel a la forme d'une voûte, est-ce que cela veut dire encore quelque chose ? Nous avons totalisé notre expérience et, cependant, qu'est-ce que nous avons totalisé ? Quelque chose qui n'existe pas. Nous avons totalisé, nous avons intégré des manières de parler, et remarquez que nous arriverons même quelquefois à dire qu'en réalité le ciel n'a pas tout à fait la forme d'une vraie sphère, mais plutôt celle d'une sphère aplatie ; mais nous savons très bien que cela ne veut rien dire ; s'il y avait une voûte céleste, elle serait sphérique. Seulement, il n'y en a pas. Le problème, quand nous faisons de la cosmologie, est, me semble-t-il, un problème du même genre : est-ce que l'ensemble de cet univers expérimental à trois dimensions n'est pas, par rapport à la réalité, une vue en perspective, une projection, un simple reflet sensible ? Et quand nous prétendons « l'intégrer », est-ce que nous atteignons autre chose qu'une simple intégration verbale, un schéma purement mathématique, et non pas quelque chose qui existe ?

Cette réalité est-elle alors un inconnaissable ? J'ai fait une réserve tout à l'heure sur le droit de parler de choses dont on est obligé d'admettre l'existence et dont, cependant, on ne peut pas — comme on dirait en termes pédants — déterminer au juste l'essence.

A une époque où, comme l'a si bien montré en quelques mots M. Lichnerowicz hier, il y a, désormais, au point de vue de la pensée, une sorte de prédominance du global sur le local, le problème fondamental de la cosmologie est désormais celui de l'identification des variables. A quoi correspondent-elles, soit par rapport à une expérience possible, soit par rapport à la réalité ? La réponse est extrêmement difficile. Quelquefois, on fait imprudemment correspondre des

expériences vécues à l'ensemble des valeurs des variables cosmologiques. Rien n'est frappant comme de
voir Gödel, dans son article sur *Einstein philosophe
et savant*, dire, en ce qui concerne certaines lignes
singulières de genre temps qui se fermeraient sur elles-
mêmes : elles ne peuvent pas correspondre à une réalité
parce que, psychologiquement, cela signifierait que
l'on revit des états qui seraient à la fois déterminés
par le passé et libres à l'avenir. C'est extrêmement
subtil : je ne pense pas que cela puisse se défendre une
seconde ; le problème est beoucoup plus compliqué que
cela, et je le cite pour montrer simplement quelle psychologie, quelle métaphysique inconscientes on utilise dès que
l'on veut identifier et interpréter en termes d'expérience
des variables purement abstraites. Sans aller jusque-
là, quelles sont, au juste, les expériences de type proprement physique qu'on pourrait faire correspondre
même localement ? Oserai-je dire, pour employer une
formule agressive, que l'acceptation d'une cosmologie est a priori la négation même de tout principe
d'opérationalisme, car nous savons très bien que,
dans les conditions cosmologiques, aux origines très
lointaines, où le monde ne ressemble plus en rien à
ce qu'il peut être de nos jours, où aucune horloge n'est
pensable au sens courant, si nous voulons encore donner un sens physique au temps, cela ne peut guère
être que les mesures que ferait un cosmostheoros,
pour parler comme Huyghens. Est-il possible d'identifier physiquement, dans les domaines les plus lointains, les variables à des résultats d'expériences qui
ne soient pas des expériences entièrement fictives ?

Le problème — et c'est là-dessus que je m'arrêterai —
deviendrait encore plus poignant, encore plus difficile, à partir du moment où on voudrait se servir de
ces considérations cosmologiques pour résoudre le
problème le plus fondamental, qui est celui de l'irréversibilité. Dans quelle mesure une hypothèse cosmologique pourrait-elle nous permettre d'échapper à

l'antinomie de l'irréversibilité du temps et à tout ce qu'elle entraîne, touchant sinon la fin (puisqu'on veut bien laisser le monde mourir) mais, tout au moins, l'origine (parce qu'on a beaucoup de peine à accepter qu'il ait commencé)?

Pendant longtemps, on a essayé d'adapter les hypothèses physiques et la cosmologie de l'irréversibilité à une sorte de requête pseudo-philosophique du retour éternel. Ce retour éternel, sous forme de renversement du temps (l'univers revenant inversé à ses origines primitives et peut-être oscillant indéfiniment), ou encore sous forme cyclique (comme un livre écrit sur un cylindre et dont la fin se raccorde au commencement), nous n'y tenons pas. Il procède de simples préjugés que j'appellerai anti-théologiques. Mais, d'un autre côté, les hypothèses opposées nous gênent aussi profondément. Une origine unique et absolue nous choque, et même l'hypothèse inspirée de la biologie d'un monde qui se disperserait, comme se disperse un corps humain, mais laisserait cependant une semence d'où pourrait renaître un autre monde qui, peut-être, participerait de l'ancien et le prolongerait indéfiniment comme les générations de vivants se prolongent, cette solution-là non plus (qui est peut-être la plus naturelle, la moins mauvaise) on ne peut pas dire qu'elle fasse notre conquête et que nous prétendions l'imposer.

C'est ici que je m'arrêterai. J'espère avoir montré, sans trop scandaliser, la solidarité qui existe entre les hypothèses cosmologiques de la science et la cosmologie philosophique, dans tout ce qu'elle peut avoir de non-autonome et de non-dogmatique.

C'est, en effet, en tant que scientifique et, en ce sens, disciple d'Einstein, que je voudrais que nous regardions le problème de la cosmologie. D'abord, je vais marquer, si vous voulez, pour une part mon accord profond avec mon vieux complice en cosmologie qu'est le professeur Poirier, et d'autre part, mon désaccord sur certains points.

C'est d'abord de cosmologie au sens étroit (le plus étroit) du terme, dont je vais essayer de vous entretenir. Je veux dire cette cosmologie, dont on peut dire que la conception générale est née avec Einstein. Quel est son but? Elle ne vise pas à être une intégration de tous les phénomènes (c'est en cela que je dis qu'elle est cosmologie au sens étroit), elle veut considérer un monde dans lequel chaque galaxie est regardée comme un point. Elle se place à une certaine échelle, à un certain ordre de grandeur, et les ambitions cosmologiques ne sont pas du tout de rendre compte des petits détails locaux, mais de regarder les choses à la plus grande échelle possible.

Dès l'abord, j'affirmerai — je crois, avec notre ami Poirier — que, pour qui prend au sérieux la science, la cosmologie scientifique n'est pas de la science. Elle est poème de la science, elle est jeu de la science, elle est ambition de la science, mais elle n'est pas partie intégrante de la science : il n'existe pas actuellement de cosmologie qui puisse se dire scientifique, au sens où il existe de grandes théories scientifiques.

Je crois que ceci est important ; dans toute une presse, et même des livres fort sérieux, cette distinction n'apparaît pas, à mon avis, suffisamment. On a l'impression que chaque savant sécrète son petit cosmos de poche, en concurrence avec d'autres, que ce cosmos doit être pris au sérieux, au même titre que d'autres. En fait ce sont des jeux et des poèmes passionnants. En quoi sont-ils passionnants ? Chacun d'eux suscite de nouveaux types d'observations et d'expériences, coordonne, d'une certaine façon, ces observations et ces expériences. Il y a là un moteur intellectuel puissant pour tout un domaine de la science, mais il reste étranger à ce qu'est la rigueur et le sérieux même de l'aventure scientifique. Nous avons besoin de ces jeux pour travailler aux tâches souvent austères et quotidiennes qui permettent d'intégrer, jour après jour, mille choses au vrai domaine de la science.

Comment est née la cosmologie moderne? Le premier essai a été fait par Einstein lui-même avec un univers statique sphérique. On reconnut vite que cet univers avait l'inconvénient grave d'être instable, et nous ne trouvons pas très sympathique un univers instable, que la plus petite perturbation aléatoire plongerait dans un état de mouvement.

Il y eut des entreprises fort intéressantes d'Eddington, il y eut surtout — c'est celui qui a connu le plus grand succès à ce jour — l'univers de Friedman et Lemaître, l'univers en expansion. Son intérêt et son succès vinrent de ce qu'il fournissait une voie d'approche pour intégrer les observations concernant le déplacement vers le rouge, concernant ce qu'on a appelé la fuite des nébuleuses à des vitesses qui sont de l'ordre de grandeur, pour les plus éloignées, de la vitesse de la lumière. En fait, le problème cosmologique dans le cadre rela-

tiviste, même le plus strict, est le suivant : nous avons
des équations du champ qui sont locales. Il nous faut
trouver sur notre espace-temps, avec une topologie
inconnue, des solutions qui soient globales. Il s'agit de
se demander : que pouvons-nous dire de raisonnable
sur la topologie de l'espace-temps ?

En fait, nous ne pouvons pas affirmer ou dire grand-
chose. Ceci est question de goût. Et, en effet, nous
avons besoin de discussions avec le philosophe pour
savoir quelles seront de notre double point de vue les
topologies sympathiques, les univers sympathiques si
j'ose dire. En général, je dirai que nous avons une sympathie profonde pour les univers clos dans l'espace,
car ils évitent bien des ennuis.

Un autre problème, plus subtil et qui est fort intéressant, est celui de l'orientabilité. Se pourrait-il qu'en
faisant un trajet suffisamment long dans notre univers,
nous revenions au même événement, changé en notre
symétrique ? Ceci est une propriété qui n'est point du
tout écartée mais qui, dans la coordination générale des
expériences et des faits, est relativement peu « sympathique » ; les explications en termes de groupe de Lorentz et de Poincaré, l'existence de deux types de neutrinos, avec leurs deux anti neutrinos, un neutrino lié
au muon et un neutrino lié à l'électron, conduisent plutôt
à penser que l'on a un univers orientable.

Le problème du temps se présente, je crois, sous
trois aspects fondamentaux. Le premier, c'est l'orientation du temps, la flèche du temps ; en quoi notre univers
permet-il de parler d'un passé et d'un avenir, en quoi le
passé et l'avenir se distinguent-ils ? C'est un premier
problème fondamental pour l'étude d'une topologie.

Un deuxième, c'est la topologie même dans le temps.
Tout à l'heure, M. Poirier nous a rappelé l'univers de
Gödel, c'est un univers à retour éternel, où des lignes de
temps se ferment sur elles-mêmes. Nous n'aimons pas
beaucoup cela. En fait, pour des raisons à la fois mathématiques et philosophiques, nous préférons de beaucoup

un temps ouvert, un temps qui se déroule, de moins l'infini, ou de zéro, à plus l'infini.

Le temps zéro, en effet, n'éveille pas, chez les mathématiciens, une très grande sympathie dans la plupart des cas. Ce temps global doit être profondément distingué du temps mesuré local, ce temps mesuré que nous accrochons avec nos horloges à des repères de l'espace-temps. Je voudrais, peut-être, marquer quelques points de désaccord avec mon ami Poirier. Je ne crois pas que l'état de la science actuelle soit une forme définitive et arrêtée de la science ; mais je parierais volontiers que ce n'est pas dans un type d'explication plus concret que la science s'engagera. Je pense que c'est au contraire vers une abstraction plus grande que nous irons, année après année. En fait, ce que nous souhaiterions connaître d'une manière précise, dans un cadre cosmologique, ce sont, parmi l'inépuisable variété des solutions des équations d'Einstein, des principes généraux abstraits simples pour sélectionner un univers qui soit le meilleur modèle possible de notre Univers. Je crois parfaitement qu'on peut discourir en discours non mathématique ; il existe un discours de type mathématique et un discours de type tout à fait différent, qui est celui dont M. Poirier revendiquait l'autonomie, ou, en tout cas, la légitimité. Je suis tout à fait d'accord avec cette légitimité, mais à la condition qu'on sache exactement ce qu'on fait. Car, dans ce type de discours, il ne saurait être question d'être objectif. L'objectivité est le prix de la rude discipline scientifique, de l'ascèse scientifique ; et lorsque nous comparerons, en effet, nos choix, nos goûts, nos préférences, nous parlerons du monde sensible, mais ceci ne sera pas du domaine d'un contenu objectif. Nous serons dans le domaine de ce que j'appellerai le nécessaire et fécond malentendu.

Une remarque encore. On a dit que l'électromagnétisme s'était aligné sur la dynamique newtonienne. Je crois que c'est plutôt l'inverse. C'est l'électromagnétisme qui a reçu le statut, qui a imposé même son groupe à la dynamique newtonienne et c'est cette imposition qui crée ce problème de l'espace et du temps « inconnaissables », sur lequel je réserve mon opinion.

O. COSTA DE BEAUREGARD

Je ne suis pas un spécialiste de la cosmologie relativiste. C'est donc en tant que cosmologue au sens large que je me trouve appelé à prendre ici la parole, et au titre d'auteur de deux livres, dont le premier, intitulé « Le premier principe de la science du temps, équivalence avec l'espace », fait un développement des conséquences de la relativité restreinte dans les différentes branches de la physique moderne.

Je ne vais pas beaucoup m'étendre là-dessus. On a énormément parlé de l'équivalence relativiste entre espace et temps dans le rapport C. C'est une équivalence quadratique qui, à mon avis, n'est pas sans rappeler l'équivalence linéaire qu'avait instituée le principe de Joule, entre travail et chaleur.

Le seul point sur lequel je voudrais attirer l'attention, c'est que l'application de la covariance relativiste au sens restreint à la mécanique quantique a marqué des progrès considérables. Chaque fois qu'on a pu rétablir la covariance relativiste dans la mécanique quantique, on n'a pas seulement fait un grand progrès conceptuel, mais on a également fait un grand progrès dans l'ordre de l'explication numérique. Ceci est vrai non seulement de l'ancienne théorie de l'électron de Sommerfeld, mais, encore davantage, de la théorie de l'électron de Dirac, qui a été la première explication satisfaisante de la structure fine du spectre de l'hydrogène. Et c'est également vrai de la troisième étape, qui est la théorie quantique des champs, sous sa forme covariante, avec explication des corrections radiatives. Cette théorie est due

à Tomonaga, Schwinger et Feynman, qui viennent de
recevoir le prix Nobel pour ces travaux. Il s'agit là de
certains des effets qui sont prédits avec la plus grande
précision dans la physique théorique. (Effet Lamb-
Retherford et moment magnétique anormal de l'électron.)

Je m'étendrai davantage sur le sujet de mon second
livre, « Le second principe de la science du temps »,
qui traite des problèmes d'irréversibilité. Ces problèmes,
qui sont terriblement subtils, ont suscité un grand
renouveau d'intérêt ces dernières années. Il y a d'abord
eu le livre célèbre de Reichenbach (*The Direction of
Time*). Dès que j'eus écrit mon livre « Le second principe de la science du temps », je me suis trouvé en correspondance avec un grand nombre de personnes de par le
monde. Enfin, nous sommes un petit club international
qui s'occupe de l'irréversibilité du temps.

Quand on regarde de près le problème de l'irréversibilité, soit en thermo-dynamique phénoménologique,
soit en mécanique statistique, soit en théorie des ondes,
soit même en cybernétique, on s'aperçoit à chaque fois
que l'irréversibilité n'est jamais contenue dans les équations élémentaires d'évolution, mais qu'elle se trouve
imposée de l'extérieur comme une condition aux limites.

Considérons, par exemple, le calcul des probabilités
classique. Comment se fait-il que la prédiction statistique aveugle marche si bien et que la rétrodiction statistique aveugle ne marche pas? La réponse du calcul
des probabilités est, en fait, un appel au principe suivant
lequel, quand on veut traiter d'un problème de rétrodiction, on n'a pas le droit de considérer comme également probables toutes les possibilités, mais qu'il faut
imposer à chacune un poids statistique extérieurement
choisi ; du reste, rien n'impose définitivement le choix
de ces constantes; la seule chose que dise le principe,
c'est qu'il est interdit de les prendre toutes égales.

Si l'on cherche les attendus qui motivent ce décret, on
est obligé de le faire dans l'insertion du système objet

d'étude dans un système plus vaste. Par exemple, si vous considérez une goutte d'encre qui se dissout au sein d'un verre d'eau, qu'est-ce qui fait qu'on ne peut pas attendre suffisamment longtemps pour que la goutte d'encre se condense dans le verre d'eau ? La réponse est que le système encre et verre d'eau est en interaction avec le reste de l'univers : la goutte d'encre concentrée n'a pas émergé d'elle-même de l'évolution du système, elle a été déposée au moyen d'une pipette par un physicien. On fait appel à quelque chose de plus vaste : le physicien avec sa pipette. Quand on est lancé dans cette voie, on ne peut plus s'arrêter ; on est reconduit, de proche en proche, à des systèmes de plus en plus vastes, et c'est pour cela que la considération de ce genre de problème prend tout de suite une allure cosmologique au sens large.

Qu'il doive y avoir une relation entre cette cosmologie, qu'on atteint par la statistique, et la cosmologie relativiste stricto sensu, beaucoup de gens le pensent. Je suis de ceux qui pensent que la suite du développement de l'histoire montrera qu'il y a une connexion étroite entre les phénomènes cosmologiques proprement dits et les phénomènes statistiques. En particulier, comme beaucoup d'autres, je suis très frappé par le fait que le rougissement des photons d'origine lointaine est un phénomène qui, par ailleurs, marque également la dégradation de l'énergie thermodynamique. Il y a déjà eu beaucoup de spéculations faites à ce propos. Je pense qu'on peut dire qu'aucune n'est définitive. Il y a là une voie à suivre, une voie très intéressante par ses développements possibles.

Eh bien, quand on regarde l'univers sous l'angle statistique, ce n'est pas seulement vers la cosmologie qu'on se trouve renvoyé : on l'est, également, vers la psychologie. Car vous savez que rien n'est ambigu comme la notion d'entropie ou la notion de probabilité.

Mais parlons d'entropie, si vous voulez : l'entropie, c'est le logarithme de la probabilité. L'entropie doit-elle être dite objective ou subjective ? C'est là un point qu'on n'a jamais pu trancher. Il y a des arguments qui vont dans un sens et il y a aussi des arguments qui vont dans l'autre; finalement, j'en arrive à penser qu'il faut dire que l'entropie est à la fois objective et subjective. La probabilité est un domaine où l'on saisit sur le vif l'interaction entre la matière et le psychisme.

Quand on parle de probabilité, il faut penser à une notion nouvelle qui a été introduite d'une manière extrêmement fructueuse, c'est la notion d'information, également définie comme le logarithme d'une probabilité. Cette notion d'information, maintenant qu'elle a été introduite, on s'aperçoit qu'elle était implicite partout dans les problèmes de calcul des probabilités ; retournement d'une carte dans un jeu, etc. Qu'est-ce qu'on acquiert en retournant une carte ? C'est une information. Et je crois que l'exposition de ces vieux problèmes de Pascal, de Fermat et de tous ceux qui ont suivi, gagne beaucoup quand on introduit, dès le départ, la notion d'information. Alors, ici, la cybernétique a fait une découverte majeure, de très grande portée, qui a été soulignée notamment par Brillouin, c'est qu'il est impossible de gagner de l'information dans une observation physique (mais, plus généralement, il est impossible de gagner n'importe quelle information que ce soit, au cours d'une conversation téléphonique ou en faisant marcher un ordinateur) sans qu'il se produise une chute concomitante de l'entropie de l'univers. Il y a là une découverte certainement considérable. Cela veut dire que nous sommes engagés dans un cosmos essentiellement probabiliste et que nous sommes tous, quand nous vivons et quand nous expérimentons dans ce cosmos, dans la situation d'un joueur qui joue aux dés ou aux cartes. Et je pense, soit dit par parenthèse, que toutes les discussions relatives à la mécanique quantique gagneraient beaucoup si on les repensait dans un contexte cybernétique. Car ce qu'on gagne dans une expé-

rience de micro-physique où se produit une transition
de probabilité, c'est une information.

Ce problème comporte un symétrique. Les cybernéticiens ont tout de suite compris qu'acquérir de l'information c'est se rendre capable de remettre en ordre le
système au point de vue macroscopique. C'est ce que
fait le démon de Maxwell, qui a une connaissance plus
fine des positions et des vitesses des molécules. Il
acquiert une information plus fine que l'information
de la thermodynamique classique macroscopique et,
grâce à cela, il peut remettre en ordre le système au
point de vue de la thermodynamique macroscopique,
en triant les molécules et en les expédiant dans les
faisceaux séparés.

La cybernétique a donc mis en évidence une relation
entre deux aspects de l'information : l'information-
acquisition de connaissances et l'information-pouvoir
d'organisation. Il y a là une redécouverte, qui n'avait
pas été préméditée, de la vieille relation aristotélicienne
entre l'information-connaissance et l'information pou-
voir-d'organisation. Je ne veux pas m'étendre davantage là-dessus, mais je crois que le développement de
cette idée nous lance dans des directions assez bergso-
niennes et teilhardiennes.

JACQUES MERLEAU-PONTY

Je voudrais d'abord exprimer mon désaccord sur
une des affirmations de M. Lichnerowicz. Quand
M. Lichnerowicz dit qu'il n'y a pas à l'heure actuelle
de cosmologie scientifique, je trouve que ce jugement
est plus un jugement de valeur qu'un jugement de
réalité. En effet, M. Lichnerowicz lui-même ajoute :
ces théories cosmologiques sont des poèmes, mais ce
sont des poèmes qui d'abord valent comme un puissant

moteur intellectuel, ensuite ils ont l'avantage de permettre de coordonner des observations et même de
susciter des observations nouvelles. Je demande donc
à M. Lichnerowicz : « Qu'est-ce qu'il faut pour qu'une
théorie soit scientifique ? Est-ce qu'il ne suffit pas
qu'elle coordonne des observations déjà acquises,
qu'elle suscite des observations nouvelles, et que, plus
généralement, elle vaille comme moteur intellectuel ? »

D'ailleurs, ces théories cosmologiques peuvent jusqu'à un certain point être confrontées avec des résultats d'observations. A l'heure actuelle, l'observation
de l'univers lointain permet, non pas certes de trancher
entre les différents modèles cosmologiques qui ont
été proposés, mais au moins d'éliminer un certain nombre de possibilités, (avec un certain degré de probabilité) et *a contrario* de confirmer que les théories cosmologiques doivent se soumettre au moins à certains
principes généraux. En particulier, le fait que le décalage spectral des galaxies obéisse à une loi bien connue
et qui est vraiment une loi universelle dont on peut
vérifier l'application jusque sur des galaxies qui sont
situées à plusieurs milliards d'années-lumière, (avec
tout naturellement ce que cette évaluation de distance
comporte d'incertitude), que l'on obtienne par exemple
sur certaines galaxies, par des méthodes différentes, le
même résultat, aux erreurs d'observation près, quand
il s'agit de décalage spectral, ceci suffit tout de même
à attester que la cosmologie est scientifique. Ou alors
il faut restreindre le mot scientifique d'une façon qui
me paraît, à moi, tout à fait excessive.

D'ailleurs M. Lichnerowicz se dit à bon droit disciple d'Einstein, et je me permettrai de faire remarquer
que sur ce point, il n'est pas tout à fait fidèle à son
maître puisque Einstein lui-même, dans des écrits
bien connus, considère le problème cosmologique comme
un problème important et qui est à traiter dans le cadre
de la théorie de la relativité générale.

Ce que je voudrais d'autre part évoquer, c'est une

des questions très importantes au point de vue de la cosmologie moderne, à la fois pour la philosophie et pour la science. Il s'agit de ce que la cosmologie appelle l'hypothèse du temps cosmique. C'est une chose bien connue que la théorie de la relativité restreinte a obligé à abandonner l'idée traditionnelle du temps universel indépendant de l'espace. Ce qui nécessite, je crois, encore beaucoup de réflexion, c'est le fait que lorsqu'Einstein lui-même a voulu transformer la théorie de la relativité en théorie cosmologique, il a été amené, non pas naturellement à rétablir le temps universel newtonien, mais à introduire une hypothèse, qui est d'ailleurs difficile à exprimer, mais qui consiste à postuler un standard universel de temps dans le monde. Einstein a introduit cette hypothèse dans des conditions qui étaient assez hasardeuses, parce que, justement à ce moment-là, certaines données d'observations qui ont été acquises depuis ne pouvaient pas être invoquées encore. Depuis, l'hypothèse du temps cosmique s'est trouvée confirmée par l'observation, d'abord par les découvertes sur la distribution des images des galaxies sur la sphère céleste, et surtout par la découverte du décalage spectral des galaxies et de la loi à laquelle elles obéissent. Et puis il y a eu — et je crois que c'est intéressant du point de vue de la philosophie de la nature et pas seulement de la science — il y a eu, sur cette hypothèse du temps cosmique, une sorte de convergence entre les données des nouvelles observations, et d'autre part certaines recherches théoriques qu'évoquait M. Lichnerowicz tout à l'heure, et qui ont montré que, si l'on se passe de l'hypothèse du temps cosmique, on risque d'être obligé d'admettre que nous vivons dans un univers paradoxal.

Nous pouvons très bien vivre dans un univers paradoxal sans être pour autant très malheureux ; mais tout de même on peut se demander s'il ne serait pas meilleur, du point de vue de la satisfaction de l'esprit, que nous vivions dans un univers qui ne soit pas paradoxal.

Je fais allusion au fameux modèle d'univers de Kurt
Gödel, qui est intéressant non seulement par ses ses résultats, mais par les raisons pour lesquelles il a été construit. Ces raisons, nous les connaissons parfaitement
bien, Gödel ne s'en cache pas, dans le court article qu'à
évoqué tout à l'heure M. Poirier : Gödel a établi, construit ce modèle d'univers pour des raisons philosophiques. Gödel nous dit : « Je ne crois pas pour ma part
que le temps soit réel ». Entendons par là « Je ne crois
pas que le temps soit quelque chose qui appartienne
à la structure réelle des choses et je vais le prouver.
Je vais le prouver en montrant que les équations
d'Einstein, avec le terme cosmologique, admettent
une solution (donc il s'agit d'une cosmologie parfaitement conforme aux intentions d'Einstein) dans laquelle le temps ne se ferme pas dans son ensemble,
mais dans laquelle coexistent des lignes ouvertes et
des lignes fermées du genre temps. » Dans ce modèle
de Gödel, comme dans les modèles « orthodoxes », le
substrat fondamental de la nature est fait de lignes
ouvertes du genre temps.

En chaque point on peut définir un standard de
repos, c'est-à-dire des particules qui parcourent ces lignes ;
mais cependant, dans cet univers existent aussi des
lignes fermées du genre temps, et ces lignes, Gödel
calcule même la quantité de carburant qu'il faudrait à
un « cosmonaute » pour les parcourir. Cette quantité
est si énorme que, évidemment, il n'est pas possible
de réaliser pratiquement le voyage. Mais si on pouvait
le faire, cela voudrait dire que dans un univers où le
temps dans son ensemble coule dans une certaine direction, un voyageur pourrait venir se promener dans son
propre passé, ce qui est assez singulier!

Peut-être M. Poirier a-t-il raison de dire que Gödel
lui-même, dans les explications qu'il donne, ne s'étend
pas assez précisément sur l'absurdité qui résulte de ce
retour dans le passé. Mais enfin, il y a tout de même
là quelque chose d'assez surprenant, et il est peu pro-

bable que l'univers de Gödel puisse être considéré comme un univers cohérent.

Je voudrais remarquer qu'il y a quelque chose d'assez satisfaisant en somme, et en même temps d'assez surprenant dans le fait que, précisément, ces données d'observation de l'astronomie moderne, dans la mesure où elles authentifient l'existence d'un temps cosmique, nous mettent à l'abri de l'absurdité qui résulterait d'un univers du type gödélien. C'est une rencontre sur laquelle on peut s'interroger, sur laquelle on peut méditer ; cette rencontre est trop heureuse en un sens pour ne pas faire naître le soupçon qu'elle n'est pas fortuite, c'est-à-dire qu'en somme notre propre raison est faite de telle façon que nous projetons sur le monde l'apparence du temps cosmique, c'est-à-dire que nous voyons justement dans le monde ce qui nous garantit contre cette absurdité. Mais je ne crois pas qu'en l'espèce le soupçon soit justifié parce que je ne vois vraiment pas le rapport secret qui pourrait exister entre les subtilisations et les hypothèses extrêmement sophistiquées de la cosmologie relativiste d'une part, et d'autre part, les données d'observation telles qu'elles sont.

En tout cas saluons cette rencontre qui nous donne un certain optimisme ; il y a là une certaine politesse de la nature à laquelle la physique moderne n'est pas tellement habituée, à voir les incroyables acrobaties conceptuelles et mathématiques que les physiciens sont obligés de faire quand il s'agit d'interpréter de façon cohérente les données de l'expérience en microphysique.

Maintenant, cet optimisme, il faudrait le tempérer, car, comme l'a d'ailleurs dit M. Poirier tout à l'heure indirectement, l'existence du temps cosmique pose toutes sortes de problèmes extrêmement compliqués, notamment quand on essaie de l'examiner vers le passé. L'inférence qui est suggérée par le décalage spectral des galaxies conduit à un modèle d'Univers en expansion. Par conséquent, que s'est-il passé lorsque cette expansion a commencé ? On retombe sur tous les problèmes métaphysiques auxquels M. Poirier faisait allusion tout à l'heure, mais je crois qu'il serait trop long d'entrer dans les détails sur ce point.

GIUSEPPE COCCONI

Je voudrais faire, à propos du problème cosmologique, deux remarques qui, bien que terre à terre, puisqu'elles expriment l'opinion d'un expérimentateur, ne sont peut-être pas sans rapport avec le sujet.

a) Je pense qu'il faut prendre garde à ne pas accorder trop d'importance à la cosmologie relativiste, même du point de vue de son contenu mathématique ou philosophique ; je crois en fait que les principaux résultats des cosmologies que nous débattons actuellement découlent non pas tant de l'appareil mathématique utilisé que des principes cosmologiques sur lesquels ces cosmologies se fondent.

Quand on aborde le problème de la cosmologie, on part généralement de deux postulats dits cosmologiques : celui d'un substratum uniforme et celui de l'isotropie. Du moment où l'on a accepté ces deux principes et construit une cosmologie qui les englobe, on découvre nécessairement une cosmologie qui est équivalente à la cosmologie relativiste. En fait, il est bien connu que par l'application de la mécanique newtonienne classique et de ces deux principes, on obtient inévitablement le résultat principal, à savoir la théorie de l'expansion de l'univers. Je pense donc que, bien que la théorie de la relativité générale soit aujourd'hui l'outil approprié pour traiter des problèmes de la cosmologie, ce n'est qu'un outil, qui n'apporte pas nécessairement la vérité. Les résultats définitifs sont déjà contenus dans les principes cosmologiques.

Pour montrer l'insuffisance de la relativité générale, il me suffit de vous rappeler que certains problèmes, comme celui de l'inertie (je me réfère essentiellement ici à l'opinion de Mach), lui demeurent encore incompréhensibles et restent à résoudre.

b) En ma qualité d'expérimentateur, les observations suivantes m'intriguent. Considérant l'univers, je suis frappé par le fait que les galaxies les plus éloignées que nous pouvons apercevoir maintenant, et qui se trouvent à cinq ou six milliards d'années-lumière (si l'on accepte la loi d'éloignement) ressemblent beaucoup à celles qui sont bien plus proches de nous ; en d'autres termes, j'observe dans le cosmos une évolution extrêmement lente, si évolution il y a.

En revanche, si je considère le monde vivant, ce qui me frappe le plus, c'est la force et la rapidité de l'évolution, surtout si je m'attache à la vie douée d'intelligence.

En tant qu'expérimentateur, ces observations me poussent à me demander si le fait que la vie se développe si vite, par comparaison à un cosmos essentiellement statique, ne signifierait pas qu'en dernière analyse, la vie exercera sur l'ensemble de l'univers un effet marqué, un effet cosmologique, au lieu de rester un phénomène localisé à la surface d'un petit grain de sable, la terre.

En conclusion, je voudrais dire que je m'accorde avec M. Lichnerowicz pour reconnaître que la cosmologie reste jusqu'ici essentiellement un jeu, extrêmement intellectuel certes, mais guère plus qu'un jeu.

STAMATIA MAVRIDES

Je voudrais rester sur ce terrain prosaïque qui est celui de la cosmologie actuelle, un terrain essentiellement proche de l'expérience et faire quelques remarques qui m'ont été suggérées par les orateurs précédents, mentionner aussi quelques points qui me semblent importants et dont on n'a pas encore parlé.

Je voudrais tout d'abord souligner le caractère contraignant qu'a présenté la cosmologie depuis Einstein. Depuis 1917, le problème cosmologique se présente dans le domaine scientifique d'une manière inéluctable. Alors que, jusqu'à présent, c'était ou bien le fruit de spéculations philosophiques, ou bien, quand il s'agissait de spéculations scientifiques, elles étaient plus ou moins gratuites, avec Einstein, le problème cosmologique entre dans une phase obligatoire.

Étant donné que la relativité générale cherche à déterminer les structures de variétés liées à une certaine distribution matérielle, on est obligé de chercher, avec plus ou moins de bonheur, quelle est la structure globale du contenu matériel de l'univers qui nous entoure. C'est donc ici un caractère tout à fait original que va prendre le problème cosmologique à notre époque.

Ce problème cosmologique était un peu décrié au siècle dernier en tant que spéculation philosophique ; il a aussi été énormément décrié par les physiciens, disons vers les années 30, parce que pour aborder ce problème, les physiciens ont été amenés, au début, à faire des schémas extrêmement simples. On trouvait que passer de spéculations métaphysiques à des représentations aussi simplistes de l'univers n'était pas sérieux. En fait, ces schématisations étaient inhérentes à la difficulté mathématique du problème : mais ce n'était rien d'autre qu'une approche mathématique. On ne pensait pas ainsi représenter l'univers dans son ensemble par un schéma aussi simple qu'un espace rempli d'un fluide parfait, homogène et isotrope. C'étaient des hypothèses de travail ; et bien entendu, plus on a pu obtenir de solutions, et plus on a renoncé à des hypothèses par trop simplificatrices. C'est-à-dire qu'on a essayé de construire de plus en plus des univers

8

réalistes, plus conformes aux données d'observation, moins schématiques. Il est donc bien entendu que si les principes cosmologiques ont entraîné cette schématisation, c'est uniquement comme hypothèse de travail ; dès qu'on a pu, on a adopté des hypothèses et des principes cosmologiques un peu moins simples, on a renoncé à un fluide continu, homogène et isotrope, on a essayé d'introduire des mouvements plus compliqués que des mouvements simples d'expansion ou des mouvements simples de rotation. Ceci est d'ailleurs, encore à l'heure actuelle, matière à travail.

Une idée sur laquelle je voudrais insister c'est que le point de vue du cosmologue actuel est celui d'un astrophysicien qui colle à l'expérience ; c'est-à-dire qu'il se défend de toute métaphysique, qu'il se défend d'extrapoler la connaissance fragmentaire qu'il a d'un échantillon accessible à l'univers dans son ensemble (non seulement dans son ensemble spatial, mais aussi dans son ensemble temporel). Autrement dit, il se défend d'une histoire du passé et de prévisions d'avenir de l'univers, car sa connaissance ne lui permet pas cette extrapolation. Du fait que l'on connaisse actuellement un échantillon d'univers et son comportement, on ne peut pas en déduire ce qui a eu lieu dans un passé reculé, et quelle en a été l'origine, et non plus quel en sera le devenir. Il y a en effet trop de liberté dans ce genre d'extrapolations portant sur le passé et sur l'avenir de cet univers. De même qu'il est difficile, à partir d'une radiographie du corps humain, pour reprendre l'exemple de M. le professeur Poirier, de reconstruire une photographie du corps humain, de même il est très difficile — et je dirai que c'est ascientifique — de construire, à partir de la connaissance que nous avons à l'heure actuelle, une évolution de l'univers dans son ensemble.

Et je voudrais aussi relever un point en ce qui concerne l'univers paradoxal de Gödel, qui est très prisé des philosophes justement par le paradoxe qu'il contient. L'univers de Gödel est un schéma construit par un logicien extrêmement intelligent et extrêmement au courant des problèmes relativistes. Ce schéma était une description au moyen de la théorie d'Einstein d'un univers animé d'un simple mouvement de rotation, moyennant quoi on aboutit à la conséquence qu'il existe dans un tel univers des lignes du genre temps fermées à côté de lignes du genre temps ouvertes, le parcours des lignes du genre temps étant d'ailleurs assez peu réalisable.

Mais du fait que ce parcours est tout de même logiquement possible, il y a une difficulté, et cette difficulté a d'ailleurs été discutée par Einstein. Einstein s'était intéressé à ce paradoxe et espérait le voir écarté pour des raisons d'ordre physique. Or, des travaux ont été actuellement repris sur le sujet, c'est-à-dire que, toujours dans l'optique d'une cosmologie plus réaliste, on essaie de voir ce qui se passerait si un univers comprenait d'une part des zones en rotation et d'autre part des zones en expansion. Ceci pose évidemment, au point de vue topologique, des problèmes assez ardus qui font l'objet de recherches, s'ils ne sont pas en voie de solution. Tout ce que l'on peut dire, c'est que dans un cadre beaucoup plus réaliste, les difficultés paradoxales rencontrées par le modèle de Gödel sont abolies ; par conséquent, une difficulté de principe, qu'il faut peut-être envisager, ne se rencontre pas, finalement, dans la nature.

Un autre point que je voudrais signaler, c'est qu'à l'heure actuelle la cosmologie moderne se présente de la façon suivante : ce n'est pas au théoricien de choisir parmi les différents modèles cosmologiques posés pour des raisons de principe, mais aux expérimentateurs de choisir parmi les différentes possibilités, celle qui sera la plus conforme à la réalité. A l'heure actuelle, certains objets d'expérience nous ont permis d'étendre beaucoup plus loin le domaine de l'univers qui nous est accessible ; autrement dit, nous disposons d'une échelle beaucoup plus vaste, d'un domaine beaucoup plus grand exploré et, par conséquent, de renseignements expérimentaux qui vont peut-être nous aider à choisir, ou en tout cas à éliminer, comme disait M. Merleau-Ponty, certains modèles.

Mais à l'heure actuelle, le cosmologue se rapproche de plus en plus de l'astrophysicien, beaucoup plus que du philosophe ou que du mathématicien-théoricien ; et même je pourrais dire, se rapproche de l'ingénieur. Actuellement, beaucoup de calculs de cosmologues sont tout à fait conduits comme des calculs techniques ; ils essaient de comprendre des données expérimentales, de les interpréter au moyen de la théorie de la relativité d'une part, et d'autres théories faisant appel à la thermodynamique ou à l'évolution de la matière, d'autre part. Autrement dit, avec le rapprochement entre le théoricien cosmologiste et l'ingénieur, nous allons frayer une route — tout au moins c'est l'impression qu'on a à l'heure actuelle — et c'est sur cette route qu'il faudra construire les métaphysiques.

V. KOURGANOFF

Je dois dire que j'ai été agréablement rassuré par Mlle Mavridès, car en écoutant M. Poirier, je commençais à me demander si, en tant que physicien, j'étais encore un homme, et si mon activité était encore une activité « humaniste ». De même, en écoutant M. Lichnerowicz, j'en étais à me demander si, en tant qu'astronome, j'étais poète ou mathématicien, ce qui serait encore, en plus sympathique, totalement inexact.

Je relèverai, tout d'abord, cette affirmation de M. Merleau-Ponty, qui, parlant de Gödel, je crois, nous a dit : « Le temps n'est pas réel. »

Eh bien, pour l'astrophysicien que je suis, le *temps*

n'est pas une notion purement philosophique, mais quelque chose de physique et de concret. Ainsi, entre autres possibilités offertes par la physique ou l'astronomie, on peut définir et mesurer le temps par l'*évolution des galaxies*.

Il y a des galaxies qui, de toute évidence, sont « jeunes », tandis que d'autres sont « vieilles ». Les plus lointaines parmi celles que nous observons sont, du fait même de leur éloignement, de l'ordre de plusieurs milliards d'années-lumière, vieilles de plusieurs milliards d'années. Tout cela nous donne une échelle de temps extrêmement confortable, solide, presque « matérielle ».

Pour préciser ma pensée, je vais m'efforcer de vous rapporter brièvement quelques résultats récents des « observations cosmologiques », au sens de Mlle Mavridès, c'est-à-dire des observations dont on espère qu'elles finiront par permettre de tester et de départager les différents modèles cosmologiques.

On ne peut parler sérieusement « d'observations cosmologiques » que depuis *quatre ou cinq ans seulement*. Pour la première fois, dans l'histoire de la science, on arrive à observer des « objets astronomiques » suffisamment lointains pour permettre un début de discrimination entre les nombreux « modèles d'univers » échafaudés à partir des théories relativistes de la gravitation, théories qui, sans de telles observations, resteraient de simples exercices de physique mathématique.

Nous avons, tout d'abord, les observations des « objets astronomiques » appelés du nom barbare de « quasars », ou, encore plus énigmatique, de Q. S. S., deux abréviations imparfaites de « quasi stellar radiosources » (sources quasi-stellaires de rayonnement radio).

Ces objets posent d'innombrables problèmes, dont à peu près aucun n'est encore résolu. On pense généralement qu'il s'agit d'astres, très lumineux intrinsèquement, ce qui permet de les observer même quand ils se trouvent à quelques milliards d'années-lumière, aux confins de l'univers accessible à nos instruments.

Les quasars se présentent, sur les photographies données par les télescopes optiques, comme des « points », c'est-à-dire comme des étoiles. Pourtant les raies de leur spectre sont déplacées vers le rouge encore plus que les raies des spectres de galaxies lointaines. Or, on sait qu'un tel déplacement de raies s'interprète par un mouvement d'éloignement mutuel des galaxies (effet Doppler-Fizeau). Ce mouvement obéit à la loi découverte par Hubble : la vitesse de fuite augmente proportionnellement à la distance, à raison de 23 km/s pour un accroissement de distance d'un million d'années-lumière.

Environ trois quarts des spécialistes considèrent que les déplacements vers le rouge des raies spectrales des quasars sont « cosmologiques », c'est-à-dire correspondent à une participation des quasars à « l'expansion de l'univers » décrite par la loi de Hubble. On peut, dans cette hypothèse, déduire la distance des quasars de la mesure du « red-shift » (déplacement vers le rouge) de leurs raies spectrales, par application de la loi de Hubble (convenablement extrapolée). Cette méthode d'évaluation de leur distance, qui place les quasars à des distances de l'ordre de 5 *milliards* d'années-lumière, conduit à leur attribuer, compte tenu de leur éclat (énergie reçue par mètre carré par seconde), une « puissance » optique cent fois supérieure à celle des galaxies les plus brillantes (pourtant formées de centaines de milliards d'étoiles) : c'est comme une lampe de 1 000 watts comparée à une lampe de 10 watts.

Depuis le mois de mai de l'année en cours (1966), nous connaissons, en plus des Q. S. S., d'autres « objets astronomiques » probablement aussi lointains, et aussi « puissants », mais qui diffèrent des Q. S. S. par l'absence (ou en tout cas la faiblesse) de rayonnement radio, qui caractérise, en plus du rayonnement optique, les Q. S. S. (et qui a permis leur découverte).

Ces nouveaux objets, appelés Q. S. G., semblent environ 500 fois plus nombreux que les Q. S. S.

Si les *red shifts* des Q. S. S. et des Q. S. G. sont réellement « cosmologiques », l'étude de leur répartition dans l'univers et de leurs mouvements, quand on en connaîtra un nombre suffisant, aux plus grandes distances, contribuera de manière décisive aux tests des différents modèles relativistes d'univers ; puisque dès à présent l'on observe des objets (Q. S. S. et Q. S. G.) dont l'âge semble représenter 0,93 de l'âge de l'univers. (Par âge de l'univers on entend, dans ce cas, le temps qui s'est écoulé depuis ce que les Américains appellent le *big bang*, la grande explosion, point de départ de l'expansion décrite par la loi de Hubble — ce qui n'exclut pas l'absence de toute « explosion ». — En supposant que la vitesse d'expansion soit limitée par celle de la lumière, 300 000 km/s, on déduit de la valeur citée ci-dessus de la correspondance entre l'accroissement de la vitesse et l'accroissement de la distance, un âge de 13 milliards d'années.)

Comme sous-produit de l'étude approfondie des propriétés physiques des quasars, on peut espérer trouver dans quel état se trouvait l'univers, sa matière et son rayonnement, à l'époque de sa « jeunesse », à l'époque très reculée où les quasars ont émis la lumière et le rayonnement radio qui nous parviennent seulement aujourd'hui, avec un « retard » de quelques milliards d'années.

Physiquement les quasars ne se comportent ni comme des étoiles ni comme des galaxies normales : ils sont, semble-t-il, siège d'événements d'une violence extrême, probablement cent fois plus violents que ceux des « explosions atomiques » les plus puissantes.

Dans les processus nucléaires actuellement connus (bombe A ; bombe H ; rayonnement des étoiles ; réacteurs nucléaires), 1% seulement de la masse des particules réagissantes est converti en énergie. Dans les quasars on se trouve apparemment en présence d'une annihilation complète de la masse des particules. Il s'agit donc certainement de processus très différents de ceux qui expliquent le rayonnement des étoiles.

Comme l'éclat des quasars n'est pas constant mais, varie rapidement et considérablement, il n'est pas encore absolument certain que les distances « cosmologiques » énormes qui leur sont attribuées soient réelles. En effet, malgré leur aspect ponctuel, ils pourraient quand même avoir un diamètre angulaire suffisant pour que leurs dimensions linéaires soient, à très grande distance, trop grandes pour des variations aussi rapides.

Heureusement les quasars, avec l'incertitude de l'interprétation de leur « red-shift », ne sont pas les seuls éléments d'information cosmologique que fournit l'astrophysique moderne.

En effet, l'analyse quantitative des spectres stellaires permet de trouver la proportion des deux principaux constituants « chimiques » des étoiles que sont l'hydrogène et l'hélium. On trouve que cette proportion varie d'une étoile à une autre, en particulier avec l'âge de l'étoile considérée, mais reste toujours comprise entre 8% et 18% : l'hélium représente toujours au moins 8 % du mélange stellaire. Or, on démontre que la « combustion » nucléaire de l'hydrogène dans les étoiles ne devrait donner, à la *surface* (seule accessible aux observations directes), que 1% d'hélium au maximum.

On s'est donc demandé si cette abondance anormalement grande de l'hélium par rapport à l'hydrogène ne proviendrait pas d'un « état initial » de la matière très condensé et très chaud (une température de l'ordre de 10 milliards de degrés), état dans lequel l'hydrogène aurait été converti en hélium *avant* que n'apparaisse l'univers tel que nous le connaissons aujourd'hui.

Malheureusement cette hypothèse, à son tour, n'est pas sans présenter quelques difficultés. En effet, un calcul relativement simple, montre que son adoption conduirait à une « abondance initiale » en hélium *supé-*

rieure ou égale à 14 %. Or, comme nous venons de le signaler, on trouve des étoiles où l'abondance en hélium est *inférieure* à 14 % et descend jusqu'à 8 %. L'étude des rayons cosmiques fournit des résultats analogues, avec une abondance en hélium pouvant descendre jusqu'à 9 %.

Ainsi, même si nous ne sommes pas encore en mesure de tirer des conclusions définitives des recherches de ce type, il est probable que des investigations dans cette direction nous permettront bientôt de savoir si oui ou non l'univers est passé, il y a quelques milliards d'années, par un état très dense et très chaud.

Cependant, dès à présent, les recherches sur la formation des éléments « chimiques » à partir d'un « mélange initial » de particules élémentaires (protons, électrons, neutrons), auxquelles s'ajoutent des recherches en cours sur une sorte de « bruit de fond » cosmique observé par les radio-astronomes, semblent converger vers cette conclusion qu'il y a environ 10 milliards d'années l'univers était environ un milliard de millards de fois (10^{17} fois) *plus dense* qu'aujourd'hui.

Nous avons là une donnée qui, malgré toutes les réserves qui s'imposent, est tout de même autre chose que de la philosophie ou de la poésie pure.

Naturellement, ce passage de l'univers par un état très dense n'implique pas nécessairement le *big bang* ou un « atome primitif ». Cet état peut très bien avoir été précédé d'un grand nombre d'oscillations, et rien n'empêche un tel état de se reproduire dans un avenir très lointain.

Tout ce que l'on peut affirmer c'est qu'en revenant de 13 milliards d'années en arrière, on ne retrouve pas la « création » du monde, mais sa « refusion », sa remise au creuset, et une reprise de l'expansion, avec formation des structures (galaxies, étoiles) que nous observons aujourd'hui.

Je voudrais, avant de terminer faire encore deux remarques.

Je suis en total désaccord avec ce que j'ai cru comprendre comme le thème central de l'exposé de M. Poirier. A écouter M. Poirier, la philosophie serait une sorte de préalable, une sorte de fondement, pour une recherche scientifique valable. Il me semble qu'un homme de science ne saurait accepter une prétention aussi ambitieuse de la philosophie.

Ce n'est pas au philosophe qu'il appartient d'établir les bases de la science. La science, en même temps qu'une saine philosophie, doivent avoir une base commune : la confrontation de nos concepts avec l'expérience, en tenant compte de la manière dont notre raison se trouve modelée par certains refus de l'expérience de se conformer à nos vues, à certaines « idées acquises ».

Nous ne pouvons pas parler ici de « spéculations gratuites ». Selon M. Poirier on devrait construire des schémas mathématiques qui correspondent « par petits bouts » à l'expérience. Eh bien, non! Quand Newton nous propose sa loi de la gravitation universelle, il ne s'agit pas d'une conformité « par petits bouts ». La loi de Newton se vérifie dans le système solaire, elle se vérifie dans les étoiles doubles, elle se vérifie dans les galaxies multiples. Par conséquent, les grandes théories scientifiques ont une base purement scientifique et ne donnent pas seulement une correspondance par petits bouts, mais nous permettent d'avoir une vue synthétique sinon de la totalité du moins de très grands bouts de l'univers.

D'autre part, si pour un philosophe comme M. Poirier, ou pour un mathématicien comme M. Lichnerowicz, l'univers se compose de « points matériels » que sont les galaxies, pour un astronome les galaxies ne sont pas des points, géométriques ou même matériels. Les galaxies, et les « objets astronomiques » variés qu'elles contiennent, sont pour l'astrophysicien des *laboratoires*, très complexes, de physique.

Le vrai problème de l'astronome n'est ni métaphysique ni purement mathématique. Il est d'incorporer

autant de faits astronomiques que possible dans la
« physique terrestre » et vice versa. Il part des lois
physiques découvertes par les physiciens dans leurs
laboratoires et il recherche comment ces lois permettent
de comprendre les phénomènes astronomiques.

Le problème classique des mouvements planétaires
(qui a dominé l'astronomie du xixe siècle) a cédé la
place vers 1930, à celui de la *structure interne des étoiles*, puis, vers 1940, à celui des *réactions nucléaires*
dans les astres, avec des ouvertures sur le problème
de l'évolution stellaire.

Le problème cosmologique, conçu comme un problème de mouvements de galaxies ponctuelles (« modèles d'univers » — 1920) est sur le point de céder la
place au problème de l'*état physique de l'univers* dans
le passé et dans l'avenir... Comme nous venons de le
voir c'est, en particulier, le problème de l'état « pré-
stellaire » de l'univers qui préoccupe actuellement les
astrophysiciens. Et dans ce domaine nous ne faisons
pas des « expériences fictives », mais des observations
réelles, et ces observations permettent, de plus en plus,
de faire un choix entre les théories scientifiques valables et celles qui ne le sont pas.

F. LE LIONNAIS

Je me permettrai d'indiquer qu'à mon avis le scientifique, lorsqu'il fait son œuvre, ne peut pas s'empêcher
d'avoir, avant même de commencer, quelque chose de
philosophique en lui, qui le contraint plus ou moins à
aller dans une direction. Ensuite, quand la science a
obtenu des progrès, il faut bien sûr que la philosophie
en tienne compte. Il y a presque deux sens au mot
philosophie : l'attitude psychologique profonde du
savant, et puis les résultats de la science.

ANDZREJ TRAUTMAN

Aujourd'hui, on parle d'habitude des cosmologies einsteiniennes, c'est-à-dire des cosmologies qui dérivent de la théorie de la relativité générale d'Einstein. Même les théories de l'état stationnaire, ou bien les théories de Jordan, se fondent sur la théorie d'Einstein.

Mais je crois qu'il est utile de rappeler qu'il existe une cosmologie newtonienne, fondée sur la théorie de Newton, avec son temps absolu et sa structure géométrique, qui constitue une généralisation naturelle de la loi d'attraction universelle. Cette cosmologie a des fondements logiques très simples, et elle donne le même résultat principal que l'autre en ce qui concerne l'évolution de l'univers. Elle conduit aussi à affirmer la fuite des galaxies, et la loi d'éloignement est la même que dans la théorie d'Einstein. Si je souligne ce point, ce n'est pas parce que je ne crois pas à la théorie de la relativité générale, ce n'est pas parce que je considère la théorie newtonienne comme meilleure, mais c'est pour convaincre ceux qui ne sont pas partisans de la théorie d'Einstein de ce que le résultat fondamental sur l'éloignement des galaxies est un fait très profond, indépendant des particularités des théories cosmologiques qui l'affirment. On peut déjà l'obtenir dans la théorie newtonienne. D'ailleurs, l'analyse de la cosmologie newtonienne donne quelques résultats qui sont intéressants d'un autre point de vue ; elle nous éclaire sur le problème de l'éther de la théorie dynamique pré-relativiste, définissant cet éther comme un champ de direction transversal aux hypersurfaces du temps absolu dans la théorie newtonienne. Ce qui ne veut point dire que je souscrive à la théorie de l'éther.

Cette analyse de la théorie newtonienne soulève un problème un peu plus général qui se lie, je crois, au sujet général de ce débat, qui est la synthèse des sciences exactes. En mathématiques, il y a un programme qui est maintenant à la mode, et qui consiste à analyser les structures fondamentales des théories mathématiques ; c'est le programme qui est spécialement poursuivi par le groupe Bourbaki. Dans chaque théorie mathématique on cherche à dégager les structures fondamentales, on les étudie séparément, et ensuite on étudie les relations entre ces structures. Je crois que l'on devrait faire une chose analogue en théorie physique ; on devrait étudier les structures fondamentales des théories physiques. En mathématiques, le mot « structure » a un sens bien déterminé. En physique, où je l'emploie dans un sens plus vague, on devrait étudier quelle est la relation de chaque élément de structure avec l'expérience. Les plus importantes révolutions dans la physique consistent à mieux déterminer la signification physique de certains éléments de structure, ou bien à généraliser, ou enfin à changer des éléments de structure. Par exemple, le passage de la théorie de Newton à la relativité restreinte consiste vraiment à nier la signification physique du temps absolu.

Je voudrais faire une remarque au sujet du modèle de Gödel, qui a été mentionné ici. Je crois que les mathématiques prennent des précautions pour qu'il n'y ait pas d'absurdités. Dans le modèle de Gödel, on ne peut pas formuler un problème de Cauchy global, parce qu'il n'y a pas, dans ce modèle d'univers, de sections d'espace global. On ne peut pas réaliser l'expérience fictive des astronautes qui partent et ensuite reviennent ; comme il n'y a plus de notion d'état, on ne peut pas formuler un état initial.

W. HEISENBERG

J'ouvrirai le débat, si vous me le permettez, non par des opinions ou des affirmations, mais par des questions. Supposons que nous essayions de coucher sur le papier une loi qui, comme les bonnes vieilles équations de Schrödinger, rende compte du spectre des particules élémentaires. Qu'avons-nous besoin de savoir pour cela ? Selon moi, il nous faut essentiellement répondre à deux question.

La première de ces questions concerne les propriétés de symétrie de la nature. Les mathématiciens ont appris aux physiciens, il y a une quarantaine d'années, qu'une loi de conservation est une propriété de symétrie, une propriété de groupe de la loi naturelle sous-jacente. Nous aurons donc à chercher les propriétés de symétrie, et, si nous connaissons la structure de groupe complète de la loi naturelle sous-jacente, je dirais, dès lors, que nous ne sommes pas loin de connaître la loi elle-même. Il restera sans doute à préciser quelques points, comme la causalité relativiste, entre autres ; mais cela ne présentera peut-être pas trop de difficultés. Tel est donc le problème numéro un, la théorie des groupes, et je vais dire dans un instant quelle réponse je lui donne. J'espère que la discussion fera surgir des remarques très critiques sur ce que je viens de formuler.

La question numéro deux concerne les instruments mathématiques à employer. Einstein a tenté d'utiliser une équation de champ. A présent, ce serait à coup sûr une équation quantique de champ, c'est-à-dire une équation liée à tous les problèmes de la théorie quantique : la relation de commutation, l'indéterminisme, etc. ; mais des doutes subsistent sur ce point : le seul instrument mathématique applicable ici pourrait bien être ce qu'on appelle la matrice S, ou matrice de diffusion, et l'hypothèse qu'il existe une matrice de diffusion n'est pas aussi restrictive que l'hypothèse qu'il existe un champ. Ainsi donc nous pouvons ou bien croire qu'il n'est possible de travailler qu'avec cette matrice S générale ; ou bien nous montrer plus hardis et dire : nous allons utiliser un champ ; ou enfin préciser davantage les choses en disant qu'il s'agit d'un opérateur de champ d'un espace d'Hilbert à métrique positive, et d'un espace d'Hilbert qui peut être construit à partir des seuls opérateurs asymptotiques. La dernière hypothèse est, bien sûr, la plus proche de la première forme de la théorie quantique, celle qu'ont proposée Wightman, Lehmann et d'autres.

Ce sont là les deux problèmes essentiels et je suis persuadé que, quand on les aura résolus, on aura réellement formulé la théorie de champ unitaire, ou peut-être la théorie unitaire tout court.

Et maintenant, je vais essayer de donner succinctement mes propres réponses à ces deux problèmes ; comme je l'ai déjà dit, j'espère qu'elles seront discutées.

Le problème numéro un concernait la théorie des groupes. Or, à ce propos, les difficultés surgissent de la manière suivante. S'il n'existait dans la nature que des symétries exactes, ce serait simple : partant des règles de sélection de la physique des particules élémentaires, nous n'aurions qu'à chercher quelles sont les symétries exactes, après quoi nous serions à même de formuler ces symétries. Malheureusement, on trouve dans la nature des symétries approchées et, dès lors, il faut choisir dans chaque cas entre deux possibilités. La première, c'est que la symétrie soit une symétrie exacte, mais ultérieurement rompue par une dissymétrie d'ensemble de l'univers, de l'univers dans l'état fondamental. La seconde, que la symétrie ait été dès le début une symétrie approchée, c'est-à-dire qu'elle ne soit pas une symétrie réelle, qu'elle apparaisse plus tard, par l'intermédiaire de la dynamique, comme une symétrie très grossièrement approchée. Eh bien, comme je l'ai dit hier, il existe heureusement un critère expérimental qui permet de distinguer entre ces deux possibilités. Dans le premier cas — celui d'une symétrie exacte rompue par l'univers — il doit y avoir, selon un théorème dû à Goldstone, des bosons — des particules de Bose — dont la masse au repos est nulle. Dans l'autre cas, il n'existe pas nécessairement de telles particules. En conséquence, nous répondrons que le groupe de Lorentz, le groupe de l'isospin et quelques groupes de jauge sont les groupes continus essentiels, mais que les groupes SU_3, SU_6 et SU_{12} ne sont pas des groupes fondamentaux de cette loi sous-jacente.

Venons-en à la question numéro deux. Nous croyons qu'il est possible de formuler un opérateur de champ, mais qu'on ne peut le faire dans un espace d'Hilbert à métrique positive, qu'il faut prendre un espace d'Hilbert plus large à métrique indéfinie, comme dans la version Bleuler-Gupta de l'électrodynamique quantique. Encore une fois, cette réponse prête à discussion et on peut présenter des arguments en faveur d'autres opinions. Mais je souhaite vivement que les orateurs qui vont intervenir essaient de formuler leurs propres réponses à ces deux questions typiques, car je crois que lorsqu'on aura ces réponses, on sera déjà au seuil de la théorie complète du champ unitaire. Voilà qui servira peut-être d'introduction au débat.

BERNARD D'ESPAGNAT

L'opinion exprimée par le professeur Heisenberg sur la nécessité de trouver, un jour ou l'autre, une explication à ce spectre des particules est certainement fondée ; il me semble qu'à cet égard nous sommes un peu dans la situation où on était avant l'arrivée de la mécanique quantique, et même avant l'arrivée de l'an-

cienne théorie des quanta. Les physiciens de l'époque
avaient des quantités de raies spectrales, et n'arrivaient
pas à expliquer ces structures. Il me semble aussi
— et je crois que tout le monde a ce sentiment — que
c'est un problème considérable, et c'est pourquoi la
plupart des physiciens ne l'abordent pas de front. Ils
essaient de louvoyer, de ruser avec les choses ; autrement dit, de faire des théories assez phénoménologiques
et qui ressemblent plus, il faut le reconnaître, au travail
de Rydberg qu'au travail, disons, d'un Bohr.

En ce qui concerne les questions spécifiques qu'a
posées le professeur Heisenberg, il est difficile de prendre position. Actuellement en effet, entre la tendance
à décrire les phénomènes au moyen de la théorie des
champs, comme on le faisait il y a dix ou quinze ans
— et l'explication par la matrice S, qui est à la mode
depuis cinq ans — on voit apparaître une espèce de
position intermédiaire, qui consiste certes à écrire des
interactions, mais pas en termes de champs fondamentaux, sauf le champ électromagnétique. Les autres
champs, on ne les écrit pas de façon explicite ; ce qu'on
écrit, ce sont des courants. L'expression des courants
en fonction des champs fondamentaux n'est donc pas
donnée. Il est possible d'introduire les divers postulats
de symétrie comme des postulats portant essentiellement sur ces courants, et à partir d'une écriture semblable, on arrive à expliquer un certain nombre de
choses limitées peut-être, mais qui sont pourtant loin
d'être négligeables, comme la non-renormalisation du
courant vectoriel, ou le calcul de la renormalisation du
courant axial, ou encore les rapports entre les taux
de désintégration de diverses particules, etc. En résumé,
il y a un certain nombre de résultats dont on ne voit
guère actuellement comment les obtenir au moyen
du seul formalisme de la matrice S. Par contre, on peut
les obtenir par un formalisme intermédiaire en quelque
sorte entre la pure matrice S et la description explicite
en termes de champs fondamentaux. Il s'agit bien

encore d'une théorie des champs, mais où ne s'impose
plus d'emblée le choix des champs à traiter comme élémentaires. Et c'est là un grand avantage.

W. HEISENBERG

Puis-je me permettre de poser quelques questions à
M. d'Espagnat ? Il m'a semblé, si j'ai bien compris votre
français, que vous suggériez une sorte de schéma
mathématique intermédiaire, utilisant les courants au
lieu des champs, mais cela signifie-t-il que ces courants
sont des opérateurs localisés agissant sur quelque chose
comme un espace d'Hilbert, que vous introduisez
véritablement une sorte d'espace d'Hilbert sur
lequel agiraient ces opérateurs qualifiés de courants ?

B. D'ESPAGNAT

Oui, certainement, bien qu'à la vérité je ne considère pas ce schéma comme une théorie vraiment fondamentale. Je pense qu'il ressortit encore au domaine
de ces tentatives phénoménologiques auxquelles tout
le monde se livre actuellement. Il faudrait beaucoupe
d'optimisme pour y voir les éléments d'une répons
définitive ; mais, encore une fois, c'est un point de vue
qui nous aide à obtenir effectivement certains résultats,
alors qu'à mon avis la théorie purement axioma-
tique ne le permet pas. C'est à ce point particulier
que j'ai fait allusion. Quant aux détails, je ne dirais
pas que je sais comment on pourrait élaborer cela
en une théorie fondamentale complète.

W. HEISENBERG

J'ai l'impression qu'il y a très peu dedifférence
entre la théorie des champs et l'algèbre des courants,
sauf si vous voulez dire que vos opérateurs, vos opérateurs courant sont construits uniquement à partir
de champs asymptotiques, et non des champs véritables ;
mais, pour autant que je comprenne, cette partie de
la théorie des courants qui va au-delà de la théorie
asymptotique, est justement la partie que l'on ne

saurait interpréter comme une action venant du
seul champ asymptotique, si bien qu'en fait vous avez
un peu plus que les champs asymptotiques. Ai-je raison ? S'il en est bien ainsi, il me semble qu'il n'y a pas
grande différence entre ces opérateurs courant et les
opérateurs champ complet ; mais, bien sûr, on peut
même appeler les courants un champ... Je ne vois
pas beaucoup de différence.

B. D'ESPAGNAT

Mais l'avantage ne serait-il pas qu'il est inutile ainsi
de spécifier quels sont les champs qui sont fondamentaux et quels sont ceux qui ne le sontpas ?

W. HEISENBERG.

C'est très juste. Je n'aime guère cette distinction entre
champs fondamentaux et non fondamentaux ; elle est
très arbitraire.

J.-P. VIGIER

Sur la nature des problèmes actuels, je suis tout à
fait d'accord sur le fond avec le professeur Heisenberg.
Le problème fondamental, à l'heure actuelle, c'est le
problème des symétries. En effet, les grands progrès
de la mécanique quantique pendant toute une période,
ont été fondés sur une symétrie dynamique particulière, sur le groupe de Poincaré, qui gouvernait la dynamique des particules considérées comme des points.
Le travail fondamental de Dirac, c'est tout simplement
la linéarisation du premier invariant, du premier opérateur de Casimir du groupe de Poincaré, c'est-à-dire
le carré de la masse.

On se trouve alors devant une situation du type
série de Balmer ou série de Rydberg, c'est-à-dire que
l'on observe toute une série de niveaux de masses dans
les particules élémentaires ; et la question est de savoir

ce qu'il y a derrière cette apparence, et notamment s'il y a un groupe de symétries fondamentales.

Là-dessus je ferai une réponse différente de celle du professeur Heisenberg, je dirai que je ne crois pas que la symétrie des particules du type SU_3 (ou quel que soit le groupe de symétrie qui triomphe finalement), puisse être dissociée du groupe de Poincaré. On a en effet, d'une part, un groupe qui gouverne le mouvement extérieur des particules, c'est le groupe de Poincaré qui contient la masse et le spin, et on a, d'autre part, une série de nouveaux nombres quantiques, le spin isotopique, l'hypercharge, etc. La question est donc de savoir si tous ces nouveaux nombres quantiques font partie d'une symétrie globale plus profonde. Je répondrai que si la description de la physique que l'on a faite jusqu'à présent est valable, il faut qu'il y ait derrière cette apparence un groupe unifié.

Il y a eu des premières tentatives d'extension, par exemple celle de Michel qui a tenté d'étendre le groupe de Poincaré par un certain nombre de groupes de jauges ; en fait, son procédé mathématique ne donnait que l'extension par ce qu'on appelle des groupes de jauge abéliens. Tout à fait récemment, à l'Institut Henri Poincaré, un mathématicien remarquable, Flato, a proposé une autre idée qui consiste à unifier le groupe de Poincaré et le groupe des symétries internes dans un groupe global de façon à avoir une dynamique sous-jacente qui décrive l'ensemble du comportement des particules. Effectivement, dans ce cas-là on arrive à un résultat mathématique qui corrobore la deuxième hypothèse faite par le professeur Heisenberg, l'idée qu'il faut utiliser des groupes de symétrie non compacte et de métrique indéfinie. En fait, le groupe que l'on propose ainsi avait déjà été étudié par Einstein, c'est le groupe d'invariances conformes, c'est-à-dire les systèmes qui non seulement sont en vitesse relative constante, mais en accélération relative constante ; et dans ce cas-là une symétrie qui est semblable à celle de SU_3 mais pas identique, une symétrie que l'on appelle la symétrie SU (2, 1), apparaît.

Je crois que cette question de savoir s'il y a ou s'il n'y a pas une symétrie tranchera finalement la question de savoir s'il y a ou s'il n'y a pas de théorie unifiée possible. S'il n'y a pas de symétrie, il n'y a pas de théorie unifiée, parce qu'effectivement toutes les lois de conservation — comme l'a dit le professeur Heisenberg — résultent effectivement de propriétés, d'invariances, de symétries plus profondes.

Je crois d'ailleurs que l'algèbre des courants n'est qu'une étape vers la recherche de symétries plus profondes. En effet, quand on conserve dans des interactions courants certains nombres quantiques, finalement on établit une symétrie dans l'algèbre de ces courants. Le problème est alors celui-ci : y a-t-il dans la nature, derrière l'apparence que nous observons, une symétrie plus profonde ? C'est à cette question-là qu'il faut répondre, et je crois que toutes les tentatives actuelles sont précisément, qu'on le veuille ou non, des tentatives de réponse.

Je finirai en citant une formule de Feynman qui, à mon avis, est extrêmement profonde : à quoi sert d'introduire des symétries si c'est pour les casser immédiatement ? On introduit un instrument fondamental qui gouverne une dynamique, et ensuite on le casse lorsqu'on se trouve devant des difficultés.

Ce n'est pas une démarche théorique cohérente. En d'autres termes, tout le travail empirique de débrouillage fait à l'heure actuelle par les physiciens est tout à fait fondamental, mais nous en sommes tous au stade des gens qui regardaient le spectre de l'atome d'hydrogène, le spectre de l'atome d'hélium, etc. et qui étaient au fond à la recherche d'une dynamique plus profonde. Celle que nous cherchons aujourd'hui doit jouer, par rapport aux particules élémentaires, le rôle que la théorie de Bohr a joué par rapport au spectre atomique. C'est dans ce sens qu'il faut entendre l'espoir

de construire une théorie unifiée des particules élémentaires.

J. ULLMO

Je voudrais simplement souligner que nous assistons
à quelque chose d'assez extraordinaire. Je pense que la
physique est sur le point d'accomplir ce que l'on appelle
en anglais un *break through*, une percée vers quelque chose de tout à fait fondamental, analogue à celle
que M. Heisenberg a accomplie il y a maintenant quarante ans et qu'il va peut-être réaliser une seconde
fois.

Je crois qu'il a admirablement défini l'alternative
devant laquelle elle est placée. On découvre que les
particules fondamentales se classent selon certains
groupes ou encore selon certaines symétries, mais non
pas de façon parfaite. Il y a alors deux possibilités ;
le professeur Heisenberg pense que l'une donne davantage de chance, M. Vigier pense que c'est l'autre.

Le fait que le monde ne soit pas conforme aux symétries des groupes actuellement repérés, apparaît au
professeur Heisenberg comme un fait contingent dû
aux conditions initiales, au fait que le monde est apparu
avec une certaine dissymétrie, et que c'est cela qui empêche les symétries profondes qui s'exercent sur les
objets qui le constituent de se manifester à plein. Ceci
peut apparaître comme une introduction de contingence, et c'est ce que vient de dire M. Vigier. Pourquoi
imaginer cette origine des choses qui briserait les symétries dont on va se servir ensuite ? Mais la réponse très
profonde du professeur Heisenberg, c'est qu'on peut
utiliser cette contingence. Le fait que les symétries
ne soient pas respectées par les conditions initiales,
introduit des champs à longue portée qui nous sont
familiers. Le champ électromagnétique est de cette

nature, et j'ai cru comprendre que le champ gravitationnel l'était aussi. En somme, la théorie physique
s'appuie sur cette apparente incohérence et contingence initiale et en tire quelque chose de remarquable.

De l'autre côté, il y a les vues que M. Vigier développe
avec Flato, à mon sens tout à fait admirables aussi.
Ici, plus aucune espèce de concessions : le groupe fondamental est parfaitement respecté et les apparences
de rupture des groupes relatifs au mouvement interne
des particules élémentaires telles qu'il les transforme
les unes dans les autres sont simplement dues à ce que le
mouvement général, dans un univers constitué à la
fois d'un espace-temps et de l'espace interne des particules, ce mouvement général ne fait pas partie du sous-
groupe des mouvements internes, donc ne respecte
pas les invariances de ce mouvement interne. Là encore, on utilise de façon admirable la rupture — malheureusement c'est un peu difficile à expliquer — puisqu'on obtient des relations de masse entre toutes les
particules élémentaires qui, autant que je sache, sont
admirablement vérifiées.

W. HEISENBERG

Je voudrais, tout d'abord, faire quelques remarques
sur ce que vous, M. Vigier, avez appelé symétrie globale.
Je pense comme vous qu'il faut partir, ou que toute
théorie du champ unitaire devrait, pour être correcte,
partir d'une formulation de la symétrie globale contenant le groupe de Poincaré et d'autres groupes. Ceci dit,
je crois que la manière la plus simple, je dirais presque
la seule à ma connaissance, de formuler une telle symétrie globale, c'est de montrer un objet qui présente cette
symétrie. On peut donc dire aussi que la théorie du
champ unitaire part de quelque chose — en l'occurrence,
une équation — et qu'on a donc uniquement à voir
sous quelles opérations cette équation est invariante ;
on obtient ainsi la formulation de la symétrie globale.

Mais alors je voudrais également dire qu'on ne devrait

pas lier cette question à une mystique quelconque, la
déclarer très profonde, etc. ; il s'agit de physique d'une
espèce tout à fait ordinaire et normale. Et dans ce cas,
tout ce qu'il y a lieu de faire, c'est d'indiquer quelles
sont les symétries exactes. C'est là vraiment, je crois,
la première question et — maintenant que j'ai exprimé
une opinion bien déterminée — cette équation, que je
veux prendre pour base de la théorie du champ, est
exactement symétrique dans le groupe de Poincaré,
dans le groupe de l'isospin, dans un petit nombre de
groupes de jauge et dans un petit nombre de groupes
discrets, qu'il est inutile de discuter ici à fond.

Certes, on peut penser qu'on a déjà le groupe global
correct, ou bien qu'on ne l'a pas ; et c'est pourquoi
j'aimerais avoir votre avis. Croyez-vous que ce soient
là les seules symétries exactes de la loi sous-jacente,
ou bien qu'on devrait y inclure d'autres symétries
comme SU_3, SU_6, etc. ?

J.-P. VIGIER

Permettez-moi une question précise. Il n'y a pas
grande différence entre écrire une équation d'onde et dire
qu'elle est invariante dans un groupe de symétrie
globale, ou se mettre directement à discuter un
groupe de symétrie globale, sauf que c'est alors de la
physique ordinaire. L'important, c'est ceci ; je pense
que le groupe de symétrie interne doit également régir
l'équation d'onde ; autrement dit, que tous les nombres
quantiques doivent résulter des propriétés invariantes
de l'équation d'onde je veux désigner ici non seulement
la symétrie de Poincaré, mais encore le spin isobarique,
l'hypercharge, etc., et même SU_3, si vous voulez. Mais,
comme je l'ai dit, nous pensons, pour d'autres raisons
mathématiques, que vous devriez prendre un groupe
non compact à métrique indéfinie pour classer les états
internes. Mais, quel que soit votre choix, je suis absolument convaincu que l'équation d'onde devrait contenir tout, parce que sans cela vous n'aurez pas une véri-

table théorie unitaire : vous devriez ajouter au groupe quelque chose d'autre. Et la question des conditions initiales n'a rien à voir avec cette question-là, en ce sens que, par exemple, les groupes de jauge vous donnent la conservation des nombres quantiques. Mais si vous voulez conserver le spin isobarique, votre équation d'onde doit être invariante dans les transformations de spin isobarique. Si vous voulez conserver l'hypercharge, l'équation d'onde doit être invariante dans un groupe de jauge abélien, etc. Et tout l'ensemble des niveaux — si c'est bien là votre point de vue, et je suis d'accord avec l'idée de base — doit se déduire directement de la symétrie fondamentale, sans rien ajouter. Aussi, le problème de base devant lequel les physiciens se trouvent à présent — je ne dis pas que la réponse soit correcte ou incorrecte, c'est un point à débattre — ce problème est celui-ci : comment allez-vous réussir à unifier Poincaré et les symétries internes ? En d'autres termes, pour reprendre le mot de Michel, comment allez-vous étendre le groupe de Poincaré pour y inclure la conservation des nombres quantiques nouvellement observés ?

W. HEISENBERG

Je répondrai que j'y inclus tous ces groupes, et seulement les groupes qui sont les groupes de l'équation que nous utilisons ; autrement dit, que notre équation contient effectivement plus que le groupe de Lorentz, qu'elle contient effectivement le groupe de l'isospin, et aussi des groupes de jauge. Je ne crois pas que l'on doive y inclure autre chose, comme les symétries très vagues, approchées, comme SU_3, car ce ne sont pas des symétries fondamentales. Ainsi, je dirai : parfait, nous connaissons les symétries exactes — c'est-à-dire le groupe de Lorentz et U_2 — groupe de l'isospin, groupe de jauge, etc. ; mais c'est tout et ils sont inclus dans l'équation. Ainsi, par l'intermédiaire de l'équation, nous avons déjà relié le groupe de Lorentz à ces autres

groupes. Cela est suffisant, je crois ; mais êtes-vous
bien de cet avis ?

J.-P. VIGIER

Non, je ne pense pas que ce soit suffisant, parce
que la notion de symétrie approchée, en soi, exige
d'être éclaircie. (H. Oui!). Qu'est-ce qu'une symétrie approchée ? Du point de vue des faits observés, ce
qu'on observe, c'est la conservation de certains nombres quantiques (le spin isobarique, etc.). Quelque
chose qui se conserve de la sorte doit être, à mon avis,
relié à la symétrie, la symétrie de base de la nature
même. (H. Ah, oui!). Si vous ne le faites pas, il vous
sera très difficile de construire une dynamique sous-
jacente.

W. HEISENBERG

Mais c'est ce que je fais! Je voulais simplement
dire que les nombres quantiques associés à SU_3 ne sont
pas des nombres quantiques aussi bien définis. S'il
existait une loi de conservation pour SU_3, vous auriez
raison, mais puisqu'il n'y en a pas, qu'il existe seulement une loi très vague, approximative, je ne vois
pas que nous ayons à l'exprimer dans les hypothèses
fondamentales.

J.-P. VIGIER

Laissons de côté la discussion sur SU_3 ; je pense,
en effet, que nous sommes d'accord là-dessus.
D'ailleurs, Biedenham a montré récemment que vous
pouviez avoir des résultats semblables, par exemple,
avec le groupe que nous utilisons — soit SU_2. Ce qu'il
faut, c'est la conservation du spin isobarique, de l'hypercharge, du nombre de barions, etc., ce qui veut dire
que vous avez des groupes plus larges ou des groupes
différents qui vous donneront une conservation simi-
laire des nombres quantiques ; et il reste encore, bien
sûr, à classer les multiplets. Mais la question essentielle
est celle de l'unification, car si vous ne parvenez pas

à une unification, vous ne pourrez pas expliquer la masse.

W. HEISENBERG

Oui, mais l'unification, nous la faisons. Je veux dire : en quel sens n'essaierions-nous pas de faire l'unification? C'est cela que je ne comprends pas.

J.-P. VIGIER

A présent, on prend généralement le produit direct du groupe de Poincaré avec une certaine symétrie interne. Or, si l'on a un produit direct, il n'y a aucun espoir de lever la dégénérescence des multiplets parce que le carré de la masse commute avec toutes les symétries internes. Par conséquent, les multiplets sont nécessairement dégénérés.

W. HEISENBERG

Bien sûr, cette violation des groupes — des groupes de l'isospin, par exemple — je ne voudrais pas la relier à des choses de ce genre, mais à une dissymétrie de l'état fondamental de l'univers, au théorème de Goldstone. Si vous n'admettez pas cela, alors oui, vous pourriez avoir raison, mais je ne vois vraiment pas pourquoi vous combattez l'idée que l'état fondamental est dissymétrique.

J.-P. VIGIER

C'est une question de résultats!

W. HEISENBERG

Soit, mais je pense que ce théorème de Goldstone nous apporte une aide énorme. Il dit que si nous avons une dissymétrie due à la dissymétrie de l'état fondamental; si à l'origine il y avait une symétrie parfaite qui a été détruite ensuite par l'état fondamental, dans ce cas-là, et seulement dans ce cas, nous observons des bosons dont la masse au repos est nulle. Or, nous observons de tels bosons, nous voyons les photons, de sorte que je pense que nous avons un bon argument pour dire que nous sommes devant un cas où l'état fondamental est dissymétrique.

J.-P. VIGIER

Oui, mais on ne saurait mettre en avant cet argument sous une forme aussi tranchée, en ce sens que l'existence de particules de masse au repos nulle ne prouve pas que la dégénérescence de l'état de base soit levée ; je veux dire par là qu'on peut obtenir des particules de masse nulle à partir d'une symétrie non violée. Vous voyez, je pense que l'argument de Feynman est très profond à cet égard. Ce que vous voulez, c'est une dynamique totale, et une dynamique totale, cela signifie un groupe de symétrie globale.

DÉTERMINISME ET INDÉTERMINISME

F. LE LIONNAIS

Peut-être pourrions-nous entrer dans la seconde partie de cette réunion, dans la discussion sur le débat : déterminisme-indéterminisme, pour laquelle sont venues ici les personnalités qui sont à cette tribune et celles qui sont dans cette salle. Le professeur Heisenberg pourrait ouvrir ce débat en exposant le point de vue auquel il est arrivé maintenant sur cette question.

W. HEISENBEGR

Je ne m'attendais pas à ouvrir le débat sur ce problème déjà ancien mais, bien sûr, on peut le discuter sous cet angle puisqu'aussi bien, si Einstein a éprouvé des difficultés à admettre le point de vue quantique, c'est qu'il hésitait à adopter un indéterminisme fondamental. Nous pouvons assurément revenir maintenant sur cette vieille question. Mais, par ailleurs, on a dit tellement de choses à ce propos, que, vraiment, je ne sais par quel bout commencer.

On sait que dans la théorie quantique, il y a eu une interprétation des lois quantiques qu'on nomme parfois l'interprétation de l'école de Copenhague. Selon cette interprétation, les objets mathématiques que nous

couchons sur le papier ne nous disent rien sur la situation objective de la nature, mais, au contraire, ils
affirment quelque chose sur des potentialités, sur des
probabilités. Si nous écrivons que l'état que nous considérons a telle et telle forme dans notre espace vectoriel
d'Hilbert, alors, nous affirmons que si on fait maintenant telle chose, il va probablement arriver ceci, ou
il y a telle probabilité, etc. Ainsi, au centre de cette
interprétation de la théorie quantique se trouve introduit le concept de potentialité — comme dans la vieille
philosophie aristotélicienne — ou de probabilité, pour
employer un langage plus moderne. Et tout le problème,
c'est que notre schéma mathématique renvoie à des
potentialités, non à des réalités ; il n'est pas réaliste
au sens ancien. Cela, Einstein n'a pas voulu l'admettre
parce que, disait-il, il doit y avoir une nature objective
qui existe même si nous n'en parlons pas, même si nous
ne la connaissons pas ; elle est là et c'est elle que nous
devons être capable de décrire.

C'est un problème, en effet, et j'ai donné ma réponse ;
cela suffira peut-être à inciter d'autres orateurs à intervenir dans la discussion et à soulever des questions.

O. COSTA DE BEAUREGARD

Je fais partie du clan probabiliste. Je pense d'abord
avec Popper et Landé, que déjà la mécanique statistique classique, bien qu'elle soit faite avec un déterminisme caché, en réalité pointe vers une théorie sans
déterminisme caché. Pour faire comprendre ce que je
veux dire, je vais user d'un apologue : tout le monde
sait que l'on peut faire la théorie de l'effet Doppler et
de l'aberration avec la cinématique prérelativiste qui
utilise un éther. Le point important, c'est que les vitesses absolues s'éliminent du résultat et qu'il ne reste

que les vitesses relatives source-observateur. De sorte que, bien que la théorie de l'effet Doppler et de l'aberration soit possible en cinématique classique, le résultat pointe en faveur de l'absence d'éther, et par conséquent de la cinématique relativiste. Comme Popper et comme Landé, je pense qu'on est dans une situation analogue avec la mécanique statistique classique.

En effet, je voudrais dénoncer le paradoxe qui consiste à déduire l'objectivité de la croissance de l'entropie simplement d'une ignorance des conditions fines. Comment l'ignorance peut-elle expliquer des phénomènes parfaitement objectifs ? En fait, la chose importante n'est pas l'ignorance des conditions fines, mais ce qu'on sait sur leurs propriétés statistiques d'ensemble. Le point fort de la mécanique statistique classique est l'oubli de ce qui est caché et l'accent mis sur ce qu'on sait et qui est objectif, à savoir la distribution statistique.

Je voudrais évoquer à ce propos tous les raisonnements qui sont faits, par exemple, pour établir la distribution maxwellienne des vitesses. Ils sont tous apparentés en ceci qu'on se donne sous une forme ou sous une autre l'hypothèse d'un chaos statistique fin. On ne dit rien de plus et c'est suffisant pour obtenir la loi de distribution de Maxwell. Dans le même sens, je rappellerai l'argument de Landé sur les boules que l'on fait tomber sur une arête, une lame de rasoir si vous voulez. Ces boules tombent les unes à droite et les autres à gauche, conformément à une certaine loi statistique. Landé argumente ici d'une façon très fine à l'aide de l'argument de continuité de Leibniz. Quand j'ai lu cela, j'ai éprouvé un choc parce que je me suis rappelé que Poincaré tira d'un exemple analogue une conclusion opposée : c'est l'image de l'aiguille que l'on dresse sur sa pointe et qui tombe soit d'un côté soit de l'autre. Mais comment se fait-il que, de ce même argument matériel, Poincaré conclut dans un sens anti-leibnizien à une discontinuité entre la cause et l'effet,

alors que Landé conclut à la continuité cause-effet
au sens de Leibniz ?

J'ai regardé de près les deux argumentations. Naturellement il n'y a aucune faute de raisonnement, ni
chez Poincaré, ni chez Landé. Mais il y a une différence
de postulats. La différence de postulats, c'est que
Poincaré postule un déterminisme caché et qu'au contraire Landé postule un probabilisme essentiel. Notez
bien que je ne suis pas en train d'argumenter contre
l'existence d'un monde sous-statistique classique ou
contre l'existence d'un monde sous-quantique. Je suis
simplement en train d'élever un doute très sérieux
sur la nécessité de supposer que ce monde est soumis à
des lois déterministes.

Et maintenant, si nous passons à la statistique quantique, qu'est-ce qu'il y a d'essentiellement nouveau ?
C'est certainement le fait que le cas pur présente de la
dispersion par rapport à certaines mesures que l'on
peut faire sur lui. C'est certainement à cela que se rat-
tachent toutes les autres propriétés fondamentales
de cette nouvelle statistique, à savoir par exemple
l'interférence des probabilités, qui a été, à mon avis,
analysée de manière lumineuse dans le nouveau livre
de Landé.

Je saisis cette occasion pour dire que je suis très
loin d'être d'accord avec tout ce que dit Landé. Son
petit livre contient des choses avec lesquelles on ne
peut manifestement pas être d'accord ; mais à côté
de celles-là il en contient d'autres qui sont extraordinairement pénétrantes.

Un autre point de la théorie quantique qui est essentiel dans cette discussion, c'est la perturbation liée
à la mesure. Je crois qu'il y a là un trait tout à fait
précieux, et pour le faire saisir je me tournerai vers
une autre discipline moderne, la cybernétique. La
cybernétique a introduit la notion d'information et
elle a montré une chose que l'on n'avait pas soupçonnée
auparavant, c'est que chaque fois que l'on acquiert

une information sur un système physique ou même sur un système non physique, au moyen d'une calculatrice ou d'un téléphone ou de n'importe quoi, cette information ne peut être acquise qu'au prix d'une chute de la néguentropie de l'ambiance. Mais la cybernétique est allée plus loin. Elle a montré que l'information n'est pas seulement une acquisition de connaissances, mais aussi un moyen d'intervention, un moyen de remise en ordre du cosmos au sens de la statistique macroscopique. Elle a mis l'accent sur deux aspects symétriques de l'information, l'information comme acquisition de connaissances et l'information comme pouvoir d'organisation. Sans l'avoir cherché, elle est ainsi retombée sur une vieille association aristotélicienne entre les deux aspects symétriques de l'information.

Le fait que la théorie des quanta lie à l'acquisition de connaissances sur un système une perturbation de ce système est extrêmement précieux de ce point de vue, parce que c'est l'indice d'une liaison essentielle entre ces deux aspects de l'information, qu'on ne peut finalement pas dissocier l'un de l'autre. Je pense qu'on gagnerait peut-être dans l'exposition (par exemple du processus de mesure en mécanique quantique) à introduire ce mot d'information. Naturellement, c'est partout implicite dans le livre de von Neumann ; peut-être y aurait-il lieu de l'expliciter. Dans cette lumière, la réduction du paquet d'ondes, qui a fait couler tant d'encre, n'est pas quelque chose de tellement catastrophique ; c'est la transition d'information qu'on acquiert chaque fois qu'on fait une épreuve statistique, c'est la transition d'information qui apparaît lorsqu'on retourne une carte dans un jeu. Je pense que les ondes de la mécanique quantique sont bien des ondes de probabilité. Comme dit Landé, « ce sont des tables, comme des tables de mortalité d'une compagnie d'assurance ».

Je voudrais, avant de conclure, reparler d'une autre question qui a été longuement agitée dans ces discussions, c'est la querelle du modélisme et du formalisme.

On cite toujours, avec raison, comme un grand triomphe du modélisme sur le formalisme, le succès de la mécanique statistique classique sous-jacente à la thermodynamique phénoménologique. Je voudrais dire que l'on peut citer des cas tout aussi remarquables où la conclusion est allée dans l'autre sens. On connaît des cas où c'est le formalisme qui a vaincu le modélisme ; et le cas type, c'est justement la théorie de la relativité restreinte qui a été un triomphe du formalisme sur les modélismes des théories de l'éther. En plus de cela, si vous ouvrez aujourd'hui un traité de mécanique statistique classique, vous serez frappé du fait qu'il est extrêmement peu modéliste et qu'il est au contraire d'un formalisme, d'une abstraction considérable.

W. HEISENBERG

Je ne suis pas sûr d'avoir tout compris à cause de la barrière de la langue, mais j'ai compris (ou crois avoir compris) qu'à votre avis, on devrait plutôt interpréter la théorie quantique dans la direction suggérée par les travaux de Landé. En effet, Landé a proposé de comparer les lois de la théorie quantique aux lois de la mécanique statistique, aux lois de corrélation etc. ; il serait donc imprudent, d'après lui, d'employer des termes philosophiques généraux, comme il est arrivé à l'école de Copenhague de le faire.

Je voudrais faire la remarque suivante. J'ai cru comprendre — mais je me trompe peut-être — que cette interprétation de Landé, ou l'interprétation que vous suggérez, ne sera pas en désaccord avec l'autre interprétation concernant toutes les sortes de prédiction ; ainsi, quel que soit le genre de prédiction concernant une expérience future, les deux interprétations fourniront toujours des résultats identiques. Supposons qu'il

en soit ainsi ; sinon, j'espère que vous n'hésiterez pas
à m'interrompre. Bien sûr, c'est une affaire de langage,
la question est de savoir quels mots employer pour
décrire cette situation assez étrange, qu'apparemment
nous connaissons puisque nous pouvons tout prédire.
La question qui se pose est donc : ce langage — dont use
par exemple Landé — convient-il ? A mon avis, non,
et pour la raison suivante : le schéma mathématique,
dans la théorie quantique, manifeste une souplesse
extraordinaire ; ainsi le même schéma mathématique
peut être considéré comme un schéma utilisant des
coordonnées et des moments de particules ; mais quelques transformations suffiront à en faire un autre schéma
mathématique dans lequel interviendront des ondes,
des amplitudes, des densités d'énergie, etc. Il est donc
tout à fait évident que ce schéma mathématique peut
être rattaché de bien des façons aux interprétations
classiques. Sa souplesse est extraordinaire, et si l'on
recourt à un langage du genre de celui dont se sert Landé,
alors on perd cette souplesse, c'est-à-dire qu'on est,
par exemple, obligé de dire ; nous avons une mécanique
statistique de particules — mettons, les électrons dans
un atome de fer, ce sont des particules qui ont un
moment déterminé, des coordonnées déterminées ;
et ainsi nous avons un schéma mécanique statistique
qui est uniquement celui de l'objet en question. Mais
cela est beaucoup trop restreint, beaucoup plus restreint que le schéma mathématique : celui-ci permet
différentes interprétations. Aussi hésiterais-je à appliquer un langage trop restreint, qui n'a pas la souplesse
du schéma mathématique. De fait, le schéma mathématique décrit tout ce que nous avons besoin de savoir
parce que nous pouvons prédire le résultat de n'importe
quelle expérience. Mais si nous traduisons ce schéma
mathématique en langage courant, nous nous trouvons
alors devant cette difficulté que nos mots ordinaires
ne cadrent pas le moins du monde avec ce schéma mathématique ; nous devrons donc faire des compromis.

Or je dois dire que je déteste ces compromis qui restreignent tellement les choses, qui ne font qu'orienter vers une partie du schéma mathématique. Et voilà pourquoi ces interprétations assez étroites ne me satisfont pas.

A. MATVEYEV

Je voudrais tout d'abord répéter ce que j'ai dit avant-hier, car je crois que c'est applicable à la question qui nous occupe aujourd'hui : nous cherchons à comprendre ce qui se passe dans l'univers à l'aide d'idées et de notions qui existent dans notre tête ; or ces idées sont le produit de nos essais antérieurs de comprendre l'univers, et comme ces idées actuelles résultent de notre expérience macroscopique, leur applicabilité en dehors de l'expérience macroscopique et des faibles vitesses ne peut être qu'incertaine.

Pour l'étude des hautes vitesses et des objets microscopiques, nous ne sommes plus sûrs du tout que ces notions restent applicables : nous ne sommes plus certains qu'elles conservent un sens dans ce nouveau domaine. C'est évident. Quand nous avons abordé les hautes vitesses, il a fallu imaginer une représentation tout à fait nouvelle de l'espace et du temps, dans la théorie de la relativité. Quand nous avons abordé les phénomènes microscopiques, il a fallu concevoir de nouveaux modes d'approche. Nous savons qu'il n'y a ni particules ni ondes. Il existe quelque chose de synthétique qui se présente comme une particule ou comme une onde, selon les conditions du « spectacle ». Il s'agit là d'une approche générale. Par conséquent, lorsque nous considérons le problème de la causalité, nous devons commencer par analyser ce que nous entendons par ce terme, et s'il doit avoir un sens universel ou bien s'il perd toute signification en théorie microscopique.

Qu'entendons-nous par déterminisme et indéterminisme ? Eh bien, nous avons une notion du déterminisme qui a été formulée dans notre expérience macroscopique. Quelles sont les caractéristiques essentielles de cette expérience macroscopique du point de vue du déterminisme ? Tout d'abord, nous supposons que les suites de phénomènes dans le temps ont un sens. Telle est la première hypothèse. Ainsi nous pouvons dire que ceci est un phénomène, cela un deuxième phénomène, ceci une cause, cela une succession de causes et d'effets, etc. Nous savons donc ce que nous voulons dire par causalité en théorie macroscopique. Mais sommes-nous certains que la même signification s'applique lorsque nous passons à l'expérience microscopique ? Non, nous n'en sommes pas sûrs parce que la description de l'état a une tout autre signification. De surcroît, nous ne sommes pas actuellement certains que la notion de suite d'événements a une signification, parce qu'en théorie statistique, on ne peut guère parler de suite d'événements que dans les régions asymptotiques.

Dans ces conditions, comment parler de causalité au sens de l'expérience macroscopique ? Pour employer des mots qui ont un sens, je crois qu'il faut commencer par définir ce que nous entendons par déterminisme dans nos expériences microscopiques.

J'approuve en principe l'interprétation donnée à Copenhague de la mécanique quantique ; mais je ne peux pas admettre que cette interprétation signifie l'indéterminisme. S'il peut sembler en être ainsi, c'est que l'indéterminisme est pris dans le vieux sens de l'expérience macroscopique. Sans entrer dans le détail, on peut dire qu'il existe toujours des relations de cause à effet lorsqu'il existe des lois qui nous permettent de prédire le déroulement des phénomènes. Il convient aussi d'observer que la notion de relation de cause à effet est beaucoup plus large que la notion de relation définie par les lois physiques. Le seul but de la recherche scientifique est de découvrir des lois. L'existence de lois qui nous permettent de prévoir le déroulement des événements est l'expression de l'existence de la causalité. Bien entendu, s'agissant de lois statistiques, la causalité n'a pas le même sens que dans le cas des lois dynamiques. La signification de la causalité dépend aussi des caractéristiques de la description.

Prenons un exemple. Dans l'expérience macroscopique, nous pouvons reconnaître différentes parties d'un système et nous pouvons aussi identifier dans le temps les changements qui peuvent se produire dans différentes parties de ce système. C'est là, évidemment, une condition préalable de la possibilité d'une description causale au sens macroscopique. Mais une telle identification est impossible dans l'expérience microscopique. Par conséquent, une description causale au sens macroscopique n'a pas de sens dans l'expérience microscopique. Certains se hâtent d'en conclure qu'il n'y a pas de déterminisme dans l'expérience microscopique. Mais, logiquement, cette conclusion est fausse. En bonne logique, la vraie conclusion est la suivante : pour que la situation décrite ci-dessus signifiât l'indéterminisme dans l'expérience microscopique, il eût fallu que toutes les autres caractéristiques de l'expérience microscopique fussent identiques aux caractéristiques correspondantes de l'expérience macroscopique. Or, tel n'est pas le cas. De ce point de vue, la reconnaissance de la situation ci-dessus n'est pas la fin de l'analyse, elle n'en est que le commencement. Voilà pourquoi je ne peux pas admettre que l'interprétation de la mécanique quantique donnée à Copenhague signifie l'indéterminisme.

W. HEISENBERG

Je voudrais faire seulement une modeste remarque sur les termes « déterminisme » et « indéterminisme ».

Il est évident qu'on peut les employer de diverses manières et que leur sens n'est donc pas très bien défini.
Du modeste point de vue d'un physicien, cela appelle
la remarque suivante.

Dans l'ancienne thermodynamique statistique, on
disait par exemple : nous voici devant un système dont
nous ne connaissons pas suffisamment les coordonnées,
nous ne pouvons donc prédire ce qu'il va faire dans tel
ou tel cas. L'idée était alors qu'on pouvait *en principe*
déterminer le système puisque, en principe, on était
capable de mesurer toutes les positions des particules
et, partant, de formuler des prédictions. Mais, dans la
théorie quantique, nous nous trouvons en face d'une
situation nouvelle. Devant un atome de radium qui
peut se désintégrer en émettant un rayon alpha, nous
allons nous demander : est-il possible de prédire le
moment où ce rayon sera émis ? Et il nous faudra
répondre : nous ne pouvons faire de prédiction, et c'est
bien là toute la différence. Même *en principe*, il n'existe
aucun pouvoir de procéder à quelque sorte de mesures
que ce soit qui nous permettraient de prédire la désintégration. Il y a donc une différence entre la théorie
quantique et la théorie antérieure, en ce sens que nous
avons abandonné la recherche de paramètres capables
de mesurer et, par là-même, de prédire plus que la
théorie quantique ne nous permet déjà de le faire. Telle
est la seule manière dont le physicien quantique utilise
généralement ce terme « indéterminisme ». Est-ce la
bonne manière de l'utiliser ? J'avoue que je ne sais pas.

O. COSTA DE BEAUREGARD

Je voudrais dissiper deux malentendus. D'abord
je ne me présente pas ici en défenseur des idées de Landé.
J'ai dit qu'il y a des choses contestables dans son livre,

mais à côté de cela, il y a des choses intéressantes et qui font réfléchir ; en particulier sa manière de déduire l'interférence des probabilités est extrêmement ingénieuse.

Ensuite, je n'ai pas du tout voulu ramener la statistique quantique à la statistique classique. J'ai même dit expressément qu'il y avait quelque chose de tout à fait nouveau, c'était le cas pur avec dispersion : par conséquent, j'adhère entièrement au formalisme et à l'interprétation de l'école de Copenhague, sauf peut-être quant au langage employé. Sur le fond, sur l'interprétation mathématique, je suis entièrement d'accord avec l'école de Copenhague. Je n'ai pas dit que la statistique quantique se ramenait à la statistique classique, j'ai simplement dit que la statistique classique pouvait incliner à penser à l'existence d'un probabilisme essentiel exactement comme une fois qu'on a fait la théorie de l'aberration et de l'effet Doppler en cinématique classique, on peut se dire que puisque la vitesse absolue s'élimine, il serait mieux d'avoir une théorie où il n'y ait pas de vitesse absolue du tout. Je n'ai pas voulu dire autre chose.

J. ULLMO

Je crois que nous assistons à un débat assez périmé. Nous savons que le déterminisme classique est un cas limite, et que nous ne le réalisons pas dans la mécanique quantique ni dans l'expérience. A ce titre, la mécanique quantique est parfaitement conforme à l'expérience et l'exemple d'un atome radioactif est absolument légitime ; mais les admirables interprétations du professeur Heisenberg nous ont montré que cette incapacité de prévision provenait d'une limitation de notre connaissance ; limitation qui est insurmontable, d'ail-

leurs, à cause des conditions mêmes de l'expérience.
Donc nous pouvons renoncer au déterminisme au sens
de prévision parfaite, parce que de cette façon nous
préservons la notion beaucoup plus importante de
causalité.

Non cette causalité au sens où l'employait autrefois Bohr, qui était simplement l'application des règles
de la mécanique classique, mais la causalité au sens
philosophique, qui se ramène à un seul énoncé : deux
systèmes identiques évoluent de même, ou encore il
faut quelque raison pour qu'ils divergent, et ils ne sont
plus alors identiques. Pourquoi nous opposons-nous ?
Il est très peu souhaitable de renoncer à ce principe
de raison suffisante, ou de causalité ; ce n'est pas techniquement nécessaire. D'ailleurs, la mécanique statistique classique pourrait parfaitement être bâtie sur un
fondement de hasard pur, Langevin me l'affirmait
il y a trente ans. Mais il est extraordinairement difficile de renoncer à cette exigence de raison suffisante,
parce que toute la raison et toute la science sont bâties
là dessus.

Enfin un autre point auquel je suis sensible, c'est
l'opposition entre théorie formelle et théorie modéliste
(j'aime mieux dire théorie structurelle parce que les
modèles font penser à Lord Kelvin, au XIXᵉ siècle, à
des montages mécaniques).

La vraie différence, c'est que la théorie formelle ne
repose que sur son succès, et que la théorie structurelle
croit à la réalité de ce qu'elle décrit, réalité qui peut
être de nature mathématique extrêmement abstraite,
mais qui est posée comme une structure objective.

On nous a montré hier de façon très remarquable,
dans l'exposé sur la pensée d'Einstein, comment il est
parti d'une attitude positiviste, donc correspondant
peut-être à une théorie formelle, mais que la réflexion
l'a amené à une théorie structurelle tout à fait profonde ; et je crois comprendre que l'évolution du professeur Heisenberg, qui est aussi importante que celle

d'Einstein, va dans le même sens. C'est tout ce que je
voulais dire.

A. MATVEYEV

Je voudrais commenter brièvement l'intéressante
remarque du professeur Heisenberg. Le professeur
Heisenberg a expliqué ce que nous entendons, en parlant d'indéterminisme, lorsque nous considérons un
problème consistant à définir le moment exact de la
désintégration radioactive d'un noyau. Nous ne pouvons, en principe, prédire le moment où se produira
ce phénomène : on peut donc parler d'indéterminisme.
Ma réponse est la suivante : il me semble que la question de la détermination du moment exact de la transition du noyau n'a aucune signification du point de
vue physique.
Je m'explique. Dans l'histoire de la science, on a
parfois posé des questions qui n'ont pas de sens et qui
n'appellent pas de réponse. Par exemple, il y a quelque
deux mille ans, Aristote s'est demandé pourquoi les
particules se déplacent à une vitesse uniforme. Pendant
deux mille ans, les savants se sont efforcés de répondre
à cette question. On sait qu'Aristote lui-même a imaginé une certaine force qui expliquerait le mouvement
uniforme des corps. D'innombrables mémoires ont été
écrits sur ce problème pour essayer de le tirer au clair .
Mais un jour, Newton est venu, qui a dit que cette
question n'a aucun sens du point de vue physique,
qu'en fait elle ne se pose pas et qu'il n'y a donc pas lieu
de chercher une réponse : il s'agit d'une loi fondamentale du mouvement qui n'appelle aucune autre
explication.
Il existe de nombreux événements du monde physique qui ne s'expliquent par aucune loi physique particulière. Par exemple, un homme est renversé par une
voiture dans la rue. Considérons cet événement. Nous
pouvons suivre un enchaînement d'un grand nombre

d'autres événements qui ont abouti à l'arrivée de l'homme au point où l'accident s'est produit, à un certain moment. D'autre part, nous pouvons suivre un autre enchaînement d'événements qui ont abouti à l'arrivée de la voiture au moment et au point où s'est produit l'accident. De toute évidence, il n'y a aucune relation physique entre la première et la deuxième série d'événements. Je veux dire par là qu'une modification de la première série d'événements n'aurait eu aucun effet sur la seconde. Il n'y a donc aucune loi physique à l'origine de cet accident. Se demander comment il aurait été possible de prévoir le moment et le lieu de l'accident n'a donc pas de sens, du point de vue physique. Par contre, la causalité intégrale de la suite des événements considérés est indéniable.

La situation est analogue dans le cas de la désintégration radioactive. Actuellement tout au moins, nous n'avons connaissance d'aucune relation physique entre la désintégration radioactive et d'autres enchaînements de phénomènes physiques. Par conséquent, la situation est, dans ce cas, absolument analogue à l'exemple que je viens de donner. C'est pourquoi la question relative à la prédiction du moment de la désintégration n'a aucun sens du point de vue physique. Cependant, l'impossibilité de prédire le moment de la désintégration ne prouve pas l'indéterminisme de ce phénomène.

W. HEISENBERG

D'une façon générale, je souscris entièrement à tout ce que vous avez dit à propos de l'emploi très fréquent de mots mal définis et des nombreuses confusions qui en résultent quand on croit connaître la signification de ces mots alors qu'en réalité on l'ignore. Par conséquent, en ce qui concerne l'attitude générale, je suis absolument d'accord avec vous. Cependant, en ce qui concerne cette question

du temps, je crois que c'est un peu plus difficile et
qu'il ne faut pas perdre de vue le sens de ce qui a été
dit. Je veux simplement dire ceci : supposons que nous
ayons ici un atome de radium et un compteur disposé
de telle façon que quand le rayon alpha sera émis, le
compteur le montrera. En ce cas, la question suivante
a bien un sens : le compteur se déclenchera-t-il avant
midi ou non?

Cela arrivera ou n'arrivera pas, mais il est certain
que cette question a un sens très défini. La difficulté,
c'est qu'on ne peut pas prédire, mais la question a un
sens précis. Etes-vous de cet avis?

A. MATVEYEV

Je suis entièrement d'accord. La question a bien
un sens précis mais, ainsi que je l'ai expliqué, il me
semble qu'elle n'a pas de sens *physique* et que, de
cette façon, rien n'est prouvé.

B. D'ESPAGNAT

Nous sommes dans un domaine terriblement difficile. Je voudrais essayer de revenir à une formulation
peut-être plus élémentaire de la question, et aussi à
ce que disait le professeur Heisenberg pour introduire
le débat. Il a parlé de la conception d'Einstein, de la
conception d'une réalité qui existe objectivement,
indépendamment de l'observateur, et qui existerait
même s'il n'y avait pas du tout d'observateur. Appelons, si vous voulez, « réaliste » cette manière de voir
les choses. M. Heisenberg a dit que c'était à cause d'elle
qu'Einstein avait des difficultés avec la mécanique quantique orthodoxe, la mécanique quantique mise en forme
à Copenhague, et que l'on trouve dans les manuels.

Je pense qu'effectivement c'est là toute la question.
Je crois, en d'autres termes, que la question que pose

la mécanique quantique, n'est pas tellement celle du
déterminisme ou de l'indéterminisme que celle de savoir
si notre science est compatible avec une conception
réaliste. Il faut d'ailleurs noter qu'une conception
de ce genre, on peut l'avoir ou ne pas l'avoir. Des physiciens comme Niels Bohr ne l'ont pas eue. Je vous donne
en passant une citation de Niels Bohr : « La mécanique
quantique, dont le seul but est la description correcte
des observations... » Si on pousse à l'extrême un point
de vue comme celui-là, le but de la science n'est plus
que de prédire des résultats d'observations futures à
partir de résultats d'observations précédentes. A ce
moment-là, la mécanique quantique dans sa formulation actuelle est parfaite, incritiquable, elle marche
très bien, elle est le formalisme de beaucoup le plus
simple que l'on puisse inventer. Pour ces raisons, on
peut parfaitement estimer qu'un tel pragmatisme est
une attitude très saine pour un physicien dans l'exercice de son métier.

Maintenant il n'est pas interdit de se poser aussi des
problèmes philosophiques. Et dans ce domaine, la
mécanique quantique paraît beaucoup plus satisfaisante. Elle n'admet pas la prise en considération d'objets séparés, la connaissance, même approximative,
des considérations particulières, etc. En particulier,
on peut faire l'hypothèse, somme toute bien naturelle
et même, à mon avis, très justifiée, qu'une *réalité*
est sous-jacente aux phénomènes. Seulement, alors,
il devient très difficile d'éviter de faire même implicitement, au sujet de cette réalité, des hypothèses trop
naïves, c'est-à-dire dont certaines conséquences observables contrediraient les prédictions de la science que
l'on utilise.

C'est ainsi par exemple que, à l'échelle microscopique
en tout cas, la linéarité des lois de la mécanique quantique interdit de façon générale la prise en considération d'objets séparés, sauf si ceux-ci n'ont jamais interagi
dans le passé. Sans même entrer dans les dévelop-

pements rigoureux que le sujet, en fait, exige, on se
figure sans trop de mal les immenses conséquences
que ce simple fait de l'inséparabilité peut entraîner à
l'égard de notre vision de l'Univers. Il se trouve que,
si la mécanique quantique parvient quand même,
dans une certaine mesure, à sauver la notion usuelle
de l'objet, c'est précisément au prix d'un renoncement
à la conception « pure et dure » de la réalité objective
qui était celle d'Einstein, entre autres, et que celui-ci
a toujours très obstinément défendue.

Mais, encore une fois, tant qu'on se limite à une simple description de l'enchaînement des phénomènes,
de telles questions ne se posent pas et les lois linéaires
de la mécanique quantique sont entièrement satisfai-
santes.

J.-P. VIGIER

La difficulté de la discussion, c'est que l'on se trouve ici
en présence de plusieurs versions de l'école de Copenhague. A ma grande surprise, je me sens du reste beaucoup plus proche du professeur Heisenberg que du
professeur Matveyev, qui me semble représenter une
aile extrêmement idéaliste de l'école de Copenhague.

Je décomposerai le problème en trois parties. La
première question, à mon avis, ne fait plus débat, c'était
la question du caractère complet de la description de la
mécanique quantique. Toute l'histoire de la physique a
été en sens inverse. Plus on avance, plus on se rend
compte que de nouveaux paramètres doivent être intro-
duits dans la description de la nature, à commencer par
le spin isotopique et les paramètres de jauge. C'est-à-
dire que la prétention qui a été émise, sous diverses
formes du reste et non pas toujours par les mêmes personnes, de clore l'histoire de la physique, il n'est pas

besoin d'en discuter : son sort est réglé par le mouvement même de la physique.

Deuxième question. Nous sommes tous d'accord que
la mécanique quantique est une description statistique
valable ; est-elle une description complète ou ne l'est-elle
pas ? Il n'est pas du tout question de revenir à Laplace,
la mécanique classique est morte de ce point de vue-là
pour la description des microphénomènes. Il n'est pas
question de prévoir le déroulement du monde comme une
machine jusqu'à la fin des temps. Plus on descend,
marche après marche, dans l'infiniment petit, plus on
voit apparaître des propriétés d'une nature non classique
et tout à fait différentes du type des fluctuations du
point zéro par exemple. Tout le monde sait que l'image
du vide qui en sort est une image extraordinairement
complexe, tout à fait différente de celle qui précédait.
On est obligé de construire un niveau plus profond, de
postuler des dissymétries dans le vide pour expliquer
des propriétés des choses au niveau actuellement observé.

Le deuxième point que je voulais aborder est le suivant. La démarche que nous proposons est complètement incompatible avec certaines positions de l'école
de Copenhague, telles qu'elles ont été présentées à cette
tribune par le professeur Matveyev. On a parfaitement
le droit d'introduire en physique des choses qu'on n'observe pas immédiatement si cela explique des choses que
l'on observe. La théorie atomique a mis quarante ans
avant d'être établie expérimentalement, et la grande
faillite des positivistes, c'est précisément d'avoir nié
l'existence des atomes sous prétexte qu'ils ne les voyaient
pas ; l'histoire est venue montrer qu'ils avaient tort sur
le fond.

Maintenant, venons-en à une troisième question sur
l'école de Copenhague ; ici, je crois que les différents
représentants de cette école, à cette tribune même, ne
sont pas d'accord sur le fond. C'est la question de l'objectivité des choses indépendamment des observateurs.

Je souscris d'abord à ce qu'on a dit sur la question des

tables d'actuaires ; il est clair que la mort des clients n'a
rien à voir avec ces tables. Il y a une autre question
toutefois : est-ce que les équations du champ sont
valables, qu'il y ait ou qu'il n'y ait pas d'observateur ?
Personnellement, avec Einstein, M. de Broglie, etc. nous
répondons que oui : l'équation de Dirac était déjà valable à une époque où aucun physicien quantique ne
l'avait formulée ni écrite, et je vous assure que si je
franchis cette porte, je m'obstinerai à exister.

Il ne faut pas nous prêter l'idée absurde de vouloir
rétablir, par un biais quelconque, dans les propriétés des
micro-objets, des notions qui effectivement sont abstraites d'un niveau tout à fait différent, celui de la mécanique classique. Le problème est de savoir s'il faut, et
jusqu'où il faut, conserver les propriétés de l'espace-
temps relativiste au niveau des micro-objets.

W. HEISENBERG

J'aimerais faire quelques remarques à propos de ce
problème de la « complétude » d'une théorie. Bien entendu, ce terme de « complétude » qui signifie qu'une
théorie est achevée, a souvent prêté à confusion et je
voudrais dire en quel sens, à mon avis, la théorie quantique est complète ou incomplète.

Parlons d'abord de la vieille mécanique newtonienne.
Est-elle ou non un système achevé ? Je dirais — et cela
va peut-être paraître un peu paradoxal — que c'est
une théorie complète, et qu'il est absolument impossible
de l'améliorer, au sens suivant : si l'on peut décrire certaines parties de la nature à l'aide des concepts appli-
qués en mécanique newtonienne — coordonnées, vitesse,
masse, etc. — les équations de Newton sont alors des
équations parfaitement exactes et tout essai d'amélioration est tout simplement absurde. Mais, bien sûr, il

existe d'autres parties de la nature où ces concepts ne s'appliquent pas du tout — c'est le cas avec la théorie de la relativité comme c'était déjà le cas avec la théorie de Maxwell, dans laquelle nous trouvons le concept de champ, et c'est certainement vrai de la mécanique quantique, etc. Et dans ce même sens, j'ai l'impression que la mécanique quantique est complète de la manière suivante : tant qu'on peut parler de la nature à l'aide de termes tels qu'états stationnaires, probabilités de transition, etc., la mécanique quantique donne une description complète. Pourtant si nous prenons, par exemple, la théorie quantique relativiste, celle des particules élémentaires, elle échappe au système. Il est cependant très intéressant de voir que toute l'évolution qui s'est produite depuis trente ans — l'introduction de l'isospin, l'introduction des particules étranges et tout le reste — toutes ces nouveautés n'ont rien changé aux principales questions de la théorie quantique. Les discussions que nous avons aujourd'hui sur le déterminisme et l'indéterminisme durent, en fait, presque sans changement, depuis trente ans, depuis le jour où Einstein et Bohr les ont entamées à Bruxelles. C'étaient les mêmes questions et c'étaient les mêmes réponses. Et voilà qui montre, je crois, qu'à l'intérieur des concepts propres à la théorie quantique, cette théorie est effectivement complète. Mais actuellement, bien entendu, nous sommes devant une nouvelle partie de la physique.

Supposons maintenant que la théorie du champ unitaire soit développée d'ici quelques années et que nous connaissions l'équation fondamentale permettant d'obtenir le spectre des particules élémentaires. La question se posera à nouveau : cette théorie est-elle complète ? J'accorderai tout de suite à M. Vigier qu'elle ne sera pas complète en un sens universel — qu'elle n'inclura pas la biologie, par exemple. Mais, quelles que soient les réréponses données aux problèmes des particules élémentaires, les problèmes de la biologie ne seront pas résolus pour autant.

Ainsi il est évident que la physique est inachevée sur certains autres points, alors qu'à l'intérieur du système actuel de concepts je pense qu'elle est achevée et c'est pourquoi j'aimerais proposer la notion de complétude restreinte. C'est en ce sens que je qualifierais de complète la théorie quantique.

R. P. DUBARLE

Je ne vais dire que quelques mots, en profane admirateur de la très belle discussion qui vient d'avoir lieu ce matin. Je crois que nous sommes tous à peu près d'accord du point de vue opérationnel.

Philosophiquement, il y a un problème ultérieur, qui n'apparaissait pas du tout dans les théories classiques : un schéma qui coordonne correctement et même admirablement ce que nous savons faire est-il aussi exactement le schéma de ce que nous devons penser ? Là on peut peut-être s'interroger, et je pense qu'une grande partie des interrogations de ce matin viennent de cela. Il s'agit de savoir comment nous allons coordonner un certain langage, qui n'est plus celui de la science stricte et de son savoir-faire, avec ce schéma. M. Heisenberg a très utilement insisté sur les questions de ce langage. Je me permettrai d'y ajouter une question, disons de concepts. Nous avons réalisé classiquement la causalité ou plutôt le principe de raison suffisante, par le type d'explication de la mécanique analytique classique. Problème : ce type de réalisation est-il le seul possible ? Beaucoup d'entre nous, je pense, sont convaincus qu'il doit y avoir d'autres schémas de réalisation d'une raison suffisante. Ce schéma est très important, il conviendrait peut-être encore de le discuter, mais on tend de plus en plus à penser qu'il n'est pas absolument inconditionnel et obligatoire. On peut en chercher d'autres. Il faudra probablement en chercher d'autres le jour où nous voudrons avoir quelque chose de plus englobant, de plus complet, jusqu'à peut-être (ce qui n'est pas acquis) faire tenir certaines perspectives fondamentales de la biologie dans les perspectives d'une physique mathématique. Il y a un second problème également qui est aussi un problème de mots. On nous a appris à parler, avec les schémas que nous manions actuellement, de probabilités. Peut-être serait-il bon que nous fassions un examen de conscience à ce sujet. Que voulons-nous dire au juste avec ce mot probabilité ? Mot extraordinairement commode qui nous met en quelque sorte dans la foulée de la tradition, mais qui contient peut-être pas mal de pièges au moment de faire l'interprétation de notre savoir-faire. C'est sur cette simple question que je terminerai mon intervention.

JEAN-LOUIS DESTOUCHES

Je crois que le débat sur le champ fondamental unitaire est plus important que celui sur le déterminisme et l'indéterminisme, et je crois comme Vigier que s'il y a un groupe fondamental, ce groupe est indécomposable, c'est-à-dire qu'on ne peut pas le considérer comme un produit direct de deux groupes.

Maintenant, sur la question du déterminisme et de l'indéterminisme, il se pose un problème de mots, de philosophie en somme, mais aussi un problème de technique. On peut former des théories à structure classique, à déterminisme caché, équivalentes à la théorie quantique. La chose est possible, c'est uniquement une question de technique de physique mathématique. Ensuite, à chacun d'apprécier la valeur de ces schémas.

Le théorème de von Neumann est évidemment un théorème valable, mais qui a été quelquefois l'objet d'interprétations erronées. Mais il se peut qu'on dispose d'une théorie nouvelle qui soit cette fois-ci en accord avec MM. Vigier et Matveyev. La situation de cette théorie nouvelle sera différente de celle de la théorie quantique usuelle. Une analyse de sa structure la montrera peut-être comme intermédiaire entre la structure de la théorie quantique usuelle et la structure de cette théorie déterministe, un peu artificielle, formée avec des paramètres cachés, et alors l'opposition entre MM. Vigier et Matveyev ne sera pas aussi forte qu'elle le semblait a priori.

L'ORGANISATION DE LA RECHERCHE
SCIENTIFIQUE

PIERRE AUGER

Les aspects synthétiques
dans l'organisation de la recherche scientifique

Le simple fait de rapprocher les deux termes de
« recherche scientifique » et d' « organisation » pose en
lui-même de graves problèmes, à la fois culturels et
sociaux, spirituels et matériels. Pour beaucoup de penseurs, ce rapprochement représente un véritable danger. L'esprit souffle où il veut et il ne peut être question
d'organiser ses initiatives, ses insistances ou ses aban-
dons. Si l'on impose une « organisation » à la recherche,
si on lui enlève sa liberté totale, elle risque de se flétrir
et même de s'éteindre.

Pourtant, il ne manque pas d'avis contraires ; ainsi
La Rochefoucauld dit qu'il ne suffit pas d'avoir des
dons, mais qu'il faut aussi en avoir l'économie.
Une économie suppose une organisation. On dira qu'il
s'agit là d'une organisation personnelle, individuelle,
d'une auto-discipline, et que c'est l'organisation imposée
du dehors qui est néfaste. Cet argument est illusoire,
car l'organisation personnelle de ses propres dons par
un homme ne peut se faire que dans le cadre d'une
organisation plus large d'origine sociale, qui l'englobe :
et nous apercevons aussitôt deux aspects de cette interaction entre deux organisations, un aspect spirituel,
un aspect matériel. La puissance créatrice mise en
œuvre dans la recherche s'appuie nécessairement sur
un acquis obtenu par l'éducation et par la communication, elle se meut au sein d'un ensemble   organisé,

soit pour l'approfondir, soit même pour le dépasser et pour apporter alors de nouveaux éléments d'organisation à l'ensemble préexistant dans la tradition totale reçue. Même lorsqu'il s'agit de transformations profondes, celles-ci ne peuvent avoir de valeur que par rapport à cette tradition. On réforme ce qui existe déjà et que l'on connaît. Bien des idées trop étrangères à cette organisation de départ ont été perdues, ou n'ont été reprises que longtemps après leur création — et ceci seulement dans le cas où elles avaient pu être enregistrées et conservées! Ne voit-on pas apparaître ici deux éléments très importants d'une bonne organisation spirituelle et matérielle : rester accueillante à des idées « hors série », conserver ces idées au cas où elles ne peuvent être intégrées d'emblée. Et il se pose en même temps un problème précis : comment juger de la valeur — proche ou lointaine — de telles idées ? Comment éliminer les très nombreuses tentatives sans issue, sans perdre en même temps la chance d'une trouvaille rare et précieuse ?

Patience, patience, patience dans l'azur
Chaque atome de silence est la chance d'un fruit mûr.

Paul Valéry

Mais il faut être vigilant pour recueillir le fruit lorsqu'il tombe et, s'il n'est pas mûr, pour le mettre au fruitier en attente. Il faut donc être organisé pour cela, si l'azur, lui, ne l'est pas et ne peut l'être.

L'organisation, l'économie des dons supérieurs de l'homme — ceux qui lui confèrent sa dignité parmi les êtres vivants, c'est-à-dire ceux de la création — conduit donc inévitablement à une antinomie, sur le plan individuel comme sur le plan social, dans le domaine spirituel comme dans le domaine matériel, « liberté vs. choix », antinomie qui oppose la liberté et un choix qui la limite. Le choix se fonde sur une organisation antérieure, que la liberté peut et veut transcender. A l'Homme de faire le partage et de trouver — par la réflexion sur lui-même, sur son histoire, sur ses aspirations — la voie la meilleure. Si je puis employer ici un terme à la mode, je dirai qu'il doit « optimiser » ses décisions.

Mais revenons à notre propos, qui est d'examiner les modes concrets de l'organisation de la recherche scientifique afin de voir si une synthèse en est possible. Je répartirais volontiers ces modes en trois catégories : ceux qui concernent les hommes eux-mêmes, c'est-à-dire les chercheurs, ceux qui sont relatifs au cadre institutionnel au sein duquel se fait la recherche, ceux enfin qui touchent aux questions matérielles et financières. Chacun de ces domaines ouverts à l'organisation ne représente encore une fois que l'un des modes de l'économie, et celle-ci doit s'appliquer de façon adéquate au genre des questions traitées au cours de la recherche. Ainsi dans la recherche dite fondamentale, la part réservée à « l'azur » sera la plus grande, alors que dans le cas des recherches appliquées, allant jusqu'à la mise au point des procédés de fabrication, c'est à une organisation de plus en plus précise de l'utilisation des fruits de la pensée qu'il faudra recourir. Tout ce que nous allons dire au sujet des hommes, des institutions et des moyens matériels, devra être ainsi adapté au type de recherche envisagé, fondamentale, orientée, appliquée, opérationnelle.

Pour les hommes, nous devons considérer leur qualité et leur nombre. Leur qualité, c'est-à-dire la valeur de leur préparation, par l'éducation et la formation — y compris celle de leur caractère —, leur valeur personnelle et celle de leur vocation. Leur nombre, c'est-à-dire la rigueur de la sélection que l'on devra faire et la dimension du réservoir où l'on puisera pour cette sélection. On a dit et redit que la science accélérait son mouvement parce que le nombre des chercheurs augmentait exponentiellement : eh bien, une telle augmentation ne peut continuer longtemps sans atteindre une saturation. Ce sera le point où le rapport optimum entre le nombre de chercheurs et celui des citoyens du monde sera atteint, et où ces nombres s'accroîtront, ou se stabiliseront, ensemble. Mais nous sommes fort loin de cet optimum dans l'ensemble du monde, et des efforts accrus pour former les savants, les ingénieurs, les techniciens sont encore nécessaires. D'où l'importance de l'organisation de l'enseignement, de la valeur du corps des professeurs, de la qualité du recrutement, et des carrières offertes à ceux-ci et aux chercheurs.

Les problèmes institutionnels sont trop complexes pour être évoqués ici en quelques minutes. On pourrait en effet écrire une véritable botanique des organismes au sein desquels se fait la recherche, allant de la modeste fleur des champs aux arbres géants gonflés de sève. Et si parfois c'est la petite fleur qui porte cette beauté essentielle qu'est la découverte scientifique, il est des terrains sur lesquels seuls les grands arbres peuvent prendre racine et prospérer. On a beaucoup épilogué sur le seuil au-dessous duquel un laboratoire, un institut de recherche ne peut devenir efficace. Cela dépend des sujets, bien entendu ; mais ce qu'il ne faut pas oublier, c'est que les laboratoires qui ont dépassé le seuil devront nécessairement être organisés, même si cette organisation comporte un fractionnement en plus petites unités jouissant alors d'une large indépendance. Il faut une organisation pour que ces petites unités soient nourries, protégées, mise en relation les unes avec les autres. Lorsque la nature des sujets traités exige des unités plus considérables, l'effort de synthèse se fera à leur niveau.

Enfin, et c'est ici peut-être que l'antinomie entre l'organisation et la liberté de la recherche apparaît le plus aiguë, il faut considérer l'aspect matériel et financier. On ne peut pas donner à tous les chercheurs ce qu'ils demandent pour leur travail. Qu'il s'agisse d'institutions privées ou publiques, nationales ou internationales, il faut choisir, déterminer des priorités, refuser ici et donner là, mettre des conditions à l'octroi des appareillages et des budgets de fonctionnement. Il faut le faire avec le plus de délicatesse et de discernement possibles, laisser de grands domaines ouverts à la liberté du chercheur, courir des risques parfois très considérables de voir des montagnes de moyens accoucher d'une souris de résultats. Mais encore une fois, l'optimisation des décisions passe parfois par des voies étranges lorsque le but à atteindre est de par sa nature même voilé d'inconnu, qu'il peut être proche ou lointain, large avenue ou petite lucarne entrouverte sur l'univers, mais qu'il continue l'une des plus belles œuvres à laquelle puisse s'attacher l'Homme.

Pouvons-nous, après cette rapide analyse des principaux problèmes d'organisation de la recherche, en dégager certains aspects synthétiques ? Je n'en envisagerai que trois, l'un relatif aux disciplines de la science, l'autre relatif aux chercheurs et à leur origine sociale et nationale, et le dernier concernant ce que l'on appelle maintenant les politiques scientifiques, nationales et internationales. La nécessité de la première synthèse apparaît lorsque l'on constate l'importance croissante du travail en équipe, travail rendu possible par la constitution de groupes formés de chercheurs de disciplines diverses, théoriques et expérimentales, groupes qui peuvent seuls s'attaquer avec succès à certains domaines de la science moderne. Et l'on ne doit pas minimiser les difficultés d'organisation que posent la constitution, la direction, l'administration de tels groupes : c'est un des problèmes majeurs qui se posent à ce que l'on appelle en anglais *the scientific statesman*, le dirigeant scientifique. Je ne citerai qu'un seul exemple de parfaite réussite, celui de l'équipe du Cavendish Laboratory, du temps des J. J. Thomson et des Rutherford. C'est au sein de ces laboratoires, lorsqu'ils s'attaquent à de grands problèmes en utilisant une brillante diversité de techniques expérimentales et théoriques, que le chercheur se sent être un véritable citoyen de la République des Sciences. Les réunions de discussion, les séminaires, les visites des uns aux autres pour obtenir un conseil ou un encouragement, animent d'une vie intense ces institutions, et le risque couru par le chercheur sollicité intellectuellement de toutes parts serait plutôt de ne plus savoir rechercher l'isolement, qui reste la condition nécessaire pour la réflexion la plus profonde.

Bien entendu, les équipes dont nous venons de signaler l'importance, en même temps qu'elles transcendent les frontières des disciplines, transcendent aussi celles des nations. Il n'est bien souvent pas possible en effet de constituer les groupes nécessaires pour attaquer les grands problèmes modernes sans faire appel à des chercheurs de diverses nationalités. Ces groupes peuvent travailler au sein d'organismes nationaux et il se pose à ce propos des questions administratives délicates. Mais c'est lorsque le cadre institutionnel s'étend au-delà des frontières d'une nation, comme dans le cas actuel du C. E. R. N. ou de l'E. S. R. O. — et peut-être, dans l'avenir, de l'E. M. B. O. —, que les difficultés à résoudre deviennent considérables, et cet effort ne doit être tenté que pour des domaines bien déterminés de la recherche, au moins dans l'état actuel du monde. Les discussions de cette Table Ronde ne manquent pas de faire apparaître les raisons précises des choix à faire. La science est affaire de l'humanité entière, elle est aussi affaire de toutes les capacités de l'homme, dans l'abstraction et le symbolisme aussi bien que dans l'adresse manuelle et le courage moral. Elle crée ainsi de belles occasions pour l'homme de sentir profondément son appartenance à son espèce, en même temps qu'à l'Univers dont celle-ci est née.

Enfin, et c'est le troisième aspect que je voudrais examiner ici, les caractères nouveaux apparus dans la science du XXᵉ siècle ont rendu nécessaire une intervention de plus en plus marquée des pouvoirs publics. En même temps apparaissait la nécessité d'organiser, d'administrer cette intervention, conduisant ainsi à la création de nombreux organes de consultation ou de décision : consultation des milieux scientifiques eux-mêmes, consultation des responsables financiers et politiques, décision sur le choix des sujets à mettre en priorité, sur le choix des hommes, sur la création ou la réforme des cadres institutionnels, sur les ressources à consacrer à leur équipement et leur fonctionnement. Cette politique scientifique, puisque c'est le terme consacré, établie et suivie sur le plan national par tous les pays désireux de jouer leur rôle dans l'avancement des connaissances et d'en utiliser les résultats pour leur développement économique et social, a donné lieu à des confrontations internationales, et des vues synthétiques peuvent d'ores et déjà en être dégagées. Ces confrontations — menant à une coordination des efforts — ont été poursuivies depuis longtemps déjà au niveau des savants eux-mêmes au sein de leurs organismes dits « non gouvernementaux ». Elles ont lieu maintenant aussi au sein des organismes intergouvernementaux et tout spécialement celui-là même qui nous a réunis pour ces commémorations. Peut-être une synthèse de synthèses devrait-elle être bientôt tentée : elle n'a pas paru justifiée jusqu'à ce jour, et aussi elle effraie un peu par la dimension qu'elle prendrait. Cependant un tel travail a déjà été réalisé dans les synthèses partielles — par sujets, par nations, par méthode — que la tentative pourrait peut-être sembler plus réaliste. Au moment où les sciences voient apparaître des liens nouveaux entre leurs disciplines, où ces relations s'organisent entre elles jusqu'à former les linéaments d'un réseau d'ensemble qui couvrira peut-être un jour toutes les formes de connaissance scientifique du monde, Univers, Vie, pensée elle-même, il serait bien regrettable qu'un travail parallèle ne se fasse pas sur un plan aussi universel, afin que cette science humaine soit aussi celle de tous les hommes.

B. M. KEDROV

Le professeur Auger, grand spécialiste de l'organisation de la science, nous a posé beaucoup de problèmes
très intéressants. J'énoncerai le premier comme suit :
l'organisation de la science est, elle aussi, une tâche
scientifique ; elle est en fait une science nouvelle apparue à notre époque et ayant pour objet la science elle-
même, ses lois, son développement, ses particularités,
les caractères généraux et les caractères spécifiques de
ses différentes disciplines, sa dépendance à l'égard
de l'évolution historique et des facteurs économiques.
En un mot, la science est elle-même un des objets de la
recherche scientifique. Le professeur Auger représente
précisément cette science nouvelle. Je pense qu'il a
parfaitement raison de distinguer deux questions, deux
aspects : l'aspect spirituel et l'aspect matériel. L'aspect
spirituel, c'est la théorie de la science, la logique, la
méthodologie et la psychologie de la recherche scientifique ; l'aspect matériel, c'est avant tout la sociologie de la science, le problème de la planification, de
l'organisation et de l'orientation de la science. Ce sont
donc là les deux aspects de cette science de la science.
    Il me semble que l'organisation de la science n'est
pas à proprement parler une tâche constructive : il
s'agit d'éviter les ruptures qui se sont produites du
fait de circonstances historiques au cours du développement de la science, et qui en freinent le progrès. Quel-

les sont donc ces ruptures, ces séparations des différents éléments d'un même organisme qu'on appelle
la science ? J'en distingue quatre, en développant la
thèse du professeur Auger. C'est, d'abord, la séparation
entre la science d'une part et, d'autre part, la production, la technique, la pratique ; on sait, à ce propos,
qu'il est difficile d'opérer le passage de la conception
scientifique, même réalisée en laboratoire, à l'application au processus de production. La deuxième rupture se produit à l'intérieur même de la science, entre le
secteur expérimental, empirique, et le secteur théorique.
Dans ce domaine aussi il se produit souvent une accu-
mulation de données d'expérience qui ne sont pas ren-
dues publiques en temps utile ; ou au contraire, on
aboutit par déduction à des conclusions (dans le domaine des méthodes mathématiques par exemple)
qui ne sont pas confirmées ensuite par l'expérience.
Certes, dans les deux cas, il s'ébauche, sur le plan de
l'organisation de la science, tant pour les institutions
que pour les individus, des contacts entre les représentants des sciences naturelles et ceux de la technique,
par exemple, ou entre les représentants du secteur
empirique des sciences naturelles et ceux du secteur
théorique et des mathématiques.

Je voudrais traiter un peu plus en détail deux autres
aspects de ce problème : l'interdépendance des représentants de la connaissance intégrale, de la compréhension générale de l'objet de la recherche scientifique
— c'est-à-dire avant tout de la philosophie — et des
représentants des disciplines spécialisées : physique,
chimie, astronomie, mathématiques, etc. C'est dans ce
domaine que la rupture est particulièrement marquée.
Elle est parfaitement compréhensible du point de vue
historique. Aujourd'hui même, au cours d'un débat
antérieur sur la cosmologie, nous en avons parlé : la
cosmologie relevait autrefois de la philosophie, et elle ne
se développait pas ; aujourd'hui, devenue une science
concrète, elle a commencé à progresser. Mais aucun des

problèmes de la cosmologie ne peut être résolu par les
seuls efforts des physiciens, des astrophysiciens, des
mathématiciens, sans l'aide de la philosophie, sans une
vue d'ensemble de la question, en l'occurrence le monde
dans son ensemble, l'univers.

Ici, le problème de l'organisation de la science suppose
des rapports de travail systématiques entre philosophes
et spécialistes des sciences de la nature, afin que les
problèmes d'ensemble ne se trouvent pas dissociés des
problèmes relevant des divers secteurs spécialisés de la
connaissance. Enfin, la quatrième rupture, existe entre
les historiens et les représentants des sciences naturelles
modernes. Cette rupture est particulièrement marquée.
En règle générale, les spécialistes des sciences de la
nature élaborent aujourd'hui des théories sans se fonder
sur l'histoire de la science, tandis que les historiens
étudient la science de l'antiquité, celle du Moyen Age,
celle du xviiᵉ siècle, et ne poussent pas cette étude jusqu'à nos jours. Je tiens à noter à ce propos que l'introduction écrite par le professeur Auger pour l'Histoire
générale des Sciences, en quatre volumes, rédigée sous
la direction du professeur R. Taton, fournit en ce sens
une sorte d'exemple du lien qu'il faut établir entre l'étude
historique de la science et l'analyse de sa situation
actuelle. En effet, si ces deux aspects — l'histoire de la
connaissance et l'actualité — sont liés, l'un et l'autre pren-
dront un caractère tout nouveau au yeux du chercheur
moderne. Tous les problèmes modernes acquerront alors
un aspect historique, on saura comment ils sont apparus,
c'est-à-dire quelle a été l'orientation du développement
dans le passé, de sorte qu'on pourra, sur cette base,
établir certaines perspectives, parce que la ligne du
développement est une, parce que le passé, le présent
et le futur sont logiquement liés en une seule chaîne
d'événements. De son côté, le spécialiste de l'histoire
de la science trouvera parmi un immense matériel
historique les embryons de conceptions futures qui, dans
deux, trois cents ans ou davantage, deviendront théories

modernes ; autrement dit, il sera en mesure de trouver les germes dont a parlé le professeur Auger, ces germes qui non seulement avaient la possibilité de se transformer en théories nouvelles, mais donnaient effectivement naissance à des théories nouvelles. L'anatomie humaine, pour prendre un exemple, c'est-à-dire l'analyse de cette science telle que nous la connaissons, est la clé qui permet de comprendre l'anatomie du singe et de l'homme préhistorique ; autrement dit, l'étude de l'être supérieur permet de comprendre les embryons de cet être supérieur avant qu'ils ne se soient développés. Il me semble que c'est justement dans ce domaine que l'organisation de la science pourra donner des résultats particulièrement féconds si elle prend la forme de l'organisation de contacts, et peut-être même de la création d'institutions mixtes — il n'en existe presque pas à l'heure actuelle, elles commencent seulement à apparaître — où la recherche historique dans le domaine de la science s'associerait à l'étude des grands problèmes fondamentaux de la science moderne. Je tiens à ajouter ceci, qui me paraît extrêmement important : nous nous rendons compte aujourd'hui que la théorie — la recherche théorique et la recherche scientifique en général — est beaucoup plus vaste que la seule recherche de la solution optimale dont on a déjà parlé, solution qui permet d'obtenir un résultat pratique. En fait, la science doit s'attaquer à son objet sous tous ses aspects, afin qu'une solution sur les mille et une possibles puisse, en tant que solution optimale, trouver une application pratique. C'est pourquoi l'utilitarisme étroit qui exige que tout — ou preque tout — effort de recherche scientifique ait une application pratique, une possibilité de réalisation, est une attitude erronée. La science est un domaine autrement plus vaste que celui des possibilités d'application pratique de ses résultats.

Travail en équipe, coopération entre spécialistes de différentes disciplines, recherche interdisciplinaire, toutes ces expressions sont fort répandues à l'heure

actuelle. Au vrai, si l'on prend par exemple la recherche
moderne dans le domaine des sciences de la vie, on voit
que les seules méthodes biologiques classiques, ou même
les méthodes biochimiques, qui permettent d'obtenir,
grâce à l'analyse de l'organisme vivant, certaines
données chimiques, ne peuvent pas donner de réponse
au problème de l'essence de la vie : il est indispensable
pour cela qu'il y ait coopération entre des spécialistes
qui jusqu'à présent n'avaient guère de rapports les uns
avec les autres : biologistes, chimistes, physiciens, bio-
physiciens, cybernéticiens, biocybernéticiens, mathématiciens. Tous ces différents aspects de la vie, qui
étaient étudiés séparément, il faut en faire la synthèse.
Et c'est ici que la leçon d'Einstein, le concept de la synthèse scientifique, sont particulièrement importants —
et celà non seulement sur le plan des idées, mais encore
sur le plan de l'organisation pratique : comment grou-
per des gens qui, parfois, ne se comprennent pas les uns
les autres (puisque le biologiste, par exemple, n'entend
pas la langue du mathématicien ou du cybernéticien) ?
Il faut faire en sorte que non seulement il y ait compréhension mutuelle, mais encore que des spécialistes de
diverses disciplines s'attaquent ensemble au problème
commun. De même qu'Einstein a résolu le problème
des relations entre la matière, le mouvement, l'espace,
le temps, la masse et l'énergie en groupant en un tout des
éléments qui étaient dispersés, de même devons-nous,
nous aussi, procéder par synthèse ; et le problème, ici,
se pose d'une façon plus complexe encore.

Robinson Crusoé, de nos jours, n'obtiendrait guère
de résultats dans le domaine de la science. L'indivi-
dualisme, par opposition à la recherche en équipe, conduit à des solutions très fragmentaires et incomplètes.
Mais il ne faut pas que le travail en équipe porte atteinte
à l'individualité du savant, que l'équipe entrave sa
liberté ; il faut au contraire que ce travail permette
l'épanouissement de son esprit créateur, et c'est là aussi
une question d'organisation : comment faire en sorte

que, travaillant en équipe, participant à des recherches interdisciplinaires, le savant donne la pleine mesure de son talent, de ses possibilités. Il me semble qu'ici les détails même les plus infimes jouent parfois un rôle fort important.

Je terminerai en faisant observer que nous avons complètement négligé les recherches dans le domaine de la psychologie, de la création incessante ; et pourtant, voilà toute une série de problèmes dont la solution nous permettrait de comprendre la manière dont se déroule dans le cerveau d'un savant le processus de la création, et qui exigent une étude scientifique. Je ne vous donnerai qu'un exemple : Mendéléiev, le célèbre auteur de la classification périodique, a construit son système d'un façon très originale. Il aimait occuper ses loisirs à faire des réussites, ce qui développa chez lui une grande patience. Eh bien, lorsqu'il lui fallut arranger ses 63 cartes-éléments en un seul système, il s'y prit comme avec des cartes à jouer ; mais cette réussite-là, il l'entreprit avec des cartes sur lesquelles il avait inscrit les éléments connus, et se mit à les combiner ; et c'est ainsi qu'il résolut le problème. L'étude du cheminement mystérieux, unique, de la pensée qui finit par déboucher sur la vérité — voilà bien une tâche scientifique exceptionnellement importante ; et cette tâche, qui relève déjà de la recherche dans le domaine de la psychologie, exige toute notre attention.

P. AUGER

Les dernières remarques que vient de faire M. Kedrov me paraissent particulièrement excitantes pour l'esprit : comment se fait la création scientifique ? Il en a donné un exemple qui est celui de Mendéléiev, il y en a quelques autres sur lesquels nous savons par des textes, ou par des déclarations que les chercheurs ont faites eux-mêmes, comment ils avaient abouti à leurs découvertes. C'est le cas par exemple pour Maxwell, qui a publié un certain nombre d'articles où l'on voyait peu à peu se dessiner sa théorie du champ électro-magnétique : il l'a ensuite débarrassée de tous ces échafaudages, qui lui avaient servi initialement pour arriver à ses célèbres équations. Il y est arrivé grâce à une série de modèles, de modèles paraissant assez élémentaires et même presque grossiers au début, mais qui se sont perfectionnés peu à peu, et qui l'ont amené à la conception de cette imbrication des champs électrique et magnétique et de leurs variations, qui est représentée par ces équations. Le modèle mathématique est ainsi l'aboutissement de séries de modèles matériels, analogues un peu à ce jeu de patience dont parlait M. Kedrov et qui avait servi à Mendéléiev. Il est certain qu'une étude approfondie, portant sur un certain nombre de savants et de découvertes sur lesquels nous avons des renseignements historiques précis, serait extrêmement intéressante pour élucider d'un peu plus près peut-être la psychologie du créateur, au moins du créateur scientifique. Au fond, il s'agit d'un problème d'organisation, mais d'organisation intérieure, celle dont je parlais tout au début de cet exposé, l'organisation par le savant, par le chercheur, de ses propres pensées, de sa propre méthode pour avancer dans la découverte scientifique. Il est certain qu'un esprit bien organisé a plus de chance de réussir qu'un esprit vague qui laisse simplement courir les pensées. Même si quelquefois il peut en attraper une au passage — comme on attrape un papillon avec un filet — il n'atteindra certainement pas l'efficacité de celui qui cherche systématiquement, dans des voies précises, et tend des filets assez larges pour accrocher les idées nouvelles qui pourraient lui venir au cours de ce mouvement brownien de la pensée qui agite le cerveau de chacun d'entre nous.

PIERRE PIGANIOL

Goulots d'étranglement et interactions entre disciplines

Il est difficile de prendre la parole après ce qui vient d'être dit, et j'ai été personnellement extrêmement sensible à l'exposé sur la structure interne de la science et le rôle de l'histoire des science dans la formation des esprits. J'ajouterai quelques remarques un peu terre à terre, mais peut-être importantes. Petit à petit s'élabore effectivement une certaine typologie des modèles de pensée, et je crois qu'une grande partie des progrès de la chimie, qu'elle soit pure ou même appliquée, repose sur le fait que les chimistes se sont donné des stocks de modèles dans lesquels ils puisent pour conduire leurs recherches. A cet égard la chimie a été un terrain d'élection ; il est plus facile en chimie qu'ailleurs de découvrir des modèles simples de nos raisonnements. Mais je voudrais montrer que le problème ne tarde pas à se séparer en deux niveaux lorsque, quittant le terrain de la recherche individuelle, on veut précisément aider le chercheur : on peut l'aider de deux manières, soit en lui montrant la structure des liens entre les disciplines, soit en lui fournissant des résultats ; expliquons-nous sur deux exemples. Le premier problème, sur lequel nous bafouillons encore un peu, est celui des liens entre les disciplines ; si au sein d'une discipline donnée, des modèles de pensée se sont développés (je pense à la chimie, au génie chimique, à la cinétique ; de ce côté-là je crois que nous avons fait effectivement des progrès valables), par contre, sur les liens entre disciplines et sur la nature des progrès de l'une, nécessaires à l'autre pour progresser, nos informations sont encore sommaires. Or, au niveau d'une organisation de la recherche, qui n'est hélas bien souvent qu'une répartition de crédits, il serait souhaitable de savoir quels sont les goulots d'étranglement. Par exemple, il peut être considéré comme inutile de développer considérablement une chimie biologique très fine si, en même temps, nous constatons l'absence de chercheurs en chimie des protéines. Dans ce domaine, nous commençons à entrevoir des lois ; et je souhaiterais, comme le professeur Kédrov, que nous consacrions assez vite des études et des réflexions à ce thème.

Mais il est une autre manière de faciliter ces interactions entre disciplines, c'est de décider que, dans une discipline donnée, l'on ne s'arrêtera pas à l'acquisition d'un concept, mais que l'on explorera systématiquement des quantités de choses qui, à première vue, n'ont pas d'intérêt. L'exemple soviétique m'a toujours paru très frappant ; il est de ceux qui intriguent quelquefois les occidentaux. En chimie, nos collègues soviétiques s'amusent, en apparence, à établir tous les diagrammes imaginables de solutions de sels minéraux extrêmement nombreux. Ils publient tous les mois des quantités prodigieuses de textes dont l'intérêt, à première vue, peut paraître nul. En fait, la stratégie scientifique sous-jacente est probablement très valable. L'idée n'est évidemment pas seulement de faire avancer la connaissance pure, car, bien sûr, tout arsenal de données peut servir éventuellement à une recherche appliquée en chimie, ou à l'exploitation d'un gisement de sel d'un lac évaporé dans le sud de la Russie. Donc, au point de vue de l'application, ces résultats systématiques ont certes leur valeur ; mais cela ne suffirait pas à expliquer que nos collègues soviétiques les développent avec tant de sérieux, car il suffirait de faire l'expérimentation sur le ou les quelques cas connexes d'un problème pratique connu. Or, leur exploration est très large. Ayant interrogé un de mes collègues, il m'a été répondu que la nature comportait par définition des quantités de mélanges de sels dans les sédiments, et que par conséquent il était utile de donner aux géologues futurs une vue extrêmement complète de la manière dont se forment tous les dépôts salins. Pour l'instant, avec le peu d'expérience dont nous disposons, les géologues ne sont pas capables, en partant de cette base insuffisante, de faire un bond en avant dans leur propre discipline ; et par nature ils répugneront à entreprendre ce travail de chimie systématique qui ne relève pas de leur vocation. Alors comment s'y prendre ? Il est évident que ce travail, de routine certes, mais très délicat, est un travail formateur. On y emploiera donc des jeunes, on formera des hommes et cela seul suffit à payer cette recherche, car la formation en elle-même n'a pas de prix. Du même coup on accumule un ensemble de données qui a de fortes chances de rendre service aux géologues.

Vous voyez là apparaître une distinction très nette entre deux niveaux d'interaction d'une science sur une autre. Un premier niveau, c'est l'interaction des concepts ; le progrès d'une compréhension dans un domaine transforme un autre domaine ; par exemple ce sont les concepts d'infrarouge, d'ultraviolet, de résonateurs harmoniques et les théories mathématiques connexes, qui ont fait faire à la chimie organique les grands progrès que nous lui connaissons. Mais il y a une interaction plus banale, une interaction de résultats, un effet de masse de données. Cette masse de données, il faut parfois du courage pour l'accumuler ; mais je reconnais qu'alors la décision de caractère administratif prend toute sa valeur ; car ce sera bien une décision, et le scientifique qui sera chargé de mener cette opération de masse éprouvera peut-être quelquefois un certain regret ; il sera éloigné de certains objectifs qui lui seraient propres et qui pourraient être plus riches de promesses dans sa branche. On voit apparaître à ce niveau une solidarité des disciplines, une solidarité de l'effort et une certaine humilité du travail scientifique. Ne perdons pas de vue le fait que le travail scientifique est quelquefois extrêmement exaltant et provoque chez nous une chaleur profonde, une vive stimulation au travail ; mais qu'il faut exécuter aussi une masse énorme de travail qui, elle, n'est pas exaltante et qui cependant est essentielle. Pour l'accomplir, et pour l'accepter dans toute sa sérénité, il faut vraiment avoir le sens de la solidarité humaine des savants et de la solidarité étroite des voies de la connaissance. C'est tout ce que je voulais ajouter : j'ai été très sensible à la pensée profonde de M. Kedrov.

P. AUGER

Lorsque l'on demande à un chercheur scientifique de passer de nombreuses années dans un laboratoire à faire un travail assidu, peu prometteur de grands résultats, mais indispensable, je crois qu'il est nécessaire de lui permettre en même temps d'approcher d'un peu plus près le paradis du scientifique, c'est-à-dire de l'autoriser, pendant une partie de son temps, à faire ce qui lui plaît, ce qu'il croit — à tort ou à raison — être plus créateur et plus constructif. Je crois que cela est très important lorsque l'on dirige un grand laboratoire dans lequel un bon nombre de chercheurs doivent — parce que c'est une tâche qu'il faut réaliser, une tâche de solidarité humaine, comme le disait M. Piganiol à l'instant — réaliser ces travaux souvent ennuyeux ou pénibles, mais précis, auxquels il faut donner toute son attention pour qu'ils aient une réelle valeur. Mais il est alors, je crois, de bonne administration spirituelle et psychologique du laboratoire de leur donner la possi-

bilité de faire aussi autre chose. Ce n'est pas exactement un violon d'Ingres qu'on leur proposerait ainsi,
mais c'est tout de même la possibilité d'ouvrir des
portes à leur esprit, et de sentir que s'ils font un travail
journalier indispensable, ils peuvent aussi, de temps en
temps, s'échapper un peu et prendre du champ. Ils
ne réussiront peut-être pas souvent, mais ils auront
au moins cette satisfaction — et cette joie, celle que
l'on peut avoir à faire des essais — de prendre des initiatives personnelles. Et même si elles ne réussissent
pas, ils auront au moins exercé leur faculté de création,
cette capacité d'invention que chacun d'entre nous
possède à un degré plus ou moins grand.

G. HOLTON

Il me semble qu'un « consensus » est en train de
s'établir parmi les membres de ce colloque. A propos
de l'organisation du travail scientifique, trois questions
générales, selon moi, se posent : l'organisation du travail scientifique proprement dit, la science et la technologie, la science et la culture.

La première est la plus facile à traiter. Les problèmes
d'organisation scientifique sont à l'ordre du jour et
nous nous les posons souvent, en partie parce qu'ils sont
complexes, mais en partie aussi parce qu'il est possible
de les résoudre. On préfère toujours s'attaquer d'abord
aux problèmes solubles. Parmi ces problèmes, il y a
celui-ci : comment répartir les sommes modiques dont
nous disposons entre des hommes de sciences dont le
nombre ne cesse d'augmenter, alors que certains d'entre
eux, dans les communautés scientifiques en croissance
rapide, voudraient tout pour eux ? Dans ma spécialité,
la physique, il y avait une cinquantaine de physiciens
aux États-Unis en 1900 : l'année dernière, les diverses

sections de l'*American Institute of Physics* comptaient
27 000 membres! Et ce rythme d'accroissement n'est
guère différent dans les autres disciplines scientifiques.

Mais ces nombres ne sont pas aussi alarmants si
on regarde au delà. Ainsi, en dehors de la science,
l'effectif des cadres s'est accru dans des proportions
analogues. Le pourcentage des hommes de sciences
par rapport aux cadres qualifiés est resté à peu près
constant au cours des cinquante dernières années.
D'autre part, les problèmes de communication parmi
les meilleurs, au sommet de la pyramide, sont loin
d'être aussi difficiles que chez ceux qui se trouvent près
de la base. Ceux qui sont au sommet d'une pyramide
n'ont besoin de communiquer qu'avec un petit nombre
d'hommes, qui se tiennent près d'eux, ou bien au sommet
d'autres pyramides. Et il en a toujours été ainsi. Un
chercheur fécond, à l'époque de Galilée, connaissait
autant de savants vraiment créateurs, dont il suivait
les travaux, que le fait aujourd'hui un physicien d'un
niveau comparable. La question du dépistage de l'information ne se pose pas d'une manière très sérieuse
à l'extrême pointe, ou au voisinage de l'extrême pointe,
de l'activité créatrice. C'est au-dessous que le problème
se pose ; mais c'est un prix que nous devons payer
pour le très grand nombre d'individus que nous encou-
rageons sans qu'ils puissent fournir un travail de premier ordre. Certes on a besoin d'eux! Ils secondent le
travail des chercheurs de premier ordre, étant donné
l'ampleur actuelle de l'activité scientifique. C'est là
une décision d'ordre social que nous avons prise, et
je ne vois pas de raison de la regretter. Mais tout en
essayant de résoudre le problème du dépistage de l'information, nous devons prendre conscience du fait que
l'activité créatrice des savants les plus éminents n'en
sera pas matériellement affectée.

Parmi ces hommes, il en est peu d'ailleurs, dans la
plupart des pays occidentaux, qui soient privés aujour-
d'hui des moyens nécessaires à leur important travail.

Lorsque Paul Appell dit à Pierre Curie — c'était en 1902, je crois — qu'il allait demander pour lui la Légion d'honneur, Curie répondit : « Je n'ai pas le moindre besoin d'être décoré, mais j'ai le plus grand besoin d'un laboratoire. » A cette époque, il n'avait à sa disposition que le baraquement de la rue Lhomond et deux petites pièces, rue Cuvier. Une telle situation n'existe plus aujourd'hui. Les besoins dépasseront toujours les disponibilités, mais le moment est en vue où les meilleurs jouiront d'un soutien de base suffisant — et là où il n'en est pas ainsi, c'est peut-être simplement la faute des hommes de science eux-mêmes, qui n'agissent pas avec toute la force et le courage nécessaires contre les bureaucrates qui s'y opposent.

Il est un problème beaucoup plus ardu que de savoir s'il convient d'aider la science et comment : c'est de savoir laquelle est à encourager. Dans quelle mesure faut-il aider la physique, par exemple, et comment doit-on, à l'intérieur d'une même science, répartir les ressources entre ses branches très coûteuses et celles qui le sont moins ? Aux États-Unis, nous traversons en ce moment justement une crise à cet égard : ainsi, bien des chimistes éminents estiment bénéficier d'une part beaucoup trop faible du budget total de la recherche scientifique. Il est bien possible que dans le domaine de la recherche fondamentale le choix des subventions à accorder tende à obéir davantage, à l'avenir, aux critères de l'utilité sociale, des besoins, et de la fécondité à long terme de cette recherche. De toute évidence, l'application de tels critères dans une politique d'ensemble n'ira pas sans difficultés ni dangers. Mais des critères supplémentaires s'imposeront bientôt, ne serait-ce que pour cette raison. Comme le savent bien tous ceux qui se sont livrés à des recherches originales, toutes les sciences réagissent, pour ainsi dire, les unes sur les autres, en un processus métabolique de symbiose (surtout près de leurs frontières communes), si bien que les progrès accomplis par l'une n'ont vraiment de

sens, à long terme, que s'ils ne se font pas au détriment
du progrès des autres. On pourrait citer de nombreux
cas où la solution de problèmes scientifiques et techniques importants a drainé les ressources au point de
retarder le développement des recherches en physique,
parce que nos connaissances en métallurgie, en chimie ou
en mathématiques étaient insuffisantes. Je pourrais
d'ailleurs ajouter par parenthèses que ce qui vaut
pour les différentes disciplines scientifiques s'applique
également à toutes les branches du savoir en général :
l'une ne peut sainement s'épanouir si toutes les autres
ne sont pas florissantes.

J'en viens maintenant à la question de la science et
de la technologie — dont je parlerai très brièvement.
Ici, la situation est beaucoup plus grave. La technologie
apparaît aujourd'hui — tout au moins dans certains
pays occidentaux si ce n'est aussi à quelque degré partout
ailleurs — comme un géant aveugle mû par trois grandes
forces : les intérêts industriels privés, les ambitions mili-
taires, et enfin la planification étatique inspirée par des
politiques nationalistes étroites. Je crains que ces forces
ne soient incapables, à longue échéance, de donner une
orientation satisfaisante à la technologie ou aux applications techniques de la science. Leur action s'exerce aussi,
dans une certaine mesure, sur le centre de gravité de la
recherche scientifique pure elle-même ; mais c'est dans
les secteurs qui relèvent de la technologie que leur influence est prédominante, et le résultat en est que beaucoup d'exigences importantes, et dont la légitimité est
reconnue, ne reçoivent pas de réponse adéquate. La
nécessité de partager les ressources techniques et les
compétences avec les pays moins développés n'en est
ici qu'un exemple. Pour maîtriser ce géant, nous devons
introduire délibérément dans le développement de la
technologie un élément régulateur, une réflexion qui soit
à la fois celle de l'homme d'État et celle du philosophe,
analogue à ce que nous trouvons aujourd'hui dans la
science elle-même.

Je passe maintenant à la troisième question — et ici la situation est encore plus grave — celle des rapports de la science et de la culture. Bien des gens, par exemple, sont dépassés par le progrès rapide des connaissances scientifiques et ils ont l'impression que leur équilibre psychologique est menacé par leur ignorance des vérités essentielles. En 1908, mon maître, P. W. Bridgman, qui devait recevoir plus tard le prix Nobel de physique pour ses travaux sur la physique des hautes pressions, préparait une thèse intitulée : « La résistance du mercure, instrument de mesure de la pression ». C'était un ouvrage très classique, très beau — et il aurait pu l'exposer en entier à ses étudiants de première année — qu'ils fussent de futurs savants ou non. Cela n'est évidemment plus possible aujourd'hui : nous ne pouvons plus expliquer ce qui se fait aux frontières de la science à tous nos étudiants ni même à tous nos collègues, et les profanes, surtout les plus intelligents, ressentent profondément cette rupture. Quand on voit s'élargir sans cesse le fossé entre l'ensemble des citoyens et l'élite scientifique, ce qui est inquiétant, ce n'est pas seulement que ceux-ci perdent contact avec leurs concitoyens, avec ceux qui doivent soutenir la recherche, payer pour le travail, fournir les hommes de science de demain, et déterminer judicieusement la politique à suivre en matière scientifique ; c'est aussi qu'à mon avis, à moins de connaître ou de pouvoir connaître, ne serait-ce qu'en termes généraux, ce qui se fait aux avant-postes du savoir dans tous les domaines, y compris en science, les intellectuels se trouvent prisonniers d'une ignorance invraisemblable et paralysante, sans précédent dans le passé.

J'en arrive, pour terminer, à un point concernant l'Unesco. Vers 1925, la Société des Nations créait ici même, dans cette belle ville, une Commission de coopération intellectuelle dont faisaient partie Madame Curie, Bergson, Einstein et bien d'autres. Nous aurions besoin aujourd'hui de quelque chose d'analogue. Les

questions dont je parle ne seront pas résolues par ceux
qui s'occupent avant tout ou exclusivement de tâches
purement scientifiques. Il faudra faire appel à des
hommes de science et à des érudits qui sentent qu'ils
doivent consacrer une partie de leur temps et de leurs
efforts à des discussions et à des travaux de planification,
dans lesquels chacun d'eux peut momentanément faire
abstraction de son appartenance nationale et de son
allégeance à telle étroite zone de compétence. J'espère
que l'Unesco organisera des réunions de ce genre à
l'avenir.

Le moment présent impose une action urgente et il
lui est favorable. Je vois se dégager une réponse nouvelle à la question que nous devons être sans cesse prêts
à poser à nouveau : pourquoi les sociétés évoluées doi-
vent-elles en général encourager la science et l'organisation des recherches. Au XVIIᵉ et au XVIIIᵉ siècle, la
réponse était que chaque homme ou femme de talent
se doit de faire ce que son bon génie l'appelle à faire, à
condition du moins de ne pas entrer en conflit avec
l'autorité. Au XIXᵉ siècle, il est apparu nécessaire d'organiser et de financer les recherches scientifiques essentiellement parce que la société industrielle moderne
avait besoin des sous-produits de la science. Au XXᵉ et
au XXIᵉ siècle, la réponse est différente, me semble-t-il ;
la société, dans les régions développées du monde, a
désormais l'obligation de s'organiser de manière à
assurer le respect d'un des droits de l'homme qui a été
bien négligé jusqu'ici : le droit pour *chaque citoyen de
faire une carrière qui le satisfasse dans tout secteur d'activité qui lui semble valable et qui n'est pas nocif pour la
société.* Appliqué à la science, le principe qui commande
l'organisation tend à permettre à quiconque le désire de
faire des études en sciences et de contribuer à leur développement.

Nos sociétés ne devraient plus s'attacher à un type
d'organisation essentiellement au service de luttes idéo-
logiques ; elles ne devraient plus s'attacher à satisfaire

les besoins élémentaires, car la technologie est en mesure
de le faire. A mon avis, la vraie tâche au cours des cinquante prochaines années ou plus, en ce qui concerne
l'organisation de la science, comme d'ailleurs dans tous
les autres domaines, c'est d'assurer effectivement un
usage plus humain de l'être humain.

P. AUGER

Le problème du coût des recherches des physiciens,
des biologistes ou des chimistes vient d'être soulevé,
et comme il a été dit à l'instant, il a fait couler beaucoup
d'encre, non pas seulement de l'autre côté de l'Atlan-
tique, mais ici aussi en Europe. Les physiciens, particulièrement les physiciens des particules de haute énergie, les physiciens atomistes ou nucléaires, ont besoin
d'instruments de plus en plus chers, qui exigent aussi
de plus en plus d'hommes pour les servir ; viennent s'y
ajouter depuis quelques années les physiciens de l'espace,
qui sont peut-être encore plus exigeants, car le nombre
de personnes qui doivent intervenir lorsqu'il s'agit de
préparer une expédition d'instruments, d'animaux ou
plus encore d'hommes dans l'espace, est immense.

Cette question se pose et va se poser peut-être d'une
manière de plus en plus aiguë dans les prochaines années.
Elle est très bien exposée dans un ouvrage récent de
Fred Hoyle. Ce livre, qui est formé par la réunion de trois
conférences, présente l'opposition entre les « dinosaures »
des physiciens, c'est-à-dire ces énormes instruments
qu'ils disent leur être nécessaires, et les petits laboratoires
dans lesquels travaillent les biologistes ou les biochi-
mistes, et encore bien d'autres travailleurs de disciplines scientifiques voisines. Personnellement, il me
semble assez curieux que ce soit un astronome qui ait
fait cette remarque, car ce sont les astronomes qui cons-

truisaient des « dinosaures » il y a cent ans : c'étaient
alors les seuls qui avaient des instruments de vraiment
très grande taille, qui coûtaient cher et qui étaient
presque uniques, chacun en son genre.

Il est certain que cela posera des problèmes sérieux
lorsque, après la science spatiale, d'autres sciences, —
comme par exemple il s'en dessine une pour l'exploration des profondeurs du globe — d'autres branches
de la science s'ouvrent et deviennent aussi très exi-
geantes. Je crois pourtant personnellement que cela ne
trouble pas encore sérieusement l'économie des États,
et que ceux-ci peuvent faire face à ces travaux sans que
ce soit une gêne sérieuse.

Je ne veux pas intervenir ici dans la question plus
politique de savoir si la défense nationale de chacun de
ces États pourrait tirer suffisamment parti de ces travaux pour qu'une partie des ressources qui sont consa-
crées à cette défense nationale aille à ces travaux ; cela
se fait déjà d'une certaine manière. Il y a là pour beaucoup d'États un problème d'organisation de la recherche
scientifique sur le plan national, et aussi un problème
d'organisation scientifique sur le plan international.
Des organismes comme le C. E. R. N. (Centre Euro-
péen de Recherches Nucléaires) qui a pris naissance dans
cette grande maison de l'Unesco où nous sommes actuellement, — le C. E. R. N. représente pour l'Europe un
effort sérieux, surtout s'il peut construire un nouvel accé-
lérateur de trois cent millions d'électrons-volts. C'est
un effort qui commence à être très important, et qui
commence à inquiéter les savants qui travaillent dans
d'autres domaines de la recherche scientifique.

Je crois qu'il faut voir les choses en face et traiter les
problèmes franchement. Peut-être des confrontations,
des tables rondes, ou des tables triangulaires si vous voulez,
avec les spatiaux, les nucléaires et les autres entrant en
conversation pourraient-elles avoir un aboutissement au
point de vue de la psychologie des scientifiques eux-
mêmes. Comme il vient d'être dit, des progrès dans une

direction, dans une discipline scientifique sont liés au progrès dans les autres, et il est absolument certain que bon nombre des résultats qui ont été obtenus par les physiciens avec leurs grands instruments ont rendu de très grands services aux biologistes, par exemple en ce qui concerne les isotopes, en ce qui concerne les actions des radiations et dans bien d'autres domaines. Par conséquent, on ne peut pas dire qu'on travaille en ordre dispersé ; on travaille en ordre collectif. Évidemment, certaines recherches demandent plus et avancent plus vite, mais c'est l'ensemble qu'il faut examiner et je crois qu'une confrontation honnête et franche serait une chose très utile. Peut-être l'Unesco est-elle justement la tribune où une telle discussion pourrait avoir lieu avec le plus de fruit, et cela se rattacherait à ce qui vient d'être dit à l'instant : l'Unesco a la vocation d'être un grand organisme intellectuel au sein des Nations unies, et bien des entreprises de ce genre pourraient être inscrites dans son programme. Cela pourrait d'ailleurs se rattacher à cette question de la science et de la culture, qui a fait couler beaucoup d'encre depuis l'étude maintenant célèbre *The two cultures* de Sir Charles Snow. C'est un débat qui existait déjà avant, mais qui maintenant a pris une forme bien particulière. On dit « les deux cultures », c'est maintenant un terme reconnu, accepté, mais on est très loin d'avoir résolu la question qui est ainsi soulevée. Je pense personnellement qu'une des solutions consisterait à faire entrer dans l'éducation générale de tout homme cultivé, de tout honnête homme (dans le sens du XVIIIe siècle) une partie scientifique suffisamment solide pour qu'il puisse ultérieurement, avec des efforts qui ne seraient pas excessifs, lire des revues et se tenir au courant du mouvement scientifique moderne.

MICHEL DEBEAUVAIS

Les problèmes d'organisation de la recherche se
posent aussi en matière de sciences sociales. On peut
les poser sur deux plans différents : d'abord, en fonction
des critères d'organisation la plus efficace possible de la
recherche — et, de ce point de vue, on peut appliquer
aux sciences sociales et humaines les différents arguments qui ont été évoqués ; dans ce domaine aussi, il
devient possible de contrôler, dans une mesure croissante, le développement des connaissances par l'organisation systématique de la recherche. Cette façon de
faire a des implications particulières pour les sciences
sociales, puisque les problèmes d'organisation sont de
plus en plus un domaine d'activité des sciences sociales :
sciences administratives, sociologie des organisations,
etc. Il y a notamment une contradiction permanente,
que l'on commence seulement à analyser, entre, d'une
part, la tendance de tout système, de toute société à des
formes de plus en plus complexes et oppressives d'organisation, et d'autre part, la nécessaire innovation, qui est
à chaque instant menacée d'être écrasée par l'organisation. Organiser l'innovation, ou la protection de l'innovation, c'est un problème nouveau, difficile, sur lequel
les sciences sociales peuvent certainement apporter
quelques lumières.

On peut aussi augmenter l'efficacité de la recherche et
accélérer le progrès des connaissances en cherchant à
combiner différentes disciplines dans ce que l'on appelle
les recherches interdisciplinaires ; ces entreprises se
développent de plus en plus, mettant en jeu non seulement les disciplines des sciences de la nature, mais
également les disciplines des sciences sociales et humaines.
Ce genre de recherches pose des problèmes de communication ; communication entre individus, communication

aussi entre disciplines qui sont à un niveau d'évolution très inégal. On ne croit plus maintenant que l'on puisse hiérarchiser les sciences comme voulait le faire Auguste Comte dans sa fameuse pyramide. Mais c'est un fait que les disciplines scientifiques sont à des stades d'évolution très différents et que cela pose des problèmes de communication très graves, d'une discipline à l'autre, même entre sciences sociales (je pense aux difficultés que les économistes ont à communiquer avec les sociologues). Ces problèmes de communication sont aussi du domaine des sciences sociales ; il y a actuellement des branches de la psychologie sociale et de la psychologie individuelle qui étudient ces problèmes de communication (théorie de l'information, etc.). Là aussi les sciences sociales sont nécessaires, comme on l'a dit, pour assurer le progrès général des connaissances humaines.

Enfin une idée qui est admise maintenant de plus en plus, non seulement en théorie mais dans la pratique, c'est qu'il est possible d'appliquer à l'homme et aux sociétés humaines la même démarche scientifique qui a été appliquée jusqu'ici principalement aux sciences de la nature ou à la biologie. Cette idée implique que les pouvoirs de l'homme sur lui-même et sur les sociétés humaines doivent aller en se développant. A partir de cette notion, on pourrait se plaindre (comme le font souvent les spécialistes des sciences sociales) devant l'écrasante disproportion des moyens matériels et des ressources en chercheurs dont disposent les sciences de la nature et les sciences sociales. On pourrait même dresser, comme Auguste Comte, une pyramide, en rangeant les crédits affectés à la recherche dans tous les pays selon les disciplines, ou encore en rangeant les chercheurs selon leur discipline, car on peut mesurer le front de la recherche selon ces deux concepts. On verra que, plus le sujet est lointain et extérieur à l'homme, et plus le front de la recherche est étendu et doté de moyens puissants.

Si l'on se place sur le seul plan de l'égalité des disciplines, cela n'est pas très grave, car il est inévitable que

certaines sciences soient plus développées que d'autres,
aient plus de moyens que d'autres. Si l'on se place à un
point de vue plus élevé, c'est peut-être plus préoccu-
pant, dans la mesure où l'objet de ces sciences n'est pas
indifférent ; les sciences qui concernent l'organisation
des sociétés humaines, ou les connaissances relatives à
l'homme, sont sans doute plus importantes d'un point de
vue anthropocentriste que les connaissances relatives
à la structure de la matière. En tout cas, les conséquences
des décisions concernant l'organisation des sociétés
humaines sont plus importantes que celles des décisions
concernant d'autres objets ; et, quand on sait que le
progrès des connaissances dépend maintenant, en
grande partie, des moyens humains et matériels qui
sont consacrés à une discipline ou à un domaine de la
connaissance, on peut se poser le problème d'organisation de la recherche sur un tout autre plan : comment
sont établies, en fait, ces priorités quand on organise
la recherche ? — parce qu'il y a implicitement des
priorités, même quand on affirme l'indivisibilité des
sciences.

Théoriquement, toutes les disciplines sont égales, tous
les savants ont droit au même statut, voire aux mêmes
honneurs ; en fait, les décisions se prennent d'une tout
autre manière et elles ne sont pas prises par les scientifiques ; elles sont prises par les gouvernements et je
crois que l'objectif principal qui peut être attribué aux
décisions des gouvernements des États visant à orienter
les progrès des connaissances est un objectif de puissance.
Je ne veux pas porter un jugement de valeur sur la
nature de ces objectifs, mais constater que ce qui conditionne actuellement l'organisation du front de la recherche n'est pas l'objectif du progrès scientifique en tant
que tel. On peut, évidemment, se demander si ce type
d'organisation peut être considéré comme inévitable,
comme souhaitable, ou comme se situant en dehors des
débats que nous menons aujourd'hui. A mon sentiment,
c'est un problème qui est au cœur de nos débats, et par-

ler d'une synthèse des sciences n'a pas de sens si l'on refuse de le poser.

Tenter de justifier des priorités est bien malaisé. On pourrait peut-être essayer de trouver des critères à un niveau qui soit indépendant des idéologies de chacun — par exemple, considérer comme prioritaires les problèmes qui affectent le plus grand nombre d'individus. Ce n'est pas un critère facile à appliquer, mais on pourrait tout de même proposer l'application suivante : il y a actuellement un écart croissant et bien connu entre pays dits sous-développés et pays industriels. Il est certain que les décisions affectant ce déséquilibre actuel sont essentielles pour l'avenir de la société humaine. Or, je ne crois pas que le problème posé par cet écart croissant soit au centre des priorités actuelles des politiques scientifiques des gouvernements. Les recherches relatives à ces questions sont très loin d'être à la mesure de l'importance du problème.

On pourrait prendre un autre critère : l'instinct de conservation, la survie de l'espèce humaine. Or, si l'on considère la masse des efforts qui se portent actuellement sur les sciences de la nature (essentielles et fascinantes), dont l'objet est la structure de la matière, il est évident que ce qui intéresse surtout les gouvernements et ce qui est la raison de la priorité que l'on accorde à ces sciences, c'est la puissance de destruction qu'elles confèrent. Sans doute les sociétés (et les sciences humaines) s'efforcent-elles d'introduire une certaine rationalité dans les comportements, mais c'est à l'intérieur de ces cercles très limités que sont les nations actuelles. Les problèmes de la structure de l'atome et les conséquences qu'elle entraîne pour la destruction possible de l'humanité font éclater ces frontières nationales et cette rationalité limitée à la nation.

Si l'on s'efforçait maintenant de dénombrer les chercheurs qui étudient les relations entre les sociétés nationales et ces problèmes vitaux que sont les progrès et l'innovation dans des formes de relations internationales qui permettraient d'éviter une catastrophe nucléaire, on s'apercevrait qu'ils bénéficient d'une des dernières priorités dans l'organisation de la recherche.

De façon analogue, les connaissances qu'on commence à entrevoir sur l'homme lui-même ou son organisation dans des groupes restreints (sociologie, psychologie, etc) sont orientées également selon des objectifs de puissance et servent à manipuler les hommes, à manipuler les sociétés, beaucoup plus qu'à les libérer ; or, il s'agit là, en partie du moins, d'une question d'affectation des ressources à la recherche. Il n'y a qu'à comparer, d'une part, le nombre de psychologues et de sociologues payés par des entreprises qui ont pour but, non pas, certes, la destruction de l'humanité, mais, en tout cas, le conditionnement des hommes (études de marché, publicité, etc.) et, d'autre part, l'effectif des chercheurs spécialisés dans ces disciplines qui sont libérés de tout objectif utilitaire. Je crois que la disproportion, là encore, est écrasante, même à l'intérieur des sciences de l'homme. Je crois que ces problèmes fondamentaux, qu'a d'ailleurs soulevés et traités mieux que moi Gérald Holton dans son intervention, sont tout à fait essentiels, et qu'on ne peut pas se contenter de faire preuve d'optimisme et de constater qu'on s'intéresse de plus en plus aux sciences, et que les sciences se développent de plus en plus vite.

P. AUGER

Les applaudissements que vous venez de recueillir, M. Debeauvais, montrent qu'il y a dans cette assemblée, beaucoup de personnes qui sont directement intéressées aux sciences humaines. Même si ce sont effectivement des spécialistes des sciences dites exactes et naturelles, ils voient très clairement la grande importance de ces autres sciences dont le développement insuffisant à l'heure actuelle — je ne suis pas absolument sûr que ce soit entièrement dû au manque de ressources — a créé un certain déséquilibre en ce qui concerne le gouvernement des affaires humaines. Avoir beaucoup de moyens qui, en particulier, sont des moyens de destruction, mais aussi des moyens de production, et avoir très peu de connaissances sur la manière de les employer et le résultat qu'ils donneront au point de vue humain, voilà évidemment une source de déséquilibre, et je crois que là-dessus vous avez entièrement raison. Ce que je ne vois pas aussi clairement, c'est comment les sciences de l'homme pourront se développer beaucoup plus vite et beaucoup mieux si on leur attribue des ressources plus grandes. Je ne suis pas sûr en effet que ce soit entièrement une question de ressources. Je crois qu'il se produit une certaine maturation dans l'histoire de chaque science, et qu'il y a une époque où elles prennent — si je puis dire — leur envol, où il y a un décollage, un « take-off » comme on dit pour l'industrie. Il est possible que bon nombre des sciences humaines n'aient pas encore pris ce décollage. C'est seulement lorsqu'elles l'auront atteint que les ressources devront venir en très grande abondance pour leur permettre de se maintenir en vol et de ne pas venir s'écraser, comme malheureusement il arrive quelquefois aux appareils d'aéronautique qui sont partis trop tôt.

P. PIGANIOL

La question qui vient d'être posée est assez grave si on la considère du point de vue des sociétés humaines. Dans celles-ci, il existe des hommes qui décident, qui conduisent, qui agissent, et puis il y a la société elle-même qui voudrait bien peut-être influer sur son devenir et n'y arrive pas toujours.

Dans le domaine de la politique scientifique, il s'est produit un fait tout à fait remarquable aux États-Unis. Au fur et à mesure que la Maison-Blanche mettait en place des éléments d'organisation de politique scientifique et qu'elle les développait, parallèlement on a vu le Congrès se doter de moyens d'étude, d'information et de services extrêmement importants. C'est le seul cas, à ma connaissance, en dehors des structures des pays de l'Est qui espèrent atteindre les mêmes buts, c'est le seul cas où l'on ait vu apparaître un mécanisme de contestation et de choix au niveau de toute la société, et non plus au niveau des cercles scientifiques ou des cercles gouvernants, à propos desquels on a indiqué que le facteur puissance était peut-être trop souvent l'élément dominant des décisions.

Je crois que c'est un problème que nous rencontrerons, et que nous ne pourrons pas éluder, au fur et à mesure que la société scientifique se développera et que nos stratégies, nos organisations de recherche s'affirmeront. Il faut que la société ait les moyens de dire dans son ensemble ce qu'elle en pense. Dans l'état actuel des choses, inutile de dire que nos parlementarismes traditionnels n'ont absolument plus l'ombre d'un pouvoir de contestation ou d'analyse. C'est très regrettable et cela constitue un des points noirs du monde moderne.

P. AUGER

Ceci me paraît se rattacher de manière très directe au problème signalé par Gérald Holton : celui de la science et de la culture. Nos parlementaires sont, dans l'ensemble, des hommes cultivés, mais peu scientifiques. Je crois que c'est une des raisons pour lesquelles plusieurs tentatives de constituer au sein des parlements des comités scientifiques, qui examineraient justement, sur le plan de la société, les résultats de la politique scientifique du Gouvernement, n'ont pas réussi.

Je pense que ceci est dû en grande partie au fait que la culture scientifique de nos parlementaires n'était pas suffisante pour qu'ils prennent intérêt à ces problèmes et qu'ils voient clairement où tout cela allait les mener.

C'est très dommage, certainement, parce que, comme l'a dit très justement M. Piganiol, cela laisse l'exécutif en face du peuple sans rien entre les deux : il y a d'un côté les savants, les syndicats et d'autres groupements, et puis il y a l'exécutif ; entre les deux le législatif devrait faire le lien et ne le fait pas pour ce genre de problèmes — au moins dans certains pays. Pourtant, en Angleterre, la Chambre des communes a constitué un Comité scientifique très vivant, auquel j'ai personnellement assisté à plusieurs reprises et qui me paraît jouer un rôle important. Aux États-Unis, la chose est encore beaucoup plus organisée et, là aussi, j'ai personnellement pu prendre part aux débats de certains de ces organismes du Congrès. Ils sont très suivis, très vivants ; il s'y élabore non pas une censure de ce que fait l'Exécutif, mais en tout cas une compréhension, une modification, un appui ou bien au contraire des propositions de réformes ou de changements. C'est pour l'Exécutif, je crois, très important de garder le contact avec les forces vives de la nation, à travers les élus, si l'on veut que la démocratie subsiste et prospère.

V. KOURGANOFF

Il me semble que l'on ne peut pas isoler le problème de l'organisation de la recherche de celui de l'interférence avec l'organisation de l'enseignement et de la formation des chercheurs. C'est un problème qui est toujours escamoté. Il y a de plus en plus concurrence — je dirais même antagonisme — entre les efforts qui sont consacrés à l'enseignement supérieur et les efforts qui sont consacrés à la recherche. J'ai commis le péché d'écrire un petit livre qui s'appelle *La Recherche scientifique* [1], je ne peux donc pas être suspect de minimiser l'importance de la recherche. Mais, dans la troisième édition de mon livre, qui vient de paraître, et devant ce que je considère comme un scandale permanent, j'ai été obligé de modifier plusieurs paragraphes pour montrer que la recherche risque de mourir de sa belle mort si l'on continue à lui donner une priorité psychologique, de prestige, si l'on continue à en faire l'espèce de « tarte à la crème » qu'elle est devenue dans l'esprit de beaucoup de pouvoirs publics et dans l'esprit — hélas! — de beaucoup d'universitaires; si l'on ne voit pas qu'il y a là le même genre de dilemme que celui qui vient d'être signalé entre travail individuel et organisation. Il y a le même dilemme entre effort de recherche et effort pédagogique, au sens large, cet effort portant, d'abord, sur la formation des chercheurs, ensuite sur la diffusion scientifique, et aussi sur la synthèse des connaissances. Il faut comprendre que ce n'est pas seulement un drame individuel que vit chaque professeur d'université quand il s'agit de savoir quelle est la part qu'il doit consacrer à la pédagogie et la part qu'il doit consacrer à la recherche : c'est, avant tout, un problème institutionnel qui, à cet égard, fait vraiment partie du problème que nous débattons aujourd'hui.

A partir du moment où il est admis que la promotion universitaire dépend uniquement, ou presque uniquement, du succès dans la recherche, on tue, à long terme, le dévouement aux tâches pédagogiques. C'est une chose qu'un professeur qui a, par exemple, sous sa direction

1. *La Recherche scientifique*, Paris, Presses universitaires de France. (Que sais-je ? n° 781).

de jeunes assistants ne peut pas manquer d'apercevoir, et il ne peut pas ne pas s'en émouvoir. Il y a là un drame angoissant ; pendant longtemps, il ne se posait pas de problème parce que, justement, les assistants n'étaient pas membres d'une équipe de recherche et pouvaient alterner leurs efforts pédagogiques et leur effort de recherche. Mais, à partir du moment où ces gens se trouvent intégrés dans une équipe de recherche — en physique, par exemple, ou en astronomie — le travail de cette équipe devient pour eux quelque chose d'impératif. Ils ne peuvent pas abandonner le montage de tel ou tel appareil que construisent leurs collègues pour préparer un problème à donner à des étudiants avancés, ou pour discuter avec eux de leurs travaux, ou pour organiser un séminaire, ou simplement pour écrire un article de diffusion de la science, ou enfin pour essayer de faire une synthèse des connaissances nouvellement acquises. Je pense que c'est le rôle des conférences comme celle d'aujourd'hui et, plus particulièrement le rôle de l'Unesco, de bien prendre conscience de ce problème, de ne pas fermer les yeux, et je pense qu'il faut bien voir ceci : l'organisation de la recherche utilise des chercheurs ; les chercheurs ont besoin d'être formés ; il faut donc former des formateurs et, surtout, ne pas s'imaginer qu'on peut se contenter d'une formation artisanale, comme on le faisait autrefois, où l'on allait au Laboratoire Cavendish, où l'on était pendant quelque temps l'« apprenti » d'un grand patron comme Rutherford et où l'on devenait, à son tour, un grand patron. On ne peut plus se contenter d'une formation artisanale, d'une formation d'autodidacte. Nous devons organiser la formation et, par conséquent, nous devons trouver une sorte de partage d'activités. Tel, qui est plus doué pour l'enseignement, devra porter son attention sur l'enseignement, et on ne le méprisera pas parce qu'il néglige un peu ses recherches, à un moment donné de sa carrière, pour se dévouer à l'enseignement.

P. AUGER

Le problème que vient de poser M. Kourganoff, celui de la recherche et de l'enseignement, est un problème absolument fondamental en ce qui concerne l'organisation d'un pays qui veut développer harmonieusement sa science. Il ne suffit pas de donner aux professeurs qui se consacrent à l'enseignement une carrière assez bonne pour qu'ils ne soient pas tentés de négliger leur enseignement au profit de la recherche : celle-ci pourrait leur permettre d'avancer plus vite, d'obtenir peut-être un fauteuil à l'Académie et diverses distinctions.

Il s'agit aussi de faire des recherches qui ne payent pas directement par des grandes découvertes. Le chercheur que l'on qualifie d'obscur, c'est-à-dire celui qui fait un travail indispensable avec beaucoup de conscience et qui n'en est pas récompensé par des découvertes brillantes — avec les conséquences que je viens d'énumérer tout à l'heure — doit tout de même avoir une carrière honorable et doit aussi avoir la possibilité de développer son imagination par ailleurs.

Je crois que là aussi un partage doit être fait et qu'il ne sera fait que si on veut bien le traiter effectivement. Il ne s'agit pas seulement de se contenter de demi-mesures ou d'arrangements qui permettent de pallier les difficultés immédiates et d'avoir tout de même des professeurs, de former tout de même des étudiants, même si ce n'est pas de la manière la plus efficace.

Il y a d'ailleurs un second problème que vous n'avez pas signalé, et qui l'a été récemment par l'un des derniers prix Nobel, le professeur Monod. Il a dit que pour sa science, pour la biologie moléculaire, l'enseignement supérieur avait été très tardif à s'organiser et n'était peut-être pas encore au point, alors que l'on continuait à enseigner, pendant de très nombreuses années, de la botanique ou de la zoologie. Ceci se corrige peu à peu mais il est certain que dans bien des universités le retard est encore très grand ; là aussi il y a une situation à examiner franchement.

Si cette situation est particulièrement difficile en France, elle l'est moins dans d'autres pays, où les universités sont plus indépendantes des pouvoirs publics et où beaucoup d'entre elles ont pris sur elles de créer les chaires et les enseignements au fur et à mesure des développements des nouvelles sciences.

R. P. PIERRE LEROY

Mon intervention va exactement dans le sens de la précédente. Vous avez parlé tout à l'heure du choix que le chercheur pouvait faire de sa discipline et de sa recherche. Je voudrais parler d'un autre problème, qui est le choix que l'on fait des chercheurs. Il est évident que l'on a, dans certains laboratoires, l'impression que des jeunes gens et des jeunes filles travaillent plutôt en amateurs, et cela parce qu'ils n'ont pas, dans le fond du cœur, cette vocation essentielle qui est celle du chercheur.

Or cette vocation de chercheur, c'est une vocation personnelle qui demande d'abord une grande probité intellectuelle, beaucoup d'imagination, et de l'esprit d'invention, lequel doit être joint à l'esprit d'observation, et de la réflexion personnelle. Il faut en plus que le chercheur ait un esprit analytique en même temps qu'un esprit de synthèse. Tout ceci ne s'invente pas, et par conséquent le choix des éducateurs et des responsables du choix des chercheurs est quelque chose de tout à fait important. A en juger au moins par ce qui se passe dans nos pays, les chercheurs sont proposés

soit par des maîtres de recherche, soit par des direc-
teurs de recherche, d'après certains travaux qu'ils ont
faits ; mais c'est très insuffisant. Des jeunes gens ou
des jeunes filles viennent donc pour préparer une thèse
avec un certain enthousiasme, se fatiguent très vite
de cet enthousiasme, et finissent par occuper des places
sans pour autant remplir le rôle correspondant.

Après ce dernier problème, je voudrais en poser un
second, qui est énorme et qui sort peut-être de l'épure,
c'est le problème de l'information. Nous avons actuellement d'excellents ouvrages analytiques, je pense particulièrement au bulletin signalétique du C. N. R. S., dont
nous nous servons quotidiennement. Mais quand on est
écrasé par le nombre de publications qui intéressent une
toute petite spécialité, on se demande s'il n'y aurait pas
quelque chose à transformer dans l'organisation générale ;
et ceci doit être le fait, non seulement des chercheurs,
mais des gouvernements, si l'on veut faire quelque chose
qui vaille la peine.

P. AUGER

Vous avez signalé deux problèmes très importants
auxquels j'avais personnellement à peine fait allusion,
celui du choix des hommes, du choix des chercheurs
qui s'est fait jusqu'à présent par les méthodes traditionnelles des concours et des examens, ou par les
recommandations personnelles de ceux qui connaissent
les candidats. Ces procédés traditionnels pourraient
d'ailleurs être améliorés.

Je pense qu'une des grandes améliorations possibles
serait d'élargir le réservoir dont j'ai parlé tout à l'heure.
Il ne suffit pas que les dons existent : il faut les reconnaître, et bien souvent ils sont cachés. Il y a des jeunes
gens et des jeunes filles qui sont très doués, mais qui ne

le savent pas et dont les professeurs ne s'en sont pas rendu compte. Il faudrait alors trouver des procédés pour aller les chercher où ils sont et les amener dans la position où ils pourraient effectivement rendre tous les services dont ils sont capables.

Il importe non seulement de choisir parmi ceux qui se présentent, mais de susciter des vocations, de présenter les possibilités existantes à ceux qui ne les connaissent pas, par un dispositif d'information. Je pense qu'à ce point de vue-là les programmes de télévision, les programmes de radio sont très intéressants. Les livres dans le genre de la collection « Que sais-je » sont aussi très efficaces pour susciter des vocations, pour amener à la recherche scientifique des esprits qui en sont parfaitement capables, qui peuvent y rendre de grands services, mais qui n'y seraient pas conduits par la voie sociale normale, par leur famille ou par le milieu dans lequel ils vivent. Là aussi il y a quelque chose de plus à faire du point de vue de l'organisation.

Le second problème est celui de l'information ; c'est un problème immense. Nous savons tous qu'il y a une avalanche, un raz de marée de publications scientifiques — de valeur d'ailleurs inégale : ainsi une statistique récente a montré qu'un bon nombre n'étaient lues que par une seule personne dans le cours des dix années qui suivent leur publication ! Certaines autres publications sont au contraire lues par des centaines ou des milliers de personnes. Il y a donc une excessive variabilité dans l'utilité de ces publications scientifiques. Cependant il faut les enregistrer, il faut qu'elles soient conservées. Comme je le disais au début, il y a des idées brillantes qui ne sont pas tout de suite comprises, dont on ne voit pas tout de suite l'emploi et l'utilisation ; il faut cependant les conserver, car elles seront peut-être reprises plus tard. Ce fut le cas de Grégor Mendel, que l'on n'a pas compris de son vivant, mais seulement une quarantaine d'années plus tard. Mais ses œuvres étaient publiées, par conséquent on a pu les retrouver.

Il faut donc publier beaucoup, mais il faut alors permettre au chercheur normal, qui ne peut pas passer tout
son temps à lire, de trouver ce dont il a besoin par des
procédés automatiques ou au moins assez rapides.
Là aussi, peut-être y aurait-il lieu de faire une confrontation des points de vue et une étude très sérieuse.
C'est en effet un problème aussi grave peut-être que
celui de l'augmentation de la population du globe ! Il y a
un risque, qui est celui de voir la science échapper
de nos mains, les publications devenant tellement
nombreuses qu'elles ne servent plus, qu'on ne les lise
plus, qu'on ne puisse plus les employer et que, en conséquence, les doubles, triples, quadruples emplois se
multiplient. On fera partout la même chose parce qu'on
ne saura simplement pas qu'elle s'est faite ailleurs,
qu'on ne pourra pas arriver à mettre la main sur les
publications ou sur les revues dans lesquelles les résultats sont publiés. Il s'agit donc, là aussi, d'un problème
absolument majeur.

G. HOLTON

Je me bornerai à ajouter un mot. Aux États-Unis,
l'éducation est la plus vaste « industrie » du pays :
42 milliards de dollars lui ont été consacrés l'année
dernière, sous une forme ou une autre. Plus de 25 %
de la population participent à ses activités, que ce soit
en qualité d'enseignants, d'élèves, d'étudiants à temps
plein ou à temps partiel. Et cependant, cette vaste
entreprise est menée dans une large mesure avec des
outils intellectuels et techniques qui datent du XIXe siècle, et elle est lourdement chargée par un rituel encore
plus ancien. Si tant de gens enseignent si mal, et si
d'autres apprennent si peu, si l'enseignement n'a pas
l'éclat que, selon beaucoup, il devrait avoir, il n'est pas

difficile d'en trouver la principale raison : enseigner est difficile, et on sait peu de chose, à un niveau fondamental, sur ce que c'est qu'apprendre. Fuyant ces problèmes, beaucoup de nos maîtres, même dans les sciences, cherchent un refuge dans un vieux folklore, par exemple ils admettent que toute information doit provenir d'un livre. Au lieu de faire de l'expérience même d'apprendre une aventure prodigieusement excitante, en recourant à tous les moyens dramatiques tels que films, rencontres réelles dans les laboratoires, et ainsi de suite, ils se bornent à lire à l'élève un livre ennuyeux, et ils s'attendent à voir le livre reconstitué le jour de l'examen.

Mais il y a pis : bien des maîtres n'ont pas pénétré jusqu'à la structure conceptuelle et au fondement philosophique de ce qu'ils enseignent. Le résultat, c'est que très souvent — notamment dans le domaine des sciences — ils n'enseignent qu'un simple catalogue d'information.

Pour remédier à cela, il faut créer dans chaque région un centre vivant de recherche sur tout ce qui concerne « enseigner » et « apprendre », un « Centre Saclay » où l'on inventerait les moyens appropriés. Si la recherche scientifique avait été organisée comme l'enseignement l'est aujourd'hui, nous n'aurions pas découvert grand chose! Nous devons décider de rendre l'enseignement bien plus passionnant et bien plus efficace, et être prêts à investir dans ce but toutes les ressources financières et humaines nécessaires.

V. KEDROV

Un problème très important se pose ; il est lié non pas aux conditions nationales, mais, me semble-t-il, aux conditions historiques de toute l'époque contemporaine.

Il s'agit essentiellement du maintien et de l'organisation des écoles scientifiques.

Si le processus de l'enseignement et le processus de la recherche scientifique sont séparés, c'est un homme déjà formé qui entrera à l'école scientifique, alors qu'il est de l'intérêt de l'école spécialisée de susciter une vocation dans la discipline donnée le plus tôt possible, c'est-à-dire sur les bancs de l'Université et peut-être même à l'école secondaire.

Prenons un exemple dans un autre domaine. On a parlé ici du problème de la science et de la culture : eh bien, envisageons la formation des musiciens ou des peintres. La carrière d'un peintre ou d'un musicien sera tout à fait différente s'il se trouve placé dès l'enfance sous l'influence d'un grand peintre ou d'un grand compositeur, ou s'il passe au contraire sa jeunesse dans les conditions ordinaires et ne peut pas développer son talent.

Le même problème se présente chez nous, en Union soviétique, et je voudrais vous signaler à ce propos une expérience que nous tentons. Il s'agit de la formation des mathématiciens. Vous savez bien que, dans ce domaine, la formation de l'intellect scientifique commence très tôt ; vers vingt ans, si un mathématicien n'est pas encore formé, il ne se formera sans doute jamais plus. Aussi nos mathématiciens les plus éminents ont-ils organisé, sous la direction de l'académicien Kolmogorov, une école spéciale avec internat, pour laquelle on sélectionne dans les écoles de tout le pays, même celles des régions les plus isolées, les enfants doués pour les mathématiques. Kolmogorov et d'autres éminents spécialistes dirigent ensuite leurs études, afin de les préparer à l'étude des mathématiques supérieures et à en faire ainsi, à leur tour, des spécialistes qui se joindront plus tard à eux en qualité de collaborateurs scientifiques. Pour le moment, ce n'est qu'une expérience. J'ai eu moi-même l'occasion de me rendre dans cette école pour y faire certains travaux. Ces enfants sont très inté-

ressants, et, en même temps, ce ne sont plus des enfants.
Trois ans avant la fin des études secondaires (je ne sais
pas à quelle classe cela correspond en France) les élèves
y étudient déjà certaines matières, par exemple la
théorie de la relativité, qui correspondent — je m'en suis
spécialement assuré — à la troisième année d'université. A d'autres égards, ce sont simplement des enfants,
qui ne sont pas encore formés ; mais dans ce domaine
leur formation commence plus tôt. Évidemment, cela
entraîne certaines difficultés, et notamment les dangers
d'une spécialisation trop étroite.

En un mot, ces questions, qui me paraissent avoir été
posées ici d'une façon très rationnelle, exigent une étude
aussi approfondie que possible. Il faut rassembler toute
l'expérience pertinente, d'où qu'elle vienne, l'étudier et
l'élaborer, et l'Unesco pourrait dans ce domaine jouer
un rôle très important. Quoi qu'il en soit, il me paraît
hors de doute que c'est seulement dans les conditions des
laboratoires de recherche, seulement en contact avec de
grands spécialistes qui s'occuperaient à la fois de recherche et d'enseignement, qu'on formera les vrais savants
de demain.

R. P. RUSSO

Le professeur Auger a parlé de l'antinomie entre la
liberté et l'organisation. Cette antinomie reste évidemment au cœur du problème du développement de la
recherche, mais je me demande si nous n'arrivons pas,
peu à peu, à la dépasser, à susciter une aide mutuelle
entre l'organisation et la liberté, à faire cesser cette
méfiance qui règne entre le créateur individuel et l'organisateur, et qui est, je crois, une des sources de difficultés
dans le progrès et le développement de la recherche.

Je crois que nous devrions comprendre que la recherche aujourd'hui ne peut plus être menée comme dans le

passé par le seul jeu de forces obscures, spontanées ; nous sommes entrés dans un processus conscient et volontaire du développement de la recherche. Il y a là une vue peut-être un peu générale, un peu philosophique, mais qui devrait être beaucoup plus présente aux esprits et constituer le dynamisme de base à partir duquel s'opérerait une organisation courageuse de la recherche. Ceux qui en sont actuellement chargés doivent surmonter la crainte de se voir accusés d'être des technocrates ; il faut dépasser ces perspectives, pour comprendre que l'on peut définir une association vivante et féconde de la liberté et de l'organisation.

Ceci m'amène à dire un mot d'une question qui a été abordée par le professeur Kedrov, à savoir le rôle de l'histoire dans l'organisation de la recherche. Je le suivrai, mais avec peut-être quelques nuances. Je crois que seule la science proche, la science voisine de la science actuelle, est utile pour l'organisation de la recherche. Ce qui a été dit hier sur Einstein a montré que l'on avait certainement profit à méditer encore son œuvre pour traiter convenablement aussi bien des problèmes de cosmologie que les problèmes si délicats de l'indéterminisme ; mais quand la science est plus lointaine, je crois que cette aide est bien peu utile. Je ne pense pas que pour organiser la recherche d'aujourd'hui, nous ayons grand profit à étudier Kepler, si intéressante que soit par ailleurs son étude ; et si nous ne trouvons guère de profit à étudier le passé, c'est parce que la science du passé était une science spontanée et inorganisée, à la différence de la science actuelle.

Une deuxième remarque très générale s'appuiera sur le souhait du professeur Kedrov de voir se développer une science de la Science. Je souhaiterais que son appel soit très largement entendu ; actuellement cette science de la Science n'existe pas. Peut-être ici pourrait-on distinguer deux types de recherches : il y aurait d'abord une science de la Science proprement dite, et ensuite une science appliquée de cette science, qui serait la

science de la conduite de la recherche. Je crois que ces
deux domaines ne sont pas tout à fait les mêmes.

Au sens strict, j'appellerais science de la Science cet
effort que nous devons poursuivre pour comprendre la
démarche d'ensemble de la Science et les liaisons existant
entre les différentes sciences. Or je suis frappé de voir
que même à cette tribune, cette démarche et ces liaisons
ont été évoquées dans une perspective encore très empirique ; on note qu'il y a un rapport entre telle recherche
ou telle autre, on se réjouit de voir que, par exemple, la
recherche nucléaire nous a donné les isotopes qui ont
permis des travaux remarquables en biologie. Mais ceci
est accepté simplement comme un fait. Or nous avons à
faire beaucoup plus. Nous avons à nous occuper de la
structure de la Science, de sa structure actuelle et de son
dynamisme.

Pour une telle investigation nous disposons certes
déjà de certains éléments. Bien sûr, la science telle
qu'elle est vécue est déjà structurée : je n'aurais pas la
naïveté de dire que les chercheurs n'ont aucune conscience des rapports existant entre les différentes disciplines. Mais si nous nous attachions de façon beaucoup plus consciente, systématique, scientifique, à connaître cette structure de la science, nous pourrions
donner à la recherche un développement beaucoup plus
vigoureux et beaucoup plus efficace. Ceci exigerait que
nous dépassions par exemple ces visions très étroites qui
ne savent reconnaître que des dépendances en arbres,
en subordinations classiques, qui sont des structures très
pauvres. Je suis étonné qu'alors que nous avons tant de
structures mathématiques à notre disposition, nous ne
fassions appel qu'à des structures très pauvres quand
nous pensons les rapports entre les sciences. Il y aurait
ici bien des travaux à faire, par exemple, déterminer la
structure locale, la structure régionale, puis la structure
globale de tel domaine de la science. Ainsi serait-on
amené à distinguer plusieurs niveaux dans la structure
de la Science, et ces recherches devraient être poursuivies

pour elles-mêmes. Actuellement, nous parlons de la structure de la science pour les besoins de l'organisation de la recherche ; de là résulte un certain utilitarisme qui nous empêche de saisir cette structure dans toute sa signification profonde et dans tout ce qu'elle représente.

Je crois que nous aurions ensuite à développer une science de la conduite de la recherche. Cette science nous amènerait bien sûr à utiliser ce que nous aurons appris sur la science de la Science et à essayer de traduire, dans les structures de la recherche, la structure même de la Science. Mais ce passage n'est réalisable qu'en partie. L'organisation de la recherche ne s'appuiera pas seulement sur la structure de la Science. Elle aura à faire intervenir notamment des considérations scientifiques ; lorsque nous devons déterminer la part à faire à la recherche dans un budget global d'une nation, nous dépassons la perspective de la science ; de même lorsque nous devons répartir la recherche entre la recherche pure et la recherche appliquée.

Et ici, je me permets de revenir sur ce qui a été dit tout à l'heure à propos de certains objectifs de la recherche qui dépassaient la science. On a parlé de la puissance. Je crois que la puissance est un des critères du choix de la recherche scientifique ; mais si nous regardons de près le comportement actuel de ceux qui organisent la recherche, je crois que l'on devrait arriver à des vues plus nuancées. Ces différents critères, la puissance, le bien-être, le confort, le prestige — le prestige devant sans doute être distingué de la puissance — le progrès même de la connaissance en fait ne sont pas indépendants, ils ont entre eux des liens étroits. Je ne crois pas non plus que l'on puisse dire qu'actuellement les nations recherchent uniquement la puissance. On a évoqué la part très considérable que l'on fait aux budgets d'éducation ; or ces budgets ne sont pas uniquement et directement au service de la puissance. Je crois donc que ce problème doit être envisagé de manière plus nuancée.

Il n'en reste pas moins qu'à l'heure actuelle, les objectifs de puissance ont une prépondérance exagérée et que, comme on l'a très bien dit, il est regrettable, et je dirais même scandaleux, que les besoins du tiers monde ne soient pas davantage pris en considération dans les politiques de la recherche scientifique. Mais il faut tout de même souligner qu'en 1963, à Genève, une conférence des Nations unies, à laquelle participait très directement l'Unesco, a posé ce problème et a, je crois, contribué à développer dans les milieux scientifiques une conscience plus exacte de ces besoins.

Dans cet effort en vue d'une conduite scientifique de la recherche, il conviendrait d'insister sur les conditionnements extérieurs de la recherche, notamment le rôle qu'y joue l'information. Il est vraiment désolant de voir que les pouvoirs publics n'aient pas encore abordé le problème de l'information scientifique avec toute l'énergie qu'il requiert, sauf peut-être aux États-Unis. Mais en Europe certainement nous sommes dans une situation d'autant plus déplorable que pour y faire face ne manquent ni l'argent, ni les hommes, mais ce quelque chose qui dépend d'une puissance publique ou d'une puissance scientifique qui aurait pris exactement conscience de ces besoins.

Pour terminer, je voudrais présenter quelques très brèves remarques plus théoriques, sur les critères des choix de la recherche. Bien entendu, la recherche est une marche vers l'inconnu et l'on ne peut pas déterminer d'avance ce que l'on trouvera ; mais je crois que cette vue est tout de même un peu simpliste et que nous aurions à prendre conscience, dans la ligne même de ces travaux de psychologie dont on parlait (et j'ajouterai, des travaux de logique), des liens qui existent entre les recherches ; liens que les savants pourraient peut-être mieux apercevoir, si, à côté de la liberté, était développé un effort de compréhension logique des rapports entre recherches, ce que d'ailleurs ont fait souvent les grands chercheurs. Un autre facteur qui vient réduire l'indé-

termination de la recherche, c'est le fait que se manifestent, dans son dynamisme spontané, des tendances
qui contribuent à l'orienter.

Qu'il me soit permis d'évoquer le travail qui a été
fait ici même et sous la direction de M. le professeur
Auger, en vue précisément de déterminer les tendances
de la recherche, afin qu'à partir de celle-ci, puisse être
définie une politique de la recherche cohérente et offrant
la plus grande probabilité de fécondité.

J'ajouterai, enfin, que dans un certain nombre de
domaines, nous voyons de plus en plus des recherches
s'organiser en puissants ensembles, tels que la NASA,
par exemple, et les recherches qui sont coordonnées à
l'échelle internationale, comme celles dont s'occupe
l'Unesco, dans les domaines de l'hydrologie et de
l'océanographie. Ces grands ensembles doivent être
considérés d'une manière beaucoup plus systématique.
Il y a là une organisation, une structuration déjà
remarquable, mais qui pourrait se faire de façon encore
plus consciente et plus volontaire.

P. AUGER

Je ne voudrais pas prendre avantage de ma position
de président pour discuter point à point toute une série
de remarques qui ont été faites par le Révérend Père
Russo. Je vais tout de même en aborder quelques-
unes. D'abord, il me semble que l'étude historique de
personnalités comme celle de Galilée par exemple présente un intérêt suffisant pour qu'on y consacre quelque temps. C'est tout de même une organisation
intellectuelle qui, je crois, pourrait être prise comme
modèle par bon nombre de nos chercheurs scientifiques ; je crois que l'intérêt d'une étude de ce genre ne

serait pas hors de proportion avec le temps que l'on y passerait.

Ensuite, en ce qui concerne la science de la Science, au fond est-ce qu'elle ne se confond pas avec ce que devrait être la philosophie scientifique, cette recherche que l'on pourrait proposer comme but à des esprits philosophiques, qui, ayant une culture scientifique suffisante ou désirant la compléter, pourraient y consacrer de nombreuses heures, ou même années, de travail, pour effectivement élaborer cette science de la Science du point de vue purement intellectuel. Il s'agirait d'une sorte de philosophie complète de la science, qu'on distinguerait très nettement — comme l'a distinguée le Révérend Père Russso — de l'art de la conduite de la recherche. Je ne dis pas la science de la recherche, mais l'art de la conduite de la recherche, ce qui est assez différent. En regard de cet art, se placerait la philosophie même de la science qui serait alors la science de la Science, la compréhension de cette unité qui, actuellement, se manifeste de tous les côtés entre les différentes parties de la science.

La science devient en effet très unitaire ; on nous dit que nous devenons tous des spécialistes étroits, et en un sens c'est vrai, mais seulement dans notre travail personnel. En ce qui concerne l'ensemble des intérêts scientifiques, que chacun d'entre nous peut avoir, ils s'élargissent au contraire, et je ne connais pratiquement pas un chercheur scientifique, physicien ou biologiste, même s'il est attaché à un problème bien spécialisé (il faut avoir une spécialité pour réussir à faire du travail efficace et faire des découvertes), qui n'ait pas un intérêt très large envers le reste des sciences. Chacun d'eux voit déjà, dans ces grandes perspectives que la science moderne nous offre, une sorte de réseau de liens qui embrassera l'ensemble des connaissances humaines, univers, vie et peut-être même pensée.

Lorsqu'il parle de la puissance, je suis d'accord avec le Révérend Père Russo ; le prestige fait partie de la puissance, et c'est peut-être un des aspects les meilleurs, moins lié peut-être à des considérations de puissance militaire ou de puissance économique globale. Le prestige est quelque chose qui, je crois, n'est pas si mauvais conseiller dans beaucoup de cas. En tout cas, c'est certainement lui qui a conduit autrefois certains gouvernements à favoriser la science, au temps où celle-ci n'était directement liée ni avec la défense nationale ni avec le développement économique.

Par exemple — j'en reviens à l'astronomie dont je parlais tout à l'heure — l'astronomie a toujours été l'enfant chérie des gouvernements aux XVIIe et XVIIIe siècles et enfin au XIXe. On ne discutait pas l'astronomie, les sommes importantes demandées par les astronomes leur étaient octroyées. Pourquoi ? pour des raisons que j'appelle de prestige, c'est-à-dire que les États voulaient avoir des astronomes, voulaient avoir leur place dans les succès d'une science peu utilitaire, mais très brillante.

F. LE LIONNAIS

Il y a un mythe qui commence à se répandre dans le grand public, suivant lequel il y a des découvertes qui sont intégralement collectives, et pour lesquelles la recherche individuelle ne compte pas ; nous savons bien ici que ce n'est pas exact, mais je crois qu'il faut le faire savoir dans le grand public. Dans beaucoup de cas, je crois que la recherche collective, en équipe, a pour but d'abord de créer un climat, un ensemble de stimulations, un échange d'informations entre les chercheurs d'une même équipe. Certes c'est extrêmement précieux, et de plus en plus nécessaire de nos jours ; mais je crois que ce qu'il y a de vraiment original dans la recherche reste individuel.

Cela est vrai, je crois, dans toutes les sciences et probablement dans aucune à un degré aussi profond qu'en
mathématiques. Souvent des non-mathématiciens qui
appartiennent à une élite — mais une élite qui n'est pas
mathématicienne — me demandent quels sont les théorèmes qui ont été trouvés par Nicolas Bourbaki. Je suis
au regret de leur dire que Nicolas Bourbaki n'a rien
trouvé en mathématiques, qui soit comparable au théorème de Pythagore ou, aux fonctions fuchsiennes, ou
même à ce théorème de Sturm dont le professeur Sturm
au milieu du xixe siècle, disait dans ses cours : « le théorème
dont j'ai l'honneur de porter le nom ». Bourbaki n'a rien
trouvé de cela, mais il a créé un climat mathématique
très important, sans lequel, je crois, on ne pourrait pas
comprendre notre époque. Certaines découvertes mathématiques récentes ne pourraient pas s'expliquer si leurs
auteurs n'avaient pas cherché les *Eléments de Mathématiques* de Bourbaki et n'en avaient pas discuté entre
eux. En outre, naturellement, je ne voudrais pas avoir
l'air d'émettre un jugement péjoratif sur cette célèbre
association, étant donné que parmi ses membres actuels
il y a effectivement quelques-uns des plus grands mathématiciens du monde : trois d'entre eux par exemple,
Schwartz, Serre et Thom ont obtenu trois des huit
médailles Field qui sont, comme vous le savez, le prix
Nobel des mathémathiques. Mais leurs travaux — et
ceux des autres que je ne vais pas nommer, car ils sont
nombreux dans ce groupe à être de grands mathématiciens — sont des œuvres strictement individuelles.
Je crois que cela méritait d'être souligné.

Sans quitter les mathématiques, je voudrais revenir
sur ce que disait M. Debeauvais : sur cette idée, qui me
paraît très intéressante pour éclairer le dynamisme des
sciences, de classer les sciences par leur prix, leur budget.
La science la moins chère de toutes est précisément la
mathématique. Et c'est assez curieux car la mathématique coûte moins cher, je ne dirai pas que la physique
ou que la chimie, mais que les sciences humaines, que

l'archéologie, que l'histoire et même que la littérature comparée, laquelle interroge maintenant des calculatrices électroniques — mais vous savez que les mathématiciens, qui ont conçu les principes des ordinateurs, ne s'en servent pas pour eux-mêmes.

Je crois que cela nous suggère de nous pencher encore une fois sur la nature profonde des mathématiques. Je reviens d'un voyage en Union soviétique et j'ai beaucoup admiré ces Olympiades mathématiques — c'est ainsi qu'on les appelle — qui permettent en effet d'augmenter la masse dans laquelle on puise des chercheurs éventuels. Ces Olympiades, m'étais-je dit au début, ressemblent un peu, au fond, à notre concours général en France. Mais qu'est-il advenu de ceux qui sont sortis premiers du concours général? Combien ont fait carrière scientifique par exemple? Alors que les Olympiades mathématiques, telles qu'elles fonctionnent en Union soviétique, sont ensuite suivies par des bourses, de nombreuses bourses, et finalement le potentiel scientifique du pays se trouve évidemment augmenté.

Enfin, le Père Russo a dit à peu près exactement ce que je voulais dire et il l'a dit beaucoup mieux que je n'aurais su le faire. Je voudrais simplement revenir sur la remarque du professeur Auger en lui disant que j'approuve la distinction entre la science de la Science et la science de la Recherche. Mais je ne suis pas d'accord avec l'expression d'art de la Recherche, au moins dans ce qu'elle a d'exclusif. Je voudrais, au-dessus de l'actuel art de la Recherche, fonder une science de la Recherche, et je crois que ce n'est pas seulement une utopie.

Je suis convaincu qu'il est possible de trouver, dans les structures et dans les méthodes de recherche, des structures plus ou moins comparables aux structures mathématiques. On peut se demander si, deux méthodes étant données, on peut les additionner ou les réunir, considérer leurs intersections ou leurs compléments, multiplier une méthode par quelque chose, si on peut

les classer dans un Ensemble, dans un certain ordre.
Il s'agit de travaux dont la description sortirait du
cadre de cette table ronde. Si j'ai voulu les évoquer,
c'est parce qu'ils me paraissent justifier, au moins comme
une ambition, ce mot de science de la Recherche.

P. AUGER

M. Le Lionnais nous a signalé que les mathématiques
étaient la science la moins chère. Je lui demanderai
d'ailleurs, pour commencer, s'il pense que vraiment
les mathématiques sont une science ? Cela n'est pas absolument sûr! Je pense qu'elles se distinguent de toutes
les autres d'une telle manière qu'on ne peut pas vraiment
les comparer ; c'est-à-dire qu'il faut les mettre hors
concours, si vous voulez. La comparaison des prix
n'aurait alors pas beaucoup de signification ; de même
d'ailleurs la comparaison des équipes, parce qu'en effet
l'équipe, tout en existant dans les sciences mathématiques, n'y a pas du tout la même valeur ni la même
importance qu'en ce qui concerne les sciences expérimentales, ou au moins celles qui ont une base expérimentale importante.

En ce qui concerne l'information sur les sciences
mathématiques et l'information pour susciter des
vocations, je vous signale que *L'idée fixe du Savant
Cosinus* de Christophe est actuellement publiée de
nouveau dans le Livre de Poche, et je pense que cela
peut jouer un rôle important pour augmenter le nombre
des jeunes gens qui désirent faire des mathématiques!

Vous avez signalé qu'en Union soviétique, dont
vous revenez, il y a des Olympiades qui permettent
une recherche systématique des talents. Je l'ai vu aussi
aux États-Unis, où il y a une recherche systématique
des talents ; et ce qui est intéressant, c'est que ces

jeunes gens doués sont suivis dans leur vie ultérieure.
On a vu combien d'entre eux avaient choisi cette carrière, pour laquelle on les avait sélectionnés en quelque
sorte par cette espèce de Concours Général qui, chaque
année et sur une base très large, fait apparaître un
certain nombre de jeunes gens que l'on peut ensuite
suivre. Les résultats n'étaient pas mauvais, sans bien
entendu atteindre et de loin 100 %. Il y avait un bon
nombre de ces jeunes gens sélectionnés à ce moment-là,
reconnus comme ayant un talent pour la recherche qui
effectivement, ultérieurement, ont fait carrière de
façon intéressante — sans pour cela être des Einstein.
Par conséquent, ce n'est pas simplement un jeu, c'est
quelque chose qui a une prise réelle sur le développement, au sein de la société, de cette élite intellectuelle
de chercheurs scientifiques qui est de plus en plus indispensable, comme l'ont reconnu chacun de ceux qui ont
pris la parole aujourd'hui.

M. DEBEAUVAIS

Juste un mot sur l'objection que vous m'avez faite,
Monsieur le président, avec plusieurs autres orateurs,
et que je trouve entièrement justifiée. Même si l'on
apportait davantage de ressources aux sciences sociales,
cela ne veut pas dire qu'elles donneraient des résultats
immédiats et aussi spectaculaires qu'on en constate
maintenant dans les sciences physiques ou naturelles.
Je ne voulais d'ailleurs pas me placer sur ce plan-là. Il est
sans doute assez naturel que les sciences sociales et humaines soient beaucoup moins développées que les sciences
de la nature, parce que leur objet est d'une complexité
telle que l'on commence seulement à entrevoir comment
les concepts scientifiques développés dans les sciences
naturelles peuvent fournir quelques clés pour faire entrer

les sciences sociales dans l'âge préscientifique. Mais, en me plaçant sur un autre plan, celui des priorités d'urgence (de survie, ou d'une société humanisée), je crois qu'il importe d'entreprendre un immense effort de recherche dans les sciences sociales, même s'il est peu efficace à court terme, afin de remédier à une disparité fondamentale dont l'humanité risque de souffrir plus que gravement.

P. AUGER

C'est très juste, et même si un certain nombre des sciences sociales, pour ne pas dire toutes, sont encore dans une période de protohistoire et n'ont pas encore vraiment commencé leur véritable envol, il est assuré qu'un effort plus grand, un effort financier, et surtout en personnel, pourrait accélérer considérablement ce développement. Si l'homme préhistorique à l'époque de la pierre polie avait reçu des moyens de développement artificiel, si on lui avait fourni des matériaux nouveaux, si on lui avait donné des moyens d'existence qui lui auraient permis de ne pas passer tout son temps à essayer de se nourrir, s'il avait enfin pu avoir quelques loisirs, il aurait probablement progressé plus vite. De même on peut peut-être donner aux sciences sociales une plus grande chance en accroissant leurs moyens, en augmentant le nombre des personnes qui s'y consacrent, et aussi, peut-être, en utilisant mieux les moyens d'information qui permettent au grand public et surtout aux jeunes de savoir ce qui se fait dans ces disciplines.

Beaucoup d'étudiants qui aiment la culture choisissent le côté littéraire de cette culture, et ne s'adressent pas aux sciences sociales. Ils reconnaissent les sciences exactes et naturelles, les mathématiques, la technologie, et se disent « ce n'est pas pour moi, je ne suis pas bon en mathématiques, par conséquent je choisis les

langues mortes, le français, la littérature, les arts »,
et ils ne choisiront pas les sciences sociales. En fait,
ils ne savent bien souvent pas qu'il y a là aussi une voie
très intéressante, une voie scientifique, qui n'exige
peut-être pas autant de capacités au point de vue mathématique et qui a un très grand avenir. Il serait pourtant
intéressant, pour équilibrer le développement de l'humanité, de ne pas la laisser se précipiter presque aveuglé-
ment et entièrement dans la direction de la technologie.

Je crois qu'il est temps de conclure ces débats. Peut-
être n'avons-nous pas, dans les discussions, fait ressortir suffisamment les points d'accord total entre nous
tous.

L'organisation de la recherche scientifique est non
seulement une bonne chose, mais une chose nécessaire
à l'heure actuelle, et pour les gouvernements, et pour
les organismes internationaux qui les groupent, et pour
les laboratoires ou les institutions elles-mêmes, et pour
chacun d'entre nous qui nous préoccupons de science,
pour organiser notre propre travail, pour avoir l'économie de nos dons, si nous en avons.

III

Teilhard de Chardin

CONNAISSANCE DE LA NATURE
ET CONNAISSANCE DE L'HOMME

JEAN PIVETEAU

Teilhard de Chardin et l'évolutionnisme

Le thème central de la pensée scientifique teilhardienne fut l'évolutionnisme, non pas seulement l'évolutionnisme biologique, mais l'évolutionnisme étendu à l'ensemble du Réel. Comment Teilhard a-t-il abordé ce problème, sous quelle forme en a-t-il présenté une synthèse cohérente, c'est ce que je voudrais, en un rapide survol de son œuvre, essayer d'exposer.

En suivant le cheminement de sa pensée, nous assisterons à l'édification graduelle d'une telle synthèse.

Les premiers travaux paléontologiques de Teilhard sont consacrés aux mammifères des premiers temps de l'ère tertiaire. De ce contact avec ces très anciennes formes de vie qui, malgré leur indécision morphologique, nous font pressentir ce que sera leur descendance, il tire la conclusion capitale que *la vie est souple* et qu'*elle avance*. La vie est souple, c'est-à-dire qu'elle présente des aspects changeants ; la vie avance, c'est-à-dire que l'évolution ne se fait point d'une manière désordonnée, mais qu'elle est orientée. Selon quelle voie ? Au terme d'une étude consacrée aux vieilles formes de Primates, il conclut que c'est sur la ligne conduisant au plus grand cerveau qu'a été obtenu le plus grand succès : il y a un axe privilégié d'évolution.

Teilhard précise en divers essais le sens et la portée de la conception évolutionniste. C'est une méthode particulière d'étude des êtres organisés, c'est la méthode historique.

Cette perspective historique n'est pas seulement applicable à l'étude de la vie, elle est une forme inévitable de la pensée humaine. Notre science du réel expérimental tend de plus en plus à adopter, dans ses enquêtes comme dans ses constructions, la méthode historique, c'est-à-dire le point de vue de l'évolution. « Un des plus curieux phénomènes intellectuels qui se soient produits depuis un demi-siècle dans le domaine de la pensée, écrit Teilhard, est certainement l'envahissement graduel, irrésistible, de la physico-chimie par l'histoire. » Les sciences de la vie avaient été déjà entraînées dans ce mouvement.

En vertu de quelle mystérieuse nécessité se fait cet envahissement ? C'est que nous avons découvert le temps, ou plus exactement son authentique signification. « Le temps, disait Bergson, est ce qui empêche que tout soit donné d'un seul coup. » Le réel n'est point apparu immédiatement sous sa forme présente, mais se construit peu à peu ; nous ne vivons point dans un Cosmos achevé, nous sommes entraînés dans une cosmogenèse. Selon la belle image paulinienne, la figure de ce monde passe.

Sous-jacent à ses recherches sur les mammifères fossiles, un autre thème de méditation, au même moment, se faisait jour, qui allait devenir bien vite la préoccupation dominante de Teilhard : le problème de l'homme.

Si Teilhard n'a jamais découvert ni étudié d'homme fossile, ses réflexions sur ce problème ont renouvelé notre conception de la paléontologie humaine. Dans un mémoire rédigé probablement en 1922, et qui ne fut alors connu que par les larges extraits qu'en donna Edouard Le Roy dans son beau livre « Les Origines humaines et l'évolution de l'intelligence », Teilhard pose d'une manière précise le problème des rapports de l'homme et de la nature.

L'homme demeurait, pour les naturalistes comme pour

les philosophes, un être ambigu, homo duplex disait Buffon. Les uns l'immergeaient dans l'animalité, négligeant ou méconnaissant ce qu'il a d'original ; les autres en faisaient un Univers s'opposant à tout ce qui n'était pas lui, le laissant flotter sans liens sur les grandes eaux du monde.

Tout l'effort de Teilhard sera de sauvegarder l'originalité du phénomène humain sans le déraciner du cadre de notre expérience. Et pour cela, déclare-t-il, le seul moyen est d'exprimer par la création d'une catégorie suprême que l'homme, si lié soit-il au développement de la vie, marque, au terme de ce développement, l'ouverture d'une phase entièrement nouvelle. A l'origine de cette entité nouvelle, Teilhard est amené à concevoir une forme spéciale de transformation affectant la vie préexistante : *l'hominisation*, qu'il définira un peu plus tard comme le fait expérimental de l'apparition dans notre univers du pouvoir de réfléchir et de penser. Signification du phénomène humain, facteurs de l'hominisation, sont maintenant devenus deux voies essentielles de recherches en paléontologie humaine.

En même temps s'affirme cette caractéristique profonde de la méthode teilhardienne : replacer la vie et l'homme dans une perspective cosmique. L'homme soutient avec la vie un rapport équivalent à celui que l'on discerne entre la vie et la matière. Vitalisation de la matière, hominisation de la vie, tels sont les deux événements qui dominent l'histoire du Cosmos.

En 1923, Teilhard partait pour la Chine. Cette mission devait être, en principe, de courte durée. En fait, pendant plus de vingt ans, il ne quittera guère l'Asie. Tout en suivant de près les découvertes relatives au sinanthrope, ce vieil hominien contemporain du dépôt des terres rouges, il allait faire œuvre de géologue et de paléontologue. Mais surtout ses réflexions sur l'homme prennent de plus en plus de force : l'homme, qu'il convient de ne pas séparer de la vie, de la vie étroitement liée à la terre.

Ainsi, quand il décrit le grand phénomène d'expansion des continents par la granitisation, c'est toujours le problème de l'homme qui hante son esprit. D'ailleurs, sans la terre, y aurait-il des hommes, et sans l'homme, que serait la terre ? Le dessein final d'une science encore à créer, qu'il proposait de nommer Géobiologie, serait d'établir le rapport des deux évolutions qui se poursuivent au cours des temps géologiques : évolution des continents et évolution de la vie, ou, mieux encore, continentalisation et cérébralisation.

Dès les années qui précèdent la Seconde Guerre mondiale, et surtout durant celles où les hostilités l'immobilisèrent à Pékin, Teilhard ne peut continuer ses recherches sur le terrain, et il ralentit son travail de laboratoire. Mais sa méditation ne cesse de se poursuivre, et il va mettre au point une synthèse ébauchée dans ses essais antérieurs. Quelle figure de l'évolution nous propose-t-il alors ?

L'homme sera son point de départ. Et Teilhard de reprendre le thème de l'angoisse pascalienne, le plus propre à nous éclairer sur la fragilité de l'homme, perdu entre les deux abîmes de l'immense et du néant. « Que l'homme considère ce qu'il est au prix de ce qui est ; qu'il se regarde comme égaré dans ce canton détourné de la nature et que de ce petit cachot où il se trouve logé, j'entends l'Univers, il apprenne à estimer la terre, les royaumes, les villes et soi-même à son juste prix. » L'homme, la vie, paraissent bien peu de chose dans l'infinité des mondes. Et l'on ne peut manquer d'évoquer les paroles de l'astronome Jeans, citées par Teilhard : « A quoi se réduisent la vie et les hommes ? Tomber, comme par erreur, dans un univers qui, de toute évidence, n'était pas fait pour elle ; rester cramponnés à un fragment de grain de sable jusqu'à ce que le froid de la mort nous ait restitués à la matière brute ; nous pavaner pendant une toute petite heure sur un tout petit théâtre en sachant très bien que toutes nos aspirations sont condamnées à un échec final et que tout ce que nous avons fait périra avec notre race, laissant l'Univers comme si nous n'avions pas existé... L'Univers est indifférent ou même hostile à toute espèce de vie. »

Peut-on scientifiquement accepter une telle conception ? Est-ce vraiment en partant du point de vue géométrique de l'immense que nous pouvons comprendre l'univers, la vie, l'homme ?

Plaçons-nous, ainsi que nous y invite Teilhard, sous l'angle biochimique de la complexité — un troisième infini —, nous voyons se produire, dans le champ de notre vision, un complet renversement des valeurs, un retournement de la perspective.

Ce paramètre de complexité permet d'établir une classification génétique des réalités matérielles apparues au cours des temps. On peut ainsi dresser un tableau comprenant, tout en bas, les corps simples, au-dessus les molécules, plus haut encore les virus, puis les cellules vivantes, etc.

L'ordre de complexité correspond à l'ordre historique de naissance. Dans une telle perspective, regardons maintenant l'Univers.

Commençons par ce qu'il y a de plus grand, les *nébuleuses*. Leur substance, extrêmement ténue, se réduit probablement à l'hydrogène, c'est-à-dire à ce que nous connaissons de plus simple en tant que matière individualisée : un noyau et un électron.

Descendons d'un degré dans l'immense et tournons-nous vers les *étoiles*. Par rapport aux nébuleuses, la complexité monte rapidement. Toutefois les étoiles ne dépassent pas un certain palier ; elles constituent les laboratoires où la nature, à partir de l'hydrogène primordial, fabrique des *atomes*, et rien de plus.

Et c'est seulement sur les *obscures planètes*, et sur elles seules, qu'a des chances de se poursuivre la mystérieuse ascension du monde vers les plus hauts complexes, que se concentre désormais l'effort d'une évolution principalement tournée vers la fabrication des grosses molécules.

Parmi ces planètes, dans notre système solaire tout au moins, la Terre est peut-être la seule à être porteuse de vie. Elle est peut-être l'unique centre où se poursuit la synthèse des grosses molécules, et les êtres vivants qui l'habitent représentent « les composés les plus élevés sortis du géochimisme planétaire ».

La vie n'apparaît plus comme une simple moisissure survenue en un point infime de l'espace, mais comme « l'effet spécifique de la matière complexifiée ».

Si le paramètre de complexité croissante permet de trouver un sens à l'évolution de l'Univers avant la vie, nous ne pouvons plus l'utiliser, déclare Teilhard, pour déterminer le sens de l'évolution à partir de la vie. Comment estimer les complexités comparées d'une plante ou d'un animal, d'un insecte ou d'un vertébré, d'un reptile ou d'un mammifère ? Il faut choisir un autre paramètre.

Plus un vivant est complexe, plus il se centre sur lui-même, plus il devient conscient. Une telle forme de complexité est celle de l'organe relié directement au psychisme, je veux dire le cerveau. Elle ne s'évalue pas en nombre d'atomes ou de molécules, mais s'apprécie par le degré d'organisation de ce cerveau.

La paléontologie nous montre une progression de l'encéphale au cours des temps géologiques, depuis l'ère primaire jusqu'à l'époque actuelle. « Parmi les infinies modalités où se disperse la complication vitale, écrit Teilhard, la différenciation de la substance nerveuse se détache comme une transformation significative. Elle donne un sens, et par suite elle prouve qu'il y a un sens à l'évolution. »

Et maintenant, l'homme ? Terme ultime d'une lignée qui s'individualisa dans l'épaisse ramure des primates, à une date géologiquement récente, estimait Teilhard, à une date très ancienne, croyons-nous, il

ouvre une phase entièrement originale dans l'histoire
de la vie. L'homme est capable d'intelligence réfléchie ;
seul, entre les vivants, il est doué d'un pouvoir de dédou-
blement réflexif et d'analyse. Chaque conscience humaine possède la faculté de se replier sur elle-même
et de discerner ainsi les conditions et le jeu de son action,
puis, en quelque mesure au moins, de la conduire.

Ainsi, les démarches de la vie sont toujours dirigées
vers la réalisation du système nerveux le plus riche,
le plus différencié, vers la genèse d'un meilleur cerveau,
instrument d'un psychisme plus développé, plus libre,
plus un. Certes, il y a des échecs, des régressions, mais
la direction du mouvement se dessine, bien visible, dans
l'ensemble. « Partout ailleurs que chez l'homme, la
conscience s'est vue acculée à une impasse, avec l'homme elle a poursuivi son chemin. »

L'homme marque, actuellement, le terme suprême
de la complexité du psychisme.

Certes, il ne peut plus se considérer comme le centre
du monde, vieille conception qui n'aurait un sens que
dans un Univers statique. Mieux, il est la flèche de
l'évolution, dont il va changer le cours et la figure.
Dans sa phase infra-humaine, l'évolution se caractérisait par la ramification et la divergence ; il en fut sans
doute encore ainsi dans les premiers temps de notre
préhistoire. Avec l'homme moderne, elle se reploie
sur elle-même, comme en une inflorescence terminale.
Il y a désormais convergence et non divergence.

Toujours dans cette phase infra-humaine, les vivants
travaillaient inconsciemment, comme par inertie, au
progrès général de la vie. Celle-ci n'avait alors rien à
redouter d'elle-même.

Avec l'homme est née la faculté de juger et de critiquer le Réel. Que vaut à ses yeux l'impulsion qu'il a
reçue et dont il procède ? Mérite-t-elle d'être conti-
nuée ? Il ne peut éluder ces questions, qui marquent
l'apparition de la moralité dans le monde.

Ainsi, dans l'évolutionnisme teilhardien, l'Univers

et la vie représentent l'histoire des complexifications progressives, couronnées par l'épanouissement de la conscience.

Pour clore cet exposé rapide sur l'évolutionnisme de Teilhard, je présenterai deux remarques.

Ce mouvement d'ascension, depuis les formes les plus simples de la matière jusqu'à l'esprit, peut-il être assimilé à une conception moniste ?

En réalité la série évolutive, telle que la reconstruit Teilhard, présente des *seuils*. Si la complexité de la matière se définit par le degré d'arrangement d'atomes ou de molécules, la complexité de la vie s'exprime par le développement du psychisme, qui, avec l'homme, devient réfléchi. Nous avons ainsi un seuil entre la matière et la vie ; un seuil entre la vie et l'homme. Ce qui n'implique pas forcément une discontinuité : il peut parfaitement y avoir émergence de qualités nouvelles à travers une continuité d'évolution génératrice.

L'effort de Teilhard, et, à nos yeux, c'est le sommet de sa pensée scientifique, fut d'intégrer l'homme dans l'évolution et de nous avoir fait comprendre l'authentique signification du phénomène humain.

L'homme est une clé pour le passé, mais aussi une clé pour l'avenir, l'homme en qui se révèle le courant des antiques genèses, dont il représente la dernière impulsion ; qui élève à une puissance nouvelle, où elles s'explicitent, toutes les énergies de l'Univers.

Ainsi retrouvons-nous, avec et par Teilhard, cette grandeur unique que proclamait Antigone :

Nombreuses sont les merveilles du monde.
Mais la plus grande des merveilles reste l'homme.

R. P. LEROY

Puisqu'on me demande de dire en quelques mots ce que fut la carrière scientifique du Père Teilhard, je me bornerai à citer rapidement les disciplines auxquelles il s'est consacré pendant plus de cinquante ans : la géologie, la paléontologie des mammifères et l'anthropologie. Dans ces différents domaines, son esprit intuitif en même temps que critique s'est exercé dans un cheminement à la fois simultané et convergent. En ouvrant la rencontre de ce soir, nous disions que l'idée maîtresse du Père Teilhard avait été de trouver, par l'étude du passé, le fil conducteur de l'avenir de l'Homme. Dans des recherches poursuivies avec continuité et méthode, il a pu, grâce à un programme à la fois souple et rigide, enrichir son étude du moment de connaissances acquises par ailleurs. Sa formation scientifique exigeante étaye, quoi qu'on en dise, le caractère constructif et neuf de sa synthèse, dans laquelle s'épanouissent les plans multiples de ses compétences et qui situe pour nous l'Homme et sa destinée.

Dans le cadre de la Science pure, la largeur de son regard lui a permis d'introduire des vues originales qui sont en voie de devenir classiques. En tant que géologue, il est parvenu à déchiffrer, mieux que personne avant lui, les indicibles complexités des niveaux stratigraphiques de la Chine du Nord. Grâce à son opiniâtreté et à sa persévérance, le « manteau chinois », vaste dépôt de formations terrigènes et lacustres qui recouvre la Grande Plaine et, jusqu'à lui, mal débrouillé, est devenu compréhensible. Dorénavant les couches géologiques de la fin du Tertiaire et du Quaternaire forment un ensemble harmonieux et cohérent. Par ailleurs, le « Vieux socle chinois », mal compris des Géologues du début du siècle, est devenu moins mystérieux. C'est au cours de ses recherches sur les masses minérales anciennes que Teilhard a conçu et développé une théorie nouvelle de la granitisation. Qu'est-ce à dire ? La théorie classique de la transformation des roches et des sédiments en granit par le métamorphisme, c'est-à-dire par l'effet conjugué de la chaleur et de la pression, lui paraît ne pas rendre compte de la présence de granit au sein

de couches récentes. Aussi l'idée d'intrusion de masses
granitiques dans des amas rocheux plus jeunes, s'im-
pose-t-elle de plus en plus à son esprit. Le « sial » ne
serait plus, comme on le propose, une masse pratiquement invariable, mais augmenterait de façon constante.
Les masses continentales, par l'adjonction de substances
granitiques nouvelles venues des profondeur croîtraient
graduellement. C'est ce phénomène de granitisation qui
pour Teilhard a construit la Chine : la preuve, il la trouve
dans les intrusions granitiques au Permien Supérieur,
au Jurassique, au Wealdien supérieur sur la bordure de
la Mongolie, au Shantung, aux Tsinling, etc. La même
observation a été faite dans le Miocène de l'archipel
Japonais, c'est-à-dire en plein Tertiaire. Mais Teilhard
se borne-t-il à formuler une nouvelle théorie ? Non, il
passe à la généralisation. La dérive des continents serait
un mythe ; la théorie de Wegener ne rend pas compte
de ce que trouve le géologue ; l'Asie ne s'éloigne pas de
l'Amérique ; l'Asie n'est ni « en dérive ni en rétraction
mais en expansion ». L'Univers cesse d'être une masse
inerte, en repos depuis l'incommensurable lointain et
modifiée par des altérations accidentelles. Non, la Terre
bouge, la Terre vit, elle est soumise aux importants
facteurs qui régissent l'expansion des masses minérales
dont est faite son écorce.

*

En ce qui concerne la paléontologie, Teilhard y a
consacré une partie notable de son existence. Spécialiste
des Mammifères fossiles, il s'intéresse aux faunes primitives d'Europe, de France spécialement ; en Chine, ce
sont surtout les fossiles des temps plus récents qui
l'occupent. Quelle qu'ait été la catégorie des formes
étudiées, on sent, dans ses différents essais, le besoin
d'« émerger » pour mieux comprendre. Les pures descriptions anatomiques, la recherche des filiations ou les
analogies entre les différents groupes, si elles sont indispensables, ne lui paraissent pas suffisantes. Des données

de connaissance trop fragmentaires ne peuvent satisfaire son esprit. Il lui faut se porter au sommet de la
question : c'est pour sa forme d'intelligence le moyen
le plus sûr. Grâce à sa puissance intellectuelle portée
vers les grandes synthèses, il a compris l'Évolution avec
une vigueur inhabituelle. Elle n'est pas pour lui, ce à
quoi on la réduit trop souvent, un jeu de combinaisons
génétiques se formant au hasard des potentialités que
porte en lui tout individu vivant, mais un vaste mouvement englobant tout ce qui existe et obéissant à une
loi de récurrence manifeste tout au long des processus
qui joignent le « matériel » à la « réflexion ». Ainsi, l'Évolution déborde-t-elle le champ dans lequel beaucoup
de savants veulent la contenir. Sans doute, tout le
monde est d'accord pour voir que l'Évolution de la vie
est un enchaînement de progrès successifs et une suite
ininterrompue de formes nouvelles. Cependant, le danger
existe de rester trop assujetti aux vues systématiques
du transformisme, en tant que vision théorique, ou
d'une génétique impuissante à rendre compte de tout
ce que nous savons du déroulement de la Vie. Teilhard
prend la question de plus haut ; sans pouvoir en donner
une explication rigoureuse, l'Évolution est pour lui
une « affaire cosmique » ; dans l'Univers entier les lois
évolutives, dont nous avons l'expérience, doivent se
retrouver à tous les échelons.

*

L'orientation du Père Teilhard vers la paléontologie
n'a pas été fortuite. Dès sa vingtième année le problème
de l'origine de l'Homme lui apparaît fondamental. Il
ne peut admettre que l'Homme soit un intrus dans le
monde des vivants, qu'il y ait trouvé sa place sans y avoir
été préparé de longue date. L'anthropogenèse est insé-
parable de la cosmogenèse. Les circonstances ont permis
que le Père Teilhard se soit trouvé en temps voulu au
cœur même des découvertes anthropologiques les plus
importantes de ces cinquante dernières années. C'est

d'abord la mise au jour en 1923, dans le désert des Ordos,
au Sud de la Grande boucle septentrionale du Fleuve
Jaune, de gisements préhistoriques rappelant les indus-
tries moustériennes ou aurignaciennes d'Europe. Cette
découverte, faite en compagnie et sous la conduite de
son collègue, le Père Licent, jetait un jour nouveau sur
nos connaissances des hommes de la préhistoire en Asie
septentrionale. Bientôt après, le Père Teilhard était
présent à Pékin au moment où l'on sortait de la grotte
effondrée de Choukoutien les restes d'un fossile indu-
bitablement humain et que l'on appela le Sinanthrope
ou Homme de Pékin. L'étude géologique des couches
fossilifères permit à Teilhard de rejoindre plus tard les
recherches des anthropologistes de l'Afrique du Sud,
engagés dans l'excavation des Australopithèques. Entre
temps il établit, dans le Sud de la Chine, le synchronisme
des couches à Sinanthrope avec les couches à Orang-Ou-
tang. En Birmanie, il fera l'inventaire d'un Paléolithique
ancien ; à Java, qu'il visitera deux fois, il prendra contact
avec les couches à Pithécanthrope. Rares sont les savants
qui ont eu l'occasion de pouvoir se rendre en tant de
lieux différents où vécurent nos ancêtres humains.

De multiples écrits ont enregistré les résultats de tant
de démarches à travers le monde, résultats purement
scientifiques ou essais philosophiques dont ils furent
l'occasion, et qui nous ont finalement valu le « Phénomène Humain », depuis longtemps conçu et médité.
C'est au milieu de ses travaux à la *« Wenner Gren Foundation for Anthropological Studies »* que la mort sur-
prendra le Père Teilhard à New York, le 10 avril 1955.

Telle est en quelques mots la prestigieuse carrière
scientifique de ce penseur exceptionnel. On peut, certes,
critiquer les hardiesses de ses extrapolations comme la
pureté de son idéal. Mais on ne peut pas critiquer ce
qu'il a apporté à la Science en un acquis définitif que
nul ne peut lui refuser. Le Père Teilhard de Chardin,
membre de l'Académie des sciences de Paris, a été un
grand et vrai savant.

O. COSTA DE BEAUREGARD

Je ne pensais pas du tout prendre la parole ce soir. Comme vous le savez, les physiciens sont toujours extrêmement réticents pour sortir de leur discipline. Je suis donc très intimidé à l'idée de sortir de mon domaine pour parler dans une séance consacrée au Père Teilhard de Chardin.

Si je le fais, c'est parce que je me suis trouvé intéressé directement à certain des problèmes concernant l'irréversibilité du temps, problèmes que j'ai discutés dans mon livre *Le Second Principe de la science du temps*. Ce sont là des problèmes cosmologiques, tels que peut se les poser un physicien, et que du reste se posent beaucoup de physiciens de par le monde en ce moment. Mais incontestablement ils se trouvent en interaction plus ou moins proche ou lointaine avec des problèmes tels que ceux qui ont été soulevés par Bergson tout d'abord, et par le Père Teilhard ensuite.

Vous savez que la physique a, sur l'irréversibilité du temps, une position assez précise. La première manifestation de cette façon de voir les choses est contenue dans le second principe de la thermodynamique, d'après lequel les systèmes physiques évoluent vers un état d'uniformité duquel il est impossible de tirer de l'énergie utilisable. Sans vouloir entrer dans les détails, c'est la théorie selon laquelle l'univers tend vers un état de mort cosmique.

Ces problèmes ont été renouvelés ensuite par la mécanique statistique, dans laquelle on s'est aperçu que ce qui se cachait derrière la notion d'entropie — l'entropie, c'est la grandeur physique qui évolue toujours dans le même sens, un sens croissant par définition — que derrière ces problèmes d'irréversibilité thermodynamique il y avait un problème d'irréversibilité statistique, et c'est la tendance de la matière inerte vers les états les plus probables. Boltzmann en particulier a établi une équivalence entre une entropie et le logarithme d'une probabilité.

En termes de probabilité, le problème se pose sous la forme suivante : quelle est la raison profonde qui fait que l'univers tend vers les états les plus probables, vers le futur, et pourquoi est-ce que, au contraire, il ne sort pas d'états plus probables qui seraient situés dans le passé? Voilà une question qui semble paradoxale, mais à laquelle la réponse n'est pas simple parce qu'elle n'est pas contenue dans le formalisme même du calcul des probabilités. Quand on examine cette question, je pense qu'on est acculé à la conclusion à laquelle était arrivé Van der Waals autrefois, dans un article sur l'irréversibilité, à laquelle je me suis trouvé acculé moi-même et à laquelle les autres chercheurs, dans le monde, viennent aussi sous des formes diverses : dans la statistique elle-même, il n'y a pas d'irréversibilité intrinsèque, il y a une irréversibilité extrinsèque qui est introduite par un principe *ad hoc*. Dans ma problématique, c'est le principe de Bayes, qui affirme que quand on calcule en rétrodiction, il faut introduire des cœfficients extrinsèques au problème et choisis *ad hoc*.

Quand on cherche à pénétrer les attendus qui motivent ce jugement, cet écriteau « sens interdit » devant la rétrodiction aveugle, on s'aperçoit qu'on est mené par des considérations physiques à rattacher le système étudié vers des systèmes toujours plus vastes et finalement à considérer la totalité de l'univers. A ce moment-là on ne sait peut-être plus très bien de quoi on parle, parce que faire de la statistique à propos de tout l'univers, c'est extrêmement audacieux. Mais une chose est certaine, c'est que quand on cherche la racine ultime de l'irréversibilité physique, on est conduit à un problème qui est incontestablement cosmologique.

Ce problème est en relation avec d'autres problèmes physiques, et en particulier le problème de l'irréversibilité du rayonnement. On connaît très bien les ondes divergentes ou retardées : quand on jette une pierre dans un étang, on voit un train d'ondes divergentes qui s'échappent de la pierre et qui dissipent son énergie. Ce que personne n'a jamais vu, c'est un train d'ondes qui convergent et qui éjectent une pierre dans la main d'un promeneur qui passe par là.

Or l'idée est venue récemment à un certain nombre de chercheurs qu'il y avait une relation entre ces deux principes de la croissance de l'entropie et de la retardation des ondes. La philosophie qui se dégage de ceci, me semble-t-il, c'est que derrière ces différents principes d'irréversibilité physique, il y en a finalement un seul. Car j'ai parlé de théorie des ondes, mais en réalité toutes les ondes sont quantifiées, et à ce moment-là on peut ramener — je l'ai montré, d'autres l'ont montré aussi — le problème de la retardation des ondes à un problème de statistique posé dans le cadre des ondes quantifiées. Et finalement, tous ces principes d'irréversibilité physique se ramènent, selon moi et selon quelques autres, à un seul et ultime principe d'irréversibilité, qui pourrait bien être, par exemple, dans une certaine formulation, une application temporelle du principe de Bayes. Voilà un premier aspect de la question.

Maintenant il y en a un deuxième. Je disais qu'on était mené à une perspective cosmologique quand on pensait à l'irréversibilité en physique. On est également mené, je crois, assez inéluctablement, à une perspective psychologique ; et c'est ici que la cybernétique entre en scène. La cybernétique introduit d'entrée de jeu la notion d'information, qui est définie, elle aussi, comme le logarithme d'une probabilité. Et maintenant que la théorie de la cybernétique a été assez bien mise au point, on s'aperçoit que cette notion d'information était implicite dans tous les problèmes classiques du calcul des probabilités, en particulier dans les problèmes que se posaient autrefois Pascal et Fermat, et à partir desquels ils ont fondé le calcul des probabilités.

La cybernétique a démontré quelque chose dont on n'avait absolument pas eu l'idée avant, à savoir que

quand on gagne une information au moyen d'une observation ou d'une expérimentation physiques, ou bien
plus généralement, au moyen d'un acte quelconque de
la vie courante, cette information est nécessairement
acquise aux dépens d'une chute de la néguentropie de
l'environnement. Comme le dit spirituellement Gabor,
on ne peut rien avoir pour rien, pas même une information.

Cette perspective absolument nouvelle et révolutionnaire introduit une liaison auparavant insoup-
çonnée entre le contenu de la conscience et l'ensemble
de l'univers dit matériel. La cybernétique a ainsi introduit une relation qu'on n'avait pas soupçonnée avant
elle entre ce processus physique passif qu'est l'évolution
à la Carnot, l'évolution vers l'entropie croissante, et ce
processus psychologique que je suis bien obligé de cata-
loguer comme relativement passif, qui est l'acquisition
d'information ou de connaissance dans l'observation.

Mais la cybernétique a soulevé du même coup une
autre question — je dis la cybernétique générale et
abstraite, je ne dis pas la cybernétique technique des
constructeurs de machines — qui est la question réciproque, à savoir celle de la conversion de l'information
en néguentropie. Ceci a été énormément débattu dans
les livres de cybernétique théorique, en particulier chez
Brillouin ; toute l'analyse du démon de Maxwell est
faite sur cette base. Quand on acquiert une certaine
information sur un système physique, du coup on
acquiert un pouvoir de le remettre en ordre macrosco-
piquement. Il y a là une possibilité de convertir de
l'information en néguentropie. C'est une redécouverte
qui n'avait pas du tout été voulue, qui est assez curieuse,
assez saisissante, puisque les conceptions de la cybernétique rejoignent les vieilles conceptions aristoté-
liciennes. Chez Aristote, l'information avait un double
aspect : elle pouvait être acquisition de connaissances
d'un côté, et d'autre part, elle était pouvoir d'action,
pouvoir de mise en ordre ou d'organisation.

A propos de cela également, on est amené à se poser la question de la symétrie temporelle de droit et de la dissymétrie temporelle de fait. Comme le dit par exemple Mehlberg aux États-Unis, il y a une *law-like reversibility* et une *fact-like irreversibility*. C'est ce que je disais tout à l'heure à propos du principe de Bayes, mais le problème se retrouve également en cybernétique, et la question est de savoir pourquoi le processus de conversion de la néguentropie en information, c'est-à-dire le processus d'observation ou d'acquisition de connaissances, est tellement plus obvie et tellement plus facile que le processus inverse, le processus de réinvestissement de l'information en néguentropie, c'est-à-dire le processus de l'action.

Je ne crois pas qu'on puisse donner une réponse catégorique à ceci : nous sommes dans la situation de l'être au monde ; pour nous, l'observation est plus reposante que l'action.

L'entropie est traduite en termes de thermodynamique par l'intermédiaire d'un coefficient de conversion, la constante k. Acquérir de l'information-connaissance est très bon marché en termes de néguentropie, mais produire de la néguentropie en termes d'information-action coûte extrêmement cher ; voilà la situation dans laquelle nous sommes, et je pense que cette situation est directement traduite par la petitesse de la constante k.

De même qu'en relativité on repasse à la théorie prérelativiste en faisant tendre la constante C vers O (on retombe alors sur le temps absolu de Newton), essayons de voir ce qui se passe ici si on fait tendre la constante k vers zéro. L'observation devient gratuite — c'est la situation pré-cybernétique — et l'action devient impossible. On est donc ramené ainsi à la théorie de la conscience épiphénomène. Je pense que lorsqu'on aura vraiment pris conscience de ces phénomènes de conversion réciproque de l'information en néguentropie, cela changera complètement notre conception du cosmos et, en particulier, les statuts respectifs de la causalité et

de la finalité. C'est ainsi que ces vues sont incontestablement en interaction avec celles aussi bien de Bergson
que de Teilhard de Chardin.

Je ne me présente donc pas du tout comme étant
pour ou *contre* Teilhard de Chardin. Ce qui m'intéresse,
c'est le problème en lui-même ; vis-à-vis du Père Teilhard
que j'ai connu et beaucoup apprécié en tant qu'homme,
je refuserai de prendre une attitude catégorique. Je
trouve qu'il est beaucoup plus intéressant de considérer
le problème en lui-même, comme Bergson l'a fait, et
comme Teilhard l'a fait, et de le développer sans prendre
parti soit pour, soit contre les personnalités.

R. P. LEROY

Je n'ai pas l'intention de commencer par un débat
purement scientifique ni sur la pensée du Père Teilhard
de Chardin, ni sur son œuvre. Je voudrais plutôt essayer
de vous présenter d'abord quel homme il fut : celui que
j'ai connu, celui avec lequel j'ai eu le privilège de vivre
pendant plusieurs années consécutives, chose extraordinaire dans la vie d'un homme comme lui qui ne
passait jamais plus de six mois dans une maison, appelé
qu'il était à parcourir le monde.

Permettez-moi de vous dire mon émotion à vous parler de cet homme qui fut mon ami. Car c'est de l'ami
que je veux vous parler. Je l'ai connu il y a déjà très
longtemps. C'était en 1928, il venait de rentrer de Chine
et moi-même, jeune étudiant sortant de la licence, j'avais
été désigné par les supérieurs de l'Ordre pour la Chine.
Il était évident qu'il me fallait rencontrer cet homme qui
en revenait. J'ai gardé de cette première rencontre un
souvenir inoubliable : c'était dans une cave, un bureau en
sous-sol du Muséum d'Histoire naturelle, ici, à Paris,
place Valhubert. Teilhard y travaillait les collections

qu'il avait ramenées de Chine. Il ne me connaissait pas. Je ne le connaissais pas. Les seuls liens qui nous unissaient, c'était d'abord l'Ordre auquel nous appartenions et le travail auquel nous allions nous livrer ensemble. Dès que je l'eus salué, il quitta son fauteuil, s'assit familièrement sur le bord de la table, me demanda de prendre sa place, et pendant une heure son regard lumineux, fixé sur le mien, fit passer une onde que je ne puis définir, mais qui est restée vivante dans mon âme ; je ne puis évoquer ces souvenirs sans une profonde émotion.

Nous sommes restés amis depuis. Je l'ai revu en Chine en 1931, au moment où il se préparait à partir pour la Croisière Jaune. Je l'ai retrouvé en 1939 à Tien-Tsin, puis à Pékin. Pendant les huit longues années de guerre japonaise et sino-japonaise, bloqué avec lui dans une petite maison de Pékin, j'ai vécu avec cet homme, qui rassemblait en lui les qualités exceptionnelles non seulement d'un homme de science, mais aussi celles d'un parfait gentleman, dévoué, de par sa bonté foncière, à la cause des autres hommes. Le Père Teilhard, ami de l'homme, ami de tous les hommes !

Il est impossible ce soir, vous le pensez bien, dans le cadre de cette rencontre, de vous détailler la vie du Père Teilhard, mais je voudrais marquer simplement quelques points précis qui pourront peut-être alimenter le débat auquel nous allons nous livrer. Le Père Teilhard a toujours été un homme d'une foi exceptionnelle ; il avait les audaces que donne la foi, quelque chose de comparable à celles de Paul de Tarse, et dès ses études de philosophie et de théologie, il a été tourmenté par le problème de l'homme et de sa destinée. Au point de vue géologique comme au point de vue paléontologique, une idée le hantait : c'était de retrouver les origines de l'homme, non pour essayer de démolir ce qu'on avait bâti avant lui, mais pour chercher à travers le passé le fil conducteur de notre action. Teilhard a dit, a écrit et a pensé, que la seule chose intéressante était le point d'arrivée. Si donc les bases sur lesquelles il

appuyait sa philosophie étaient le passé et l'expérience,
c'était en vue de l'avenir et du but.

Sa formation scientifique jointe à la formation philosophique et théologique que tout ecclésiastique reçoit
lorsqu'il se prépare à recevoir les ordres, lui ont donné
un bagage suffisant pour aborder les problèmes qui le
hantaient. Teilhard a eu un sens très positiviste, je
dirai, de la situation de l'homme. Mais il a eu en même
temps, sur la vision de l'homme une position mystique.
C'est précisément la jonction de ces deux points de vue
qui a fait de lui l'homme que nous connaissons.

La science, lorsqu'elle va assez loin, lorsqu'elle poursuit le réel dans ses derniers retranchements, lorsqu'elle
ne se contente pas de rassembler des documents, mais
qu'elle essaye de les comprendre, rejoint la métaphysique.
Elle était arrivée pour Teilhard à un point crucial : se
situer, par le savoir, dans une perspective d'avenir
humain. Teilhard a été un homme total, un homme
complet, un homme vrai, un homme qui a aimé les
hommes. Je pourrais vous citer des quantités de traits
qui montrent combien il a su se dépouiller totalement
pour les autres. Je me permettrai simplement de vous
citer une petite anecdote, qui me vient maintenant en
mémoire, et qui, je crois, n'a pas encore été écrite.
C'était en 1939, à Pékin. Il était rentré d'Amérique, et
comme il appartenait à un groupement américain qui
lui versait un salaire mensuel, une somme relativement
importante s'était accumulée sur sa table pendant son
absence. Lorsqu'il arriva dans son bureau, il trouva un
chèque bien garni. Or, il y avait dans ce même laboratoire une dame que son mari avait abandonnée ; elle
restait seule. Teilhard n'hésita pas une seconde ; le chèque
de plus de 4 000 dollars qui lui était destiné, il le remit à
la dame, oubliant aussitôt le geste qu'il venait de faire.

Teilhard était un homme dépouillé. Il représentait
le prototype d'une humanité, qui voit, qui vit, qui sym-
pathise, qui souffre, et qui donne. Lorsque, à ma dernière
rencontre avec lui au mois de décembre 1954, dans les

rues de New York, nous nous rendions de son bureau au petit restaurant où il avait l'habitude de prendre son déjeuner, il m'a dit cette phrase, qui pour les chrétiens a des résonances profondes : « Maintenant, je puis vous assurer que je vis en la présence constante de Dieu. »

Cet homme fut en même temps un grand savant de réputation internationale dans sa spécialité. Il a été un philosophe, qui s'est interrogé sur la valeur de la réponse de la science aux problèmes qui nous préoccupent ; Teilhard a été un théologien, qui s'est efforcé de rattacher à la notion philosophique qui découlait de ses expériences fondamentales la révélation dont il vivait. Finalement Teilhard a été un mystique. Toutes ces qualités demanderaient un très long exposé. Mais cette introduction trop brève et imparfaite nous permettra peut-être d'entrer plus en détail dans les aspects divers de cette riche personnalité.

HELMUT DE TERRA

Je n'ai guère à ajouter à la caractérisation, si affectueuse, que le Révérend Père Leroy vient de donner du Révérend Père Teilhard de Chardin. J'ai eu la grande chance d'œuvrer aux côtés de Teilhard en deux occasions : aux Indes d'abord, en 1935, puis deux ans plus tard, en 1937, au cours d'une expédition en Birmanie et à Java. Il m'en reste le souvenir très net de certains traits de caractère. Ainsi je me rappelle la manière dont il s'acquittait de ses tâches journalières, les très rudes tâches du paléontologiste travaillant sur le terrain, du chercheur de fossiles. Et, dans les gorges dénudées de l'Inde du Nord-Ouest, quand il avait ramassé une seule dent de primate, il manifestait une vive joie, un grand allant, un profond enthousiasme scientifique, un enthousiasme qui me frappait au plus haut point. Certains jours où je me

sentais épuisé, après douze heures de marche, il me
disait : « Non, cher ami, nous devons continuer car si
nous ne nous trouvons pas un autre lieu, qui donc nous
en trouvera un ? » Et c'est bien souvent qu'il me tenait
ce genre de propos.

Un autre trait frappant de sa personnalité, c'est qu'il
répugnait à se lancer dans des discussions philosophiques
ou théologiques avec ses collaborateurs. Bien entendu,
il n'aurait pu en parler beaucoup avec moi, simple
géologue, préhistorien, avec qui il discutait des problèmes
de tous les jours : où trouver certains vestiges fossiles
de primates ou d'hommes préhistoriques ? Toutefois,
lorsque j'en vins à lui demander des conseils à propos de
conflits moraux, il fit montre d'un grand respect pour
autrui ; Teilhard était animé d'un amour réel envers
ses compagnons, trait, je pense, des plus rares chez un
intellectuel.

Il me semble que Teilhard de Chardin a donné à la
science qui était la sienne une indiscutable nouvelle
dimension. Spécialiste de l'histoire de la Terre, il a
prévu l'importance que la biochimie allait prendre dans
l'élucidation du rôle joué par l'organisation de la matière
au niveau moléculaire, ce qu'il appelait la « pré-vie ».
L'un de ses amis d'autrefois me rapportait récemment
que, parmi les lettres inédites du Père, il s'en trouve une
où il affirmait que si jamais il avait eu la possibilité de
recommencer sa carrière scientifique, il aurait choisi la
biochimie. C'est là un sentiment très extraordinaire chez
un paléontologiste, un historien de la Terre. Voilà qui
montre combien il pressentait tout ce que la biochimie
va nous permettre d'apprendre sur ce qu'il appelait la
« pré-vie », l'organisation primitive de la matière.

Teilhard de Chardin, en tant que paléontologiste et
préhistorien, a essayé de raccorder à l'Homme le déroulement du processus évolutif. Par son concept d'« anthropogenèse », il rattache l'apparition d'un organisme capable de réflexion sur soi-même, à l'évolution graduelle de
la conscience au travers de la complexité croissante et

de la diversification des formes organiques. Il a, je pense, donné un sens nouveau à la paléontologie en accordant la primauté au phénomène humain ; il nous a rappelé ainsi la nécessité vitale de rattacher la science à l'homme, et, sur ce point, on retrouve ce qu'il convient d'appeler une convergence, la convergence des esprits à notre époque. Un philosophe français, Georges Gusdorf, de l'université de Strasbourg, qui participait l'an dernier au colloque organisé à Zurich par la *Wenner-Gren Foundation for Anthropological Research*, a déclaré qu'il faut rattacher la science à l'homme si l'on veut mettre celle-ci au service de celui-là ; en d'autres termes, nous ne pouvons plus nous permettre de nous perdre dans la spécialisation, il faut arriver à une synthèse qui ne peut trouver ses assises que dans une réflexion philosophique nouvelle sur ce que la science a accompli par rapport à l'homme.

Vue sous cet angle, la manière dont Teilhard aborde les problèmes anthropologiques n'est pas sans ressembler au relativisme de la physique moderne. Et ce qui compte plus encore — son expérience de la science transcende les limitations traditionnelles, en ce sens que le concept teilhardien de la vie et de l'homme couvre le domaine de ce qu'il appelle l'ultra-physique ou métaphysique. C'est en partant de là qu'il a édifié une synthèse de la religion et de la science.

Il me semble que la grande question qui se pose à nous, c'est de savoir comment nous y prendre pour donner à la science une portée philosophique, et si notre temps est prêt à accepter une transcendance de la science. Là où Sir Julian Huxley appelle de ses vœux une formation idéologique, humaniste, Teilhard de Chardin nous invite à croire en un Christ cosmologique.

A mon avis, ce serait une chose merveilleuse qu'un comité de savants, réuni sous les auspices de l'Unesco, s'efforce de parvenir à un langage commun, et cela dans le cadre des idées que Teilhard professait sur l'humanité.

PIERRE CHOUARD

Je crois que ce soir l'essentiel, dans ce thème « de la connaissance de la nature à la connaissance de l'homme », est de comprendre ce qu'a été l'apport de Teilhard à une conception unitaire. C'est la signification même de ce colloque. Après ce qui vient d'être dit, je peux être extrêmement bref. Pour ma part, je suis ici, avec M. de Terra et le Père Leroy, l'un des trois témoins — il y en a d'autres dans la salle — d'une grande partie de la vie de Teilhard. Ce qui me paraît d'abord frappant, c'est, à quarante ans de distance — car il y a quarante ans que j'ai eu la joie de connaître Teilhard — de voir combien des expressions, les siennes, qui sont maintenant tout à fait familières, étaient une véritable révélation pour un jeune scientifique commençant ses études, une innovation incomparable pour l'époque, capable de soulever littéralement l'enthousiasme en dévoilant quelque chose de neuf, alors que maintenant ces expressions, que je vais reprendre brièvement sont si familières qu'elles sont devenues une sorte de banalité. Je ne vais rien vous dire de nouveau ; mais tout cela, c'est Teilhard qui l'a apporté.

Que voyions-nous en effet ? Nous voyions s'adresser à nous, jeunes scientifiques de l'École Normale de cette époque-là, quelqu'un dont on a dit à certains moments qu'il a été un grand biologiste. Certes, ce ne fut pas un biologiste au sens moderne du terme, de cette « biologie moléculaire » que Teilhard pressentait mais dont il ne pouvait pas encore avoir la connaissance que nous avons maintenant. Mais c'était incontestablement un paléontologiste éminent, un géologue, un homme apparemment tourné vers le passé ; et pourtant toute son expression, au contraire, nous conduisait vers l'avenir, c'est-à-dire vers le développement de la vie. C'est en cela qu'a consisté la première surprise. En cela, sa perspective embrassait toute la nature, tout le cosmos, dans lequel il assignait à la vie une signification prépondérante ; en cela il était « biologiste ». La seconde surprise, c'est que, avec lui, tout le développement de la paléontologie, qui se traduit par l'évolution devenait non point clair dans ses mécanismes, mais certain dans son histoire et capable de donner un modèle intellectuel au développement de tout le cosmos avec des règles le conduisant jusqu'à son terme actuellement ultime, qui est l'homme. C'était une véritable révélation de reconnaître que l'essentiel de cette évolution était cette « complexité croissante » qui a été signalée ici, et qu'au terme de cette complexité apparaissaient non seulement des éléments supplémentaires de l'« information », qui peut devenir de la néguentropie dont nous parlait tout à l'heure M. Costa de Beauregard — mais aussi quelque chose d'entièrement « nouveau » : à un certain niveau de complexité apparaît la conscience réfléchie sur elle-même et claire pour elle-même. Et à partir de ce moment-là, avec la possibilité de concevoir clairement et volontairement l'avenir, un modèle que l'on veut atteindre apparaît aussi, et, par conséquent, un moyen tout à fait capital d'action également volontaire et consciente sur l'évolution elle-même.

C'est là l'expression d'une continuité évolutive qui prend un aspect quasi explosif quand elle atteint ce niveau de conscience qu'est l'homme, et qui se poursuit ensuite dans une évolution nouvelle. Car l'évolution continue ; mais son principal acteur n'est plus la nature tout entière se modelant elle-même de quelque façon, c'est l'homme qui la modèle, et c'est lui qui devient le relais de l'évolution. De sorte que, depuis le point d'origine « alpha » plongeant dans la matière jusqu'à tout ce développement du monde vivant, végétal et animal, et à l'homme, s'ouvre devant nous une perspective dont la durée, d'ailleurs, n'a peut-être pas de signi-

fication, une perspective qui est un devenir orienté
vers un point terminal « oméga ». Le monde entier
s'insère ainsi dans une évolution unique, avec ses différentes variantes, bien sûr, mais strictement unique,
strictement unitaire.

Dans cette perspective Teilhard, partant du passé, se
tourne vers l'avenir; l'homme est au cœur de cette perspective, et cet homme fabriquant l'avenir est constamment
en état de dynamisme et d'espoir. L'espoir est l'essentiel
du bonheur! Le bonheur n'est pas seulement dans le présent, il n'est pas dans le passé, il est vraiment pur dans
l'espoir, dans ce que l'on fait, dans ce qui va se faire,
dans ce à quoi on participe. La joie de créer consciemment repose sur la liberté et la responsabilité de faire
un choix de valeurs dont l'homme au moins est la mesure.
En cela on trouve aussi, je crois, un des éléments essentiels de l'optimisme de Teilhard, ce que quelquefois
on lui a reproché ; mais Teilhard, qui voyait bien aussi les
éléments négatifs de la faible nature humaine, ne leur
donnait qu'une place subordonnée dans la perspective
du devenir. De la sorte, un humanisme tout à fait renouvelé, mais plongeant ses racines dans les vieilles traditions et dans l'histoire du passé, s'est développé
par Teilhard. On voit aussi comment cet humanisme s'insère dans la foi de Teilhard, comment
il n'y a aucune espèce de contradiction entre sa foi,
ce qui lui est révélé, et sa perspective du monde. Du
même coup, son langage devient commun à tous les
hommes, quelle que soit d'ailleurs leur appartenance
religieuse ou philosophique. Ainsi nous retrouvons par
Teilhard un système d'unité, un système de liaison
entre tous les hommes, une tendance unitaire qui est
véritablement dans la ligne de pensée de ce colloque.

Voilà le témoignage que je peux apporter, voilà
aussi comment la « biologie » nous apparaît comme le
modèle de ce que nous avons à concevoir maintenant.
Voilà enfin comment ce qu'on a appelé la « prospective »,
cette « philosophie en action tournée vers l'avenir »,

se développe maintenant dans la perspective mise en lumière par Teilhard.

MADELEINE BARTELMY-MADAULE

Dans tout ce qu'on vient de dire apparaît une union émouvante du savant ou du penseur et de l'homme. Ils sont inséparables. Teilhard, l'homme Teilhard, était à la croisée des chemins : c'était un savant ; c'était un penseur, un philosophe au grand sens du mot (un philosophe qui se moque peut-être du sens habituel du mot philosophe) ; c'était aussi un croyant, et sans doute un mystique. Il voulait faire l'unité en lui, l'unité — existentiellement — en lui. Mais que cette soif d'unité l'habitât si intensément, avec une telle intransigeance, cela ne serait pas aujourd'hui une raison suffisante pour que nous soyons ici, dans ce colloque qui a pour thème « Science et synthèse ». Il fallait en effet qu'un homme eût fait beaucoup plus que chercher intensément l'unité en lui ; il fallait qu'un homme eût rendu viable une synthèse objective qui pût être livrée aux autres hommes et qui ne valût pas seulement pour conduire sa propre vie.

Or, soyons francs, car un hommage, c'est un face-à-face franc ; au surplus, on n'a pas à craindre le face-à-face avec Teilhard. C'est bien parce qu'il est l'homme de la synthèse qu'il est si controversé! Ce n'est pas un déshonneur, loin de là, d'être controversé. On a vu paraître chez les savants qui sont ici ce sens de la synthèse. Et cependant je suis, comme philosophe, sensible, dans l'époque actuelle, à cet extraordinaire retour à l'analyse, à cette analyse qui a régné sur le XIXe siècle, dont Teilhard avait si bien dit qu'elle l'avait dominé. Or, en face des cloisonnements de la science, la réaction du Père Teilhard a été de synthétiser, de briser ces

cloisonnements ; et le dernier livre édité par le Père
de Lubac, *Blondel et Teilhard de Chardin,* comporte une
étude dans laquelle le Père de Lubac note admirablement cette réaction de Teilhard contre une certaine
tendance des disciplines de notre époque. Il y a même
une lettre dans laquelle ce dernier dit au Père de Lubac que, sans doute, il passera pour retardataire parce
qu'il est un homme de la synthèse. Or nous savons
bien que certains lui font ce reproche, et qu'il nous
faut l'affronter. Quand Teilhard dit qu'il est peut-être
apparemment retardataire parce qu'homme de la
synthèse, quand il dit que, présentant la défense de
l'orthogenèse (vision synthétique) à un Congrès de
paléontologistes, il apparaîtra comme retardataire,
cela me fait un peu penser aux débats du jeune Leibniz
lorsque, se promenant dans les bois du Rosenthal,
il se disait que, bien sûr, cela semblait très moderne
de donner dans le mécanisme cartésien, mais que peut-
être il fallait redonner la main, par-dessus Descartes,
aux formes substantielles du Moyen Age, et que c'est
ainsi qu'on trouverait la voie du progrès, la voie de
l'avenir. Leibniz aussi paraissait retardataire! Ainsi
Teilhard brave un immense courant. Car il est certain
qu'à mesure que le champ du savoir s'accroît, l'homme
se défend par des analyses extrêmement poussées ;
or actuellement le champ du savoir s'accroît et s'accélère dans des proportions vertigineuses. Et l'homme a
très peur de dépasser les résultats de l'analyse. Il a
très peur de faire des synthèses prématurées. C'est
une première peur. Et la seconde peur, sans doute
justifiée, c'est de confondre les niveaux. Il y a un statut
pour chaque niveau épistémologique, et il ne s'agit pas
de les confondre.

Ce sont les deux points sur lesquels Teilhard doit
être vraiment affronté courageusement. Est-ce que cet
homme de la synthèse a confondu les niveaux ? Est-ce
qu'il a véritablement dépassé, pourrait-on dire, à la
légère, la rigueur des analyses ? Peut-être, si nous avions

du temps, pourrions-nous introduire dans le débat
tout simplement un thème exemplaire, et nous demander,
à propos de cet exemple, si le Père Teilhard a vraiment, en faisant la synthèse, manqué à la rigueur de
l'analyse et confondu des niveaux qui ne doivent pas
être confondus? L'exemple qu'on pourrait proposer
serait justement, dans le cadre de « Science et synthèse »,
un thème qui répondrait au débat de ce soir : science
de la nature et science de l'homme.

On reproche quelquefois, et même assez souvent,
au Père Teilhard d'avoir confondu les niveaux du biologique et de l'historique, du biologique et de l'anthropologique, des sciences de la nature, et des sciences
de l'homme. On lui reproche volontiers d'avoir
fait passer certaines notions d'un niveau à l'autre.
On lui reproche d'avoir dépassé, extrapolé, les analyses de la biologie pour les appliquer à l'homme.
Par conséquent, nous sommes au plein de la bataille
pour l'esprit de synthèse. M. Gusdorf, cité par le Père
de Lubac, et, tout à l'heure, par M. de Terra, a fort
justement dit qu'actuellement les frontières épistémologiques sont devenues des cloisons étanches rigoureusement aseptisées, au-delà desquelles l'exercice même
de l'intelligence et de l'imagination semble paralysé.
Chacun se sent maître d'un patrimoine dont il interdit
jalousement les avenues aux étrangers. De là un émiet-
tement général de la connaissance, pesant très lourd
sur les tables de la haute culture. Le Père de Lubac
invoquait également des paroles qui sont très actuelles,
puisque elles sont de M. Jacques Monod — le prix
Nobel — d'un homme qui, justement, n'a pas voulu
faire de grande synthèse. Jacques Monod écrit que le
développement des sciences nouvelles résulte presque
toujours du fait qu'une science a été envahie par une
autre, par les idées et les méthodes d'une autre ; au
lieu « d'envahie » on pourrait presque dire « fécondée »
par les idées et par les méthodes d'une autre.

Et justement, dans ce domaine du biologique et

du psychologique, il est très étonnant de voir à quel point le Père Teilhard a peu confondu ce qu'on lui a reproché de confondre, à quel point il a peu extrapolé! Je manque naturellement de temps pour vous donner les textes. Mais si vous vous reportez à tous ceux où il est question du biologique dans le social, de la nature biologique du fait social — (ce qui fait bondir beaucoup d'analystes) — vous verrez que Teilhard prend des précautions, que la phrase qui parle du biologique à propos de l'humain contient toujours un « du point de vue où nous nous plaçons », ou encore « pour ce qu'il y a de fondamentalement mécanique », etc. ; de sorte que, en réalité, le Père Teilhard distingue dans l'homme ce qui l'apparente au domaine total de la vie, mais ne réduit jamais l'humain au biologique. Il éclaire un aspect de l'humain par le biologique. Et il y a, dans la manière dont il articule les deux niveaux, tout l'exemple justement de ce que peut être chez lui la synthèse. C'est merveille de voir, dans le texte sur le racisme, par exemple, comment il fait le procès du racisme ; et je pense que, dans cette salle de l'Unesco il est bon d'évoquer cet exemple : Teilhard fait procès au racisme, justement, de ce qu'il prolonge tel quel le biologique dans l'humain en méconnaissant la spécificité humaine ; et il a des mots extraordinairement précis pour montrer la faute que constitue la confusion des deux niveaux et du statut des deux niveaux.

Par conséquent, il est évident que chez le Père Teilhard il y a une recherche de la totalité, il y a une recherche de l'ensemble, mais aussi, et de ce fait même, une recherche de l'articulation des différents plans. Je crois qu'il a laissé aux philosophes, aux savants, aux théologiens l'épreuve à faire de ces grandes lignes directrices qu'il a lancées : il faudrait étudier à partir de ce qu'il a dit, et dans chacune des disciplines, l'articulation des différents niveaux.

M. François Meyer a admirablement parlé, dans sa *Problématique de l'évolution* de l'articulation des statuts de chaque niveau. Il ne s'agit pas d'une synthèse dans la confusion, mais au contraire d'une synthèse structurée.

Et Teilhard nous apporte l'arme nécessaire pour structurer la synthèse ; car il ne faut pas oublier que cette synthèse est une synthèse évolutive et une synthèse dialectique. Je crois qu'on ne lit pas assez son *Esquisse d'une dialectique de l'esprit* ; on verrait là comment la pensée doit aller du plus connu au moins connu, puis éclairer rétrospectivement ce plus connu dont on était parti, à partir du moins connu qui est lui-même maintenant plus connu ; comment, de nouveau, on repart de ce moins connu devenu plus connu pour une nouvelle étape, et comment cette nouvelle étape revient sur les deux précédentes pour permettre d'aller encore plus loin. La pensée est une étincelle oscillante mais progressive, oscillante dans un progrès ; progressant par « retournement », et c'est justement cette pensée oscillante, cette pensée universelle d'un homme qui est « un » à travers tous les cloisonnements, c'est cette pensée inquiète, qui recherche la totalité avec des concepts qu'elle forge peu à peu et que l'on pourra généraliser, sans confusion, à toutes les disciplines, par-delà les cloisonnements. Comment forger un langage universel de synthèses à travers une dialectique évolutive ?

Je crois que c'est à cela que nous sommes conviés. Et ainsi nous arrivons à une totalité qui n'est pas du tout la totalité que recherchent actuellement, par exemple, les structuralistes. Actuellement, on recherche une totalité dans la structure, une totalité dans l'analyse. Nous savons bien ce que c'est ; c'est une totalité de type linguistique ou psychanalytique ou politique marxienne ; chaque élément d'une structure renvoie à d'autres éléments de cette structure : c'est un renvoi perpétuel, c'est une espèce de mutuelle de renvois où (pour dire le mot essentiel) jamais un « *sens* » ne se dégage! Or ce que cherche le Père Teilhard, c'est le

« sens ». Finalement, ce qu'il cherche à travers sa synthèse, c'est la signification ; et c'est essentiellement à propos du phénomène humain qu'il a eu besoin de chercher, dialectiquement, comme je le disais, cette synthèse. C'est parce que le phénomène humain était faussé. Il était faussé par les savants (je m'en excuse, car ce ne sont pas ceux qui sont autour de nous) ; et il était faussé parce que les savants ne tenaient pas compte de tout le phénomène humain. Il était faussé par les philosophes, parce que les philosophes ne tenaient pas non plus compte de tout le phénomène humain. Tandis que les savants objectivaient l'homme sous sa forme physique (car après tout nous sommes des corps physiques, nous pouvons tomber dans le vide), et biologique (car nous sommes biologie), anthropologique même (car nous sommes encore objectivés au niveau anthropologique), tandis que les savants « émiettaient » le phénomène humain, les philosophes plaçaient, haussaient l'homme dans une espèce de transcendance royale. C'était le sujet qui ne s'objective jamais, qui transcende le monde sous les espèces d'une philosophie de l'éternité!

Eh bien, tout cela, c'était partiel, c'était erroné. Le Père Teilhard a invité le sujet humain à se regarder comme objet, à regarder, à interroger l'homme-objet ; et l'étincelle oscillante de sa dialectique synthétique est allée du sujet qu'il était à l'homme-objet ; puis est revenue, avec tout ce que l'homme-objet lui avait livré, à travers les sciences humaines et les sciences de la nature, sur le sujet, pour s'interroger à nouveau. Le sujet se dit à lui-même : « Puisque c'est cela, les hommes, puisque c'est cela que nous sommes, qu'allons-nous faire dans l'avenir ? » Nous voyons jouer cette dialectique où l'homme, tour à tour, s'extériorise par rapport à lui-même, se regarde au miroir de l'objectivité, et tout d'un coup se retourne vers soi, se recueille et s'interroge anxieusement. « Quel est mon sens ? Qu'est-ce que c'est la condition humaine ? Où est-ce que je vais ? » Cette dialectique peut paraître à certains naïve, il n'en est pas moins vrai qu'elle est essentielle aux hommes, que les hommes ne peuvent pas vivre sans se poser ces questions : « Où vais-je, d'où est-ce que je viens ? Quel est le sens, quelle est la valeur de la condition humaine ? » Mais maintenant, les hommes sont obligés de se poser cette question à travers le miroir des sciences anthropologiques et des sciences de la nature ; et c'est pourquoi la synthèse teilhardienne, loin d'être périmée, indique l'avenir et lui trace tout un programme de travaux, tout un programme de mise à l'épreuve.

Nous ne serons fidèles au Père Teilhard que si nous mettons sa pensée à l'épreuve. En fait, ce que le penseur cherchait, peut-être qu'en lui le mystique le savait déjà ; mais jamais le mystique n'a infléchi le penseur. Et le mystique a attendu dans la prière et dans la ferveur que la pensée peu à peu, dans son développement infini, rejoigne le sommet où il l'attendait. Il y avait en lui ces deux hommes, parce que, comme dit très bien Aragon : « Les hommes sont doubles, jusqu'à la fin des temps ils seront doubles. » Il y avait dans Teilhard un mystique qui avait trouvé, et il y avait un penseur qui cherchait. Et jamais nous ne serons fidèles à Teilhard si nous ne sommes à la fois fidèles à cette certitude mystique et à cette interrogation philosophique qui doit rester une interrogation.

FRANÇOIS MEYER

Le philosophe se sent parfois mal placé pour parler de Teilhard de Chardin, car sa pensée se situe entre deux pôles, dont l'un est un pôle scientifique et l'autre un pôle théologique ; et le philosophe ne peut prétendre, bien sûr, parler ni au nom de la science, ni au nom de la théologie.

Si bien que, pour ma part, je préférerais engager cet exposé sur quelques réflexions épistémologiques, car il arrive que le philosophe se penche avec intérêt sur le travail du savant et qu'il apprenne beaucoup de choses, non pas simplement sur ce que le savant peut lui enseigner objectivement, mais sur l'attitude même du savant en tant qu'homme et en tant que penseur devant le monde et devant l'homme lui-même.

Si l'on cherche à dégager, simplement sur le plan épistémologique, le sens de l'œuvre de Teilhard et peut-être son intention, on pourra considérer que Teilhard a contribué de manière magistrale à situer la science de l'évolution sur son véritable terrain. En effet, la science de l'évolution est partagée entre deux approches : celle du généticien et celle du paléontologiste. Il se trouve que la génétique a fait des progrès extraordinaires ; dans ces conditions, elle est considérée souvent comme le seul point de vue véritablement scientifique sur les problèmes de l'évolution. Il faut remonter cette pente, il faut corriger cette perspective, et considérer, au moins comme première approche, que c'est au paléontologiste de nous dire ce qu'est, effectivement, l'évolution.

A cet égard, Teilhard avait cette largeur de vues, cette ouverture d'esprit, qui est celle du géologue. La formation du géologue lui permet, et même lui impose, de penser selon des normes et des mesures de temps extrêmement grandes. Le géologue, par profession, sait penser selon la durée ; et à cet égard, Teilhard a su arracher la réflexion scientifique à ce que j'appellerai volontiers les *micro-causalités* auxquelles se cantonne trop souvent le généticien, pour saisir les phénomènes qu'on pourrait appeler les phénomènes de *macro-évolution* et pour l'évolution à l'ordre de grandeur temporelle où précisément elle apparaît comme phénomène, c'est-à-dire à l'ordre de grandeur des temps géologiques. Ordre de grandeur qui, évidemment, pour le généticien, habitué à l'investigation expérimentale en laboratoire, représente une approche tout à fait excessive et qui perd même complètement son sens, puisqu'on ne peut espérer saisir et aborder de telles durées sous l'angle de la réflexion et des connaissances génétiques.

Ce que nous a appris Teilhard, et d'une manière géniale, c'est à penser vraiment la macro-évolution. Et peut-être ne faudra-t-il pas trop s'étonner qu'il soit possible de développer une véritable science de l'évolution, qui ne soit pas nécessairement réduite à une science de laboratoire, vouée aux micro-causalités et aux micro-temporalités. Car c'est une donnée, tout à fait générale, de l'épistémologie positive, que toute science définit certaines grandeurs d'état par le niveau d'observation où elle se place. C'est la thermodynamique qui a rendu courante la distinction entre un niveau macroscopique et un niveau microscopique ; mais en un sens on peut dire que cette distinction appartient à toutes les sciences, quelles qu'elles soient. Je ne pourrais pas justifier ici ce point de vue, mais il est particulièrement évident quand il s'agit de la science de l'évolution.

Dès que l'on a le « courage » scientifique d'aborder les phénomènes de macro-évolution, sans s'imaginer que pour autant on prend une vue « cavalière », privée de signification, sous prétexte qu'on n'a pas le détail entre les mains, dès qu'on a adopté courageusement cette attitude, alors l'évolution prend sa véritable dimension, qui est une dimension cosmique. On sait qu'on peut faire remonter aujourd'hui les premières traces de matière vivante au moins à deux milliards ou deux milliards et demi d'années. Les cosmologues nous donnent aujourd'hui, pour la formation de la terre, du système solaire, et même peut-être, dans certaines conceptions de la théorie de l'univers en expansion, pour la formation de l'univers ou l'éclatement de l'atome primitif, des durées qui sont de l'ordre de dix, peut-être quinze milliards d'années. C'est dire que la durée de l'évolution biologique n'est plus infime, comme on pouvait le penser au XIXᵉ siècle encore, par rapport à la durée de l'évolution cosmique. Il est légitime de dire que l'évolution de la vie est d'un ordre de grandeur, en tant que durée, cosmique. Et cela, la science, aujourd'hui, doit l'accepter.

Un troisième point qu'il faudrait mettre en évidence, c'est que l'idée d'évolution est aujourd'hui parfaitement banale. Le Père Teilhard, sa pensée et son œuvre n'ont plus de démêlés bien graves avec l'Église sur ce problème de l'évolution. Il semble que les réticences qui pouvaient subsister, non seulement dans l'Église, mais ailleurs, à l'égard de l'idée d'une évolution des espèces, aient complètement disparu. Le Père Teilhard ne nous apprend pas qu'il y a une évolution des formes vivantes, on le savait avant lui. Qu'est-ce donc qui fait alors l'originalité — je me place au point de vue strictement scientifique — de son évolutionnisme par rapport à celui qui est encore, sans doute, celui de la très grande majorité des tenants de la science de l'évolution ? C'est que pour Teilhard l'évolution va quelque part ; elle a non seulement une direction, mais une *fin*. Elle s'oriente vers un terme, où elle cessera en tant qu'évolution biologique. Sans doute, dans la perspective du Père Teilhard, s'agit-il là d'une assomption, d'une parousie de nature théologique ; mais Teilhard ne pouvait pas ne pas inclure scientifiquement cette condition dans sa vision même de l'évolution. Et c'est ce qui est le plus difficile peut-être à faire admettre aujourd'hui à la plupart des savants qui s'occupent de l'évolution ; lesquels, volontiers, parlent d'un progrès « indéfini », privé de sens, et ouvert sur un avenir « quelconque ». C'est l'idée d'un progrès indéfini, d'une évolution ouverte, à la manière bergsonienne, ou bien encore une conception dialectique matérialiste de l'univers et de la vie, qui est la conception régnante. Quelles raisons en donne-t-on ? On en donne des quantités, mais celle qui me paraît avoir un intérêt philosophique est la suivante : supposer que l'évolution biologique puisse s'arrêter à l'homme, c'est faire preuve d'un anthropocentrisme condamnable. C'est ainsi que Lord Russell demandait ce qui se passerait si c'était le ver de terre qui écrivait l'histoire de l'évolution. A cela, il faut répondre très tranquillement que, en fait, ce n'est pas le ver de terre qui fait l'histoire de la vie et l'histoire de l'univers. L'homme se trouve bon gré mal gré, quoi qu'en dise une certaine fausse humilité qui est une déviation de l'objectivité scientifique, dans une position dominante ; il est la flèche, l'ultime pointe de la flèche de l'évolution. Philosophiquement parlant, on peut le dire d'une tout autre façon, à savoir que la caractéristique de l'homme est justement de faire la science. Tout ce que nous pouvons dire *sur* la science ou *par* la science suppose donc, avant même qu'on puisse le dire, que l'homme soit là. Or, qu'est-ce que l'homme ? C'est un être qui a cette particularité tout à fait exceptionnelle dans l'univers, de « redoubler » l'univers par la connaissance. C'est l'univers qui se reflète mystérieusement par la médiation de l'homme. C'est une chose fort étrange, et qui n'est arrivée dans l'évolution qu'une fois, avec l'homme.

Si nous sommes ici pour discuter de l'évolution, de l'univers lui-même, de l'entropie et du temps, cela suppose d'abord — il faut avoir l'honnêteté métaphysique de l'affirmer — de reconnaître qu'il est impossible de faire l'histoire de la vie sans situer l'homme en ce point où la vie est parvenue à redoubler par la connaissance, par ce reflet mystérieux, l'univers lui-même et la vie elle-même. Nous sommes très loin du ver de terre. Il est absurde de se demander quelle paléontologie ou quelle science de l'évolution ferait le ver de terre. Il se trouve que c'est l'homme qui fait la science et c'est ce qui le désigne comme centre de perspective, non seulement subjectivement nécessaire, subjectivement imposé, mais objectivement valable. La science de l'évolution ne peut se faire qu'à partir de l'homme. C'est là une sorte de prégnance métaphysique de la situation que le philosophe ne peut abandonner à aucun prix.

Mais je voudrais laisser ces considérations trop philosophiques pour revenir à certains points beaucoup plus
objectifs et beaucoup plus précis tirés de l'observation
scientifique.

La science de l'évolution, aujourd'hui, se transforme
profondément. Je pense à Dobzhansky, Schmalhausen,
Huxley lui-même, que l'étude des mécanismes de l'évolution a conduits à un certain nombre de constatations
fort intéressantes du point de vue épistémologique et du
point de vue de la connaissance de la vie. Ces mécanismes
de l'évolution, que l'on classait jusqu'à présent sous la
rubrique extrêmement large, et finalement très obscure
et trop vague, de sélection, ces schémas darwiniens ou
néo-darwiniens de mutations-sélections sont eux-mêmes
en évolution. Schmalhausen par exemple souligne très
fortement cet aspect des choses. On considère que ce sont
les conditions mêmes dans lesquelles la sélection se
produit, les mécanismes mêmes régissant l'évolution,
qui changent au cours de l'évolution et lui impriment son
sens. Ils deviennent de plus en plus efficaces, ils assurent
une sélection qui, à la fois qualitativement et quantitati-
vement, varie au cours de l'évolution ; elle varie en particulier en ce sens que ces mécanismes devenant de plus
en plus efficaces, l'évolution a *nécessairement* une tendance à *s'accélérer*. On retrouverait très aisément cette
accélération dans nombre de phénomènes qu'on peut
représenter par des courbes, que ce soit les phénomènes
biochimiques que Florkin a mis en évidence, ou les phénomènes de cérébralisation qui peuvent être, eux aussi,
exprimés par des courbes évolutives, on voit ces courbes,
d'une manière très caractéristique, s'accélérer très
violemment, se cabrer et donner l'impression qu'effectivement, l'évolution arrive à un point où son accélération est telle qu'il doit se produire, dans un avenir plus
ou moins lointain, mais non pas dans un avenir indéfini,
un événement décisif dans l'histoire même de la vie.

Si bien que sur ces exemples et sur beaucoup d'autres,
on pourrait reprendre les transformations profondes

dont la science des mécanismes de l'évolution est actuellement le théâtre pour montrer que l'idée d'un *progrès*
de l'évolution, celle d'une *accélération* typique et constante, celle d'une *fin* à laquelle tend son devenir, ne
sont plus étrangères à l'objectivité scientifique. Il semble
que la science de l'évolution se dégage peu à peu des
préjugés antifinalistes qui l'obsédaient, et qui ne faisaient que répondre à un finalisme abstrait, pour épouser
plus concrètement la réalité des choses. Et, dans cette
réalité des choses, figure l'histoire de la vie comme phénomène orienté, accéléré, tendant vers son accomplissement.

Un mot encore sur un aspect de l'évolutionnisme de
Teilhard qui échappe parfois et qui situe Teilhard parmi
les grands cosmologues au sens philosophique du mot,
parmi les grands visionnaires de l'univers. C'est le rôle
que joue la matière dans l'évolutionnisme de Teilhard.
Celle-ci n'est plus considérée comme soumise à une stupide inertie, elle est le siège d'un dynamisme profond.
Et c'est la matière elle-même, sans apport extérieur,
sans finalisation extrinsèque, sans « coup de pouce
divin », c'est la matière, avec ce qu'elle a d'élan en elle-
même, et de tendance à la complexification, qui va
réaliser peu à peu et accélérer progressivement l'évolution de la vie. Cette vision est opposée, par exemple,
à celle de Bergson. Pour celui-ci, la matière est beaucoup
plus un déchet de la vie que le support ou l'expression
d'un dynamisme propre, c'est même l'obstacle que la
vie rencontre devant elle.

Aujourd'hui, les études sur les états pré-biotiques et
proto-biotiques semblent bien montrer dans la matière,
d'une manière qui n'est peut-être pas encore entièrement intelligible, une sorte de fermentation qui n'apparaît pas comme un phénomène purement stochastique.
La matière contiendrait ainsi en elle-même quelque
chose comme la clé, non pas sans doute encore de toutes
les réalisations de la vie, mais de cette sorte de mouvement
en avant qui caractérise la vie. C'est comme une con-

fiance dans les potentialités de la matière que l'on
retrouve chez les néo-matérialistes et chez Teilhard lui-
même.

Sans doute, puisque nous parlons ici sous le signe de
la synthèse, l'idéal d'une science serait-il d'obtenir une
unité véritable de tous ces points de vue, du point de
vue de la matière pure, du point de vue de la vie, du
point de vue de la pensée et de l'homme et enfin du
point de vue du cosmos. Est-ce possible ? Tout à l'heure,
Mme Barthélémy-Madaule a émis quelques doutes,
quelques inquiétudes sur la possibilité d'une synthèse
et d'une totalité. Je serai sans doute du même avis : il est
impossible que la science achève une synthèse, accom-
plisse une totalité. Si nous observons ce qui s'est passé
dans toute l'histoire humaine, les totalités n'ont jamais
été d'essence scientifique, elles ont été beaucoup plus
totales que toute science pourrait jamais l'être. Ces
totalités, on les appelle des *cultures*, et les cultures dans
l'histoire représentent les mille et une façons qu'a
l'homme d'assumer, pas simplement scientifiquement,
mais d'assumer avec tout son être, avec toute sa pensée,
avec son corps, avec son âme, avec son avenir, avec son
passé, avec son présent, sa situation dans le monde ;
d'assumer par conséquent les techniques, le droit,
l'action, l'art, les théologies, d'assumer tout cela dans des
totalités qui ont duré ce qu'elles ont duré, mais qui sont
la vocation de l'homme.

Et c'est peut-être dans cette maison vouée à la culture universelle qu'il est bon de le dire : nous ne savons
plus guère aujourd'hui ce qu'est une culture, et notre
évolution s'accélère à tel point que sa relation avec les
cultures est essentiellement une relation de démantè-
lement. Les progrès techniques en particulier secouent
et font vibrer à tel point les cultures qu'elles sont en
train de disparaître. Et il n'est pas absurde de se poser
la question de savoir — tout le monde se la pose — si
une culture est encore possible, c'est-à-dire si l'humanité
est capable, non pas simplement de faire sa totalité

quantitative, mais de retrouver *le sens* de la totalité
dans toutes ses dimensions. Cela est particulièrement
grave, et peut-être ne faut-il pas séparer cette question
de celle d'un avenir que le Père Teilhard nous présentait
comme un avenir fini et imminent. Nous n'avons peut-
être pas un temps indéfini pour réaliser l'image d'un
paradis terrestre. Il n'est pas impossible — sans naturellement vouloir prophétiser — que l'accélération que
nous sentons tous aujourd'hui en nous et autour de nous,
devienne telle que le temps des synthèses, le temps des
totalités, ne nous soit plus véritablement donné ; ou
tout au moins ne nous soit plus donné sous les formes du
passé. Peut-être faudrait-il en inventer de radicalement
nouvelles. Gaston Berger disait que le grand problème
de notre temps, de l'éducation dans notre temps, ce
n'était pas tant d'apprendre à s'adapter à une nouvelle
situation, mais d'apprendre à s'adapter à de constantes
adaptations, d'apprendre en quelque sorte l'adaptation
pure, devenue cette fin biologique de toutes les adaptations qui ont été si lentes et si lourdes au cours de
l'évolution de la vie.

Il est évident que l'homme se trouve aujourd'hui
dans une situation particulièrement problématique, et
il est douteux que le relais des sciences humaines, après
les sciences de la matière et de la vie, soit suffisant. Les
sciences humaines ne sont pas plus capables que les
autres de réaliser une totalité. Serai-je trop métaphysicien en disant que la notion de totalité dépasse les
petits moyens que nous pouvons mettre en œuvre pour
tenter techniquement de colmater telle brèche ou de
réaliser ici ou là telle unité partielle ? Nous devons avoir
conscience de l'ordre de grandeur des problèmes posés
par la destinée humaine. Ce n'est pas à la mesure d'une
bonne volonté banale, dans un temps d'accélération
comme celui que nous vivons, que les grands problèmes
peuvent être résolus. Et Teilhard nous invite à repenser
de manière nouvelle l'appel bergsonien au « supplément
d'âme » par lequel l'humanité doit réaliser sa destinée.

INDEX

Imprimerie BUSSIÈRE à Saint-Amand (Cher), France. — 20-6-1967.
Dépôt légal : 2ᵉ trim. 1967. Nº d'édition : 12668. Nº d'impression : 636.
IMPRIMÉ EN FRANCE